国学大观丛书

主　编◎陈志良　徐兆仁

中国农家

张　云　飞　◎　著

中国人民大学出版社

· 北京 ·

出版者言

中国正在奔向现代化，奔向文明和富裕。

不管我们是否能够清晰地意识到这一点，事实是，中国的现代化模式不同于世界其他国家的一个显著的特点，就是中国悠久而灿烂、源远而流长的传统思想文化，始终是中国现代化进程的强大推动力。

作为华夏子孙，传统思想文化始终奔流在我们的血液里，脉脉融汇于我们的骨髓之中。我们中国人，小至黎民百姓的日常思维方式、行为举止、价值追求，大到国家的治国安邦策略，外交军事战略的选择、制定，等等，都深深地打着中华传统思想文化的烙印。

由于历史和时代的原因，今天的我们，对于和自我生命已经融于一体的传统思想文化，从感情到意识层面，都变得疏离和陌生了。对于中华传统文化的认识，大部分人都是停留在饮食男女的物质层面，道听途说、人云亦云的多，真正沉下心来认真学习、深刻了解的少，那些真实体会到其内在价值意蕴并从中受益良多的人更是少之又少。这是令人非常遗憾的。

中华文化的一个重要特点就是强调兼容并包，对于世界多元文化保持开明开放的心态，似滔滔江河不弃涓流，博采众长，为我所用。这个特点使中华民族和中华文化穿越五千多年的时空阻隔，历尽艰险，保存至今。中华文明是世界四大文明中唯一延续至今而未曾中断的，这一点也是中华传统思想文化强劲生命力和巨大社会整合作用的明证。

对于中华文化，无论我们是赞美还是诋毁它，它始终沉淀在我们的社会意识底层，成为中国人的集体无意识，影响甚至决定着我们做出的所有选择。

看待中华传统思想文化，既要看到其超越时空价值的精华内容，也要看到其中不合时宜、僵化落后的部分。事实上，中华传统思想文化始终处于不断变化发展、不断突破时代局限、不断汇集涓流而滚滚向前的动态发展过程中。对于我们来说，传统思想文化既不是梦魇，也不是光环，把我们今天的成败得失归罪或者归功于传统文化，给它差评抑或点赞，都不是学习和认识传统文化的正确态度。

传统思想文化是祖宗创造的，它代表的是逝去的一代代中国人的智慧和创造力，而我们的价值在于我们自己的智慧和创造，我们不必妄自菲薄，更不应狂妄自大。

我们需要了解中华传统思想文化，是因为我们需要了解自己。

“认识你自己”，这句镌刻在古希腊神庙上的箴言，揭示了我们寻找所有人生问题答案的途径，小到一个人，大到一个民族、国家，只要足够真诚勇敢，当经历过重重风雨磨难后，痛定思痛，一定会反观自身，从自己身上寻找力量和出路。

马克思曾经说“反思”，也就是反身而思，这是一道“普照的光”，它是唯一把人类从混沌的畜群意识中超拔出来的力量。在今天的中国，人们的物质文化日渐发达，对精神文化生活也日渐提出更高的要求。富而不贵的痛苦在全社会弥漫的时候，我们更需要“反思”，需要“认识你自己”，从中华传统思想文化中寻找智慧，从中西思想文化融合中发掘力量，从而建设出属于时代精华的有着高远意境和价值追求的中华新文化。

今天，随着中国国力和影响力的增强，随着国家“一带一路”倡议的逐步实施，世界各国越来越关注中国，它们在关注中国、惊叹于中国奇迹的同时，也一定会对产生和创造中国奇迹的中国传统思想文化产生兴趣。而我们作为中国人，为了认识自己，认识我们生于斯长于斯的这片土地，更应该了解自己的传统文化，尤其是蕴藏在我们日常饮食起居之中同时又超乎其外的传统文化的内核系统，即文化价值观念系统。在传统文化热重新兴起的今天，这套书的出版应该说适逢其时。

目前传统文化类的书籍出版正热，但是大部分内容局限于饮食男女等物质层面，其次就是诗歌文学类的图书居多。这比较容易理解，因为古文和我们今天使用的语言文字差别太大，单是古文阅读这一关，除了大学中文、历史系的学生，一般人都已经很费劲了。市面上流行的一些对传统文化仅作心灵鸡汤式解读的图书，对传统文化普及有一定益处，但是已经大大降低了传统文化历史意蕴和价值水准，如果让人们误以为这就是传统文化的全部内容，反而不利于人们认识和了解传统文化。所以，我们需要出版一套既有较高学术水准又能让普通读者看得懂的传统思想文化丛书，全面展现中国传统文化的内核系统即文化价值观念系统。要用通俗的笔法、优美的文体，向寻常百姓人家系统、通俗、酣畅地展现中国传统文化的绚丽多彩和博大精深。

这套丛书体现出了对中国传统思想文化的自信，写出了各家思想的亮点，可以与现实共参，启发现代。历史走到今天，多年中西文化交流交融的结果，使我们对于很多问题都看得比较清楚了，对于东方和西方思想文化的优缺点和未来世界文化发展走向，都大体有了新的理解，所以这套丛书体现出了我们对中华文化的自信，这种自信不是说我们老祖宗的一切都好，而是说它可以而且应该成为我们时代新的思想文化建设的起点。

本套丛书共计十本，包括《中国儒家》《中国道家》《中国佛家》《中国墨家》《中国法家》《中国名家》《中国阴阳家》《中国纵横家》《中国农家》《中国兵家》，可以说是对中华传统文化的全景式展示。

本套丛书作者在撰写书稿之时，大多还是在读或者刚毕业不久的博士，如今，他们均为各自专业领域的知名专家、学者。高水准的专业作者队伍，保证了丛书的学术质量。

读者诸君，藉此以往，因枝以振叶，沿波以讨源，必能深入国学堂奥，获取真知灼见，锻造无量智慧。

中国人民大学出版社

2019年9月

导言

中华文明具有悠久的历史，创造了辉煌灿烂的文化。农家就是其中的一个重要流派。习近平同志指出，“在漫漫历史长河中，中华民族产生了儒、释、道、墨、名、法、阴阳、农、杂、兵等各家学说……留下了浩如烟海的文化遗产”[①]。农家是我国春秋战国时代的一个思想流派。它以重农思想为理论核心，参与了百家争鸣。许行为其主要代表。他主张“平等劳动说”等进步观念，遭到了孟子等显学人物的反对。在以稷下学派学者和吕氏门客两种面貌示人后，农家人士在社会上又以农学家的面貌示人。重农思想、民本主义、农业管理和生态农学是农家思想的四个基本构成要件。农家思想为我们提供了丰富、深刻的历史借鉴，是我们进行社会主义生态文明建设所需要的重要的历史资源，有助于我们增强对社会主义文化的自信。

首先，农家要求人们将农业作为整个国民经济的基础部门，将发展农业摆在首要的位置。这就是中国农家的重农思想的基本含义。由此，“农本商末”成为中国传统社会的基本国策和重要的价值取向。即使在后工业社会已经来临的今天，中国也必须将发展农业生产摆在首要位置。这一思想还远涉重洋，对政治经济学中的重农学派产生了重要影响。重农学派的鼻祖魁奈专门撰写了一部名为《中华帝国的专制

① 习近平．在哲学社会科学工作座谈会上的讲话．人民日报，2016-05-19.

制度》的著作，表达了他对中国重农思想的向往和崇敬。

其次，农家要求统治者尊重劳动人民（主要是农民）的物质利益，要顺应民心、爱民、尽民力，运用生态农学的办法来调动民力。这就是中国农家的民本主义思想的基本含义。由此，在中国传统社会中，“民贵君轻”成为一种至少是口头上为大家普遍认同的价值观念。民本主义思想对政治经济学中的重农学派也有重大影响。在由魁奈指导撰写的《农业哲学》一书中，赫然印有中国皇帝“耕帝籍田”的形象。皇帝亲自耕种的主旨也就是要体验农民耕稼的艰辛，而“耕帝籍田”是农家的重要主张。

再次，农家要求将农业管理作为传统国家行政体制下的一项重要职能，要求大大小小的官吏都要抓农业生产，要运用生态学方法来管理农业。这就是中国农家的农业管理思想的基本含义。因此，农业管理成为中国传统社会的行政管理的基本职能，大大小小的官吏都充当着农业管理者的角色。

最后，农家要求在农业生产中要充分利用天时、地利、人和三个因素，注重利用事物之间相生相克的生态关联来发展农业生产。这就是中国农家生态农学思想的基本含义。在中国传统社会中，形成了一种精耕细作、集约经营的农业模式。这种有机农业已具备了现代生态农业的雏形。许多西方有识之士看到了其生态和科技价值。李约瑟的中国科技史研究就是从一篇关于中国农业问题的论文开始的。日本学者天野元之助对中国古代农学思想进行了系统研究，撰写出了《中国古农书考》这样一部专门的农学史专著。1909年春，美国学者富兰克林·H. 金在实地考察的基础上撰写和出版了《四千年农夫——中国、朝鲜和日本的永续农业》一书，对中国古代的生态农业模式推崇备至。

今天，研究中国农家的产生、流变、思想和价值，必须坚持科学的方法论。习近平同志指出：对待传统文化，“要坚持古为今用、以古鉴今，坚持有鉴别的对待、有扬弃的继承，而不能搞厚古薄今、以古非今，努力实现传统文化的创造性转化、创新性发展，使之与现实文化相融相通，共同服务以文化人的时代任务”[1]。因此，我们要以中国农家思想为历史资源，为人类发展农业生产尤其是生态农业、建设生态文明尤其是生态文化提供中国经验和中国方案，而不是简单地向传统农耕文明和传统乡土文明回归。

① 习近平．在纪念孔子诞辰2565周年国际学术研讨会暨国际儒学联合会第五届会员大会开幕会上的讲话．人民日报，2014-09-25.

目录

第一章　以农立国——中国农家的历史定位

第二章　神农学派——中国农家的理论内涵

第三章　农本商末——中国农家的重农思想

第四章　顺天之时——中国农家的季节意识

第五章　因地之宜——中国农家的土地意识

第六章　存乎其人——中国农家的主体意识

第七章　御旱济时——中国农家的灾害意识

第一章 以农立国——中国农家的历史定位

农家者流，盖出于农稷之官。播百谷，劝耕桑，以足衣食。故八政一曰食，二曰货。孔子曰：“所重民食。”此其所长也。及鄙者为之，以为无所事圣王，欲使君臣并耕，悖上下之序。

——《汉书·艺文志》

春秋战国时代，是一个思想解放、学术自由的时代，有识之士们“蜂出并作”“各引一端”，形成了中国思想文化史上的一个光辉灿烂的时代——百家争鸣时代。由于中国是一个农业大国，农业历史悠久，农业科学技术内容丰富，以农为本的思想也发端很早，因而，中国农家作为一个特定的“音部”也加入百家争鸣的大合唱中来了。正如任何思想文化学说的出现是一定社会经济发展的必然产物一样，一定的思想文化流派是根植于一定社会的经济、政治、文化、社会等土壤之中的，春秋战国时代的经济、政治、文化、社会的发展就为农家的出现提供了良好的条件。

一、铁制农具的使用和都江堰的建成

农业是整个古代世界具有决定性意义的生产部门。中国农业生产已有一万年左右的历史，古代的农业科学技术也取得了相应的发展，在春秋战国时代已达到了相当高的水平。

农业生产的出现是人类文明史上的一个重要里程碑，人类正是由此从自然的奴隶变成了自然的主人，人类主动干预大自然的行为正是由此开始的，这无疑是人类生产力发展史上的一项壮举。关于人类早期农业生产及其技术起源的证据，大都湮没在了没有文字记载的远古洪荒时代了。我国神话传说中的“神农”“嫘祖”开创了“农”“桑”，这说明我国农业有着悠久的历史。但有关农业起源的断定只能根据地下发掘的有关材料。根据20世纪70年代的考古学成就，我们大体上可以对我国农业起源的状况有一个宏观把握。例如，考古工作者在河南新郑裴李岗的新石器时代遗址中发现了大量的石制农具，在男性的墓里发现了松土用的石铲、收割用的石镰以及石斧等生产工具，在女性的墓里发现了加工谷物用的石磨盘、磨棒等工具。[①]在河北武安磁山新石器时代遗址的400多个窖穴中，考古工作者发现了88个堆存谷物的窖穴，现存堆积厚度在0.5～0.6米区间的有40多个，厚度在1米以上的有20多个、2米以上的有10多个，以穴底平均面积1.2×0.7平方米计算，估计储粮达65吨。[②]1973年，在浙江余姚河姆渡村附近，考古工作者发现了一个迄今已有6 900多年历史的新石器时代遗址，在第四文化层400多平方米的探层中普遍发现有稻谷、稻草和稻壳的堆积，厚度平均在0.2～0.5米区间，最厚处超过1米，折合成稻谷约为120吨；这些稻谷以籼米为主，也有粳稻。该遗址还出土骨耜170多件，它们主要用于挖水稻田、排灌渠道和翻土整地。这些考古发现表明，在距今7 000至8 000年以前，黄河中下游和江南某些地区已出现了相当规模的农业生产，而且农业技术也达到了一定的水平。

在此基础上，经过夏商周三代，到了春秋战国时代，我国农业和农业技术进入了一个“猛进时代”。这一时期社会生产力的跃进以冶铁业的产生和发展为主要标志。我们知道，生产工具不但是人的理性和能动性的确证，而且是社会发展的标志。正如马克思指出的那样，手推磨产生的是封建主为首的社会，而蒸汽机产生的是资本家为首的社会。尽管我国的冶金业有着悠久的历史，但青铜器主要是用来制作祭器和兵器的，而只有冶铁技术的发展才真正彻底改变了农业的面貌。我国迄今最早的用铁遗迹，是河北藁城台西村商代中期遗址出土的“铁刃铜钺”[③]；现在发现的最早的铁农具有：陕西雍城秦古都春秋

① 李友谋．河南省发现一处新石器时代早期文化遗址．光明日报，1979-01-11．
② 孙德海，刘勇，陈光唐．河北武安磁山遗址．考古学报，1981（3）．
③ 河北省博物馆文物管理处．河北藁城台西村的商代遗址．考古，1973（5）．

中期贵族墓中的铁铲，湖南长沙楚墓中的铁铲、铁口锄[1]等。春秋战国时代，我国相继发明了生铁冶铸技术、铸铁柔化技术和炼钢技术，这些技术发明改变了当时整个社会经济的面貌。这一系列技术发明的一个重要的结果就是，铁制农具在农业生产领域中获得了迅速推广。到战国中期，中原广大地区基本上完成了金属农具代替石制、木制农具的历史进程，地下出土的战国中晚期农具已超出了当时的七国范围，而且铁农具在农具中所占的比重大为提高。1955年河北省石家庄市市庄村赵国遗址出土的铁农具占出土农具的65%。[2]

铁在农业生产中的运用催生了一系列革命，主要表现在：第一，铁武装了耕犁，从而使畜耕获得了具有新质的发展；第二，铁器的广泛使用使农田水利建设有可能全面铺开，工程重点由防洪排涝转到农田灌溉，先后出现了一大批高水平的大型水利灌溉工程；第三，铁农具的运用使农业劳动生产力和劳动生产率有了显著提高，用铁农具武装起来的“一夫挟五口”（一个劳动力养活五个人）的个体农户基本上可以独立完成“治田百亩”的任务，生产者的耕作能力大为提高（见表1–1）。

表1–1　　秦国和孟子理想中的六国劳动力耕作能力比较表

项目	一家亩数	家庭人口	劳动力人数	劳动力占家庭人口百分比	每个劳动力的耕作亩数	耕作能力百分比
孟子理想中的六国情况	100	8	3.5	43.75%	28.57	100%
秦国	108	5	2	40%	54.00	189%

资料来源：中国农业遗产研究室（中国农业科学院、南京农学院）．中国农学史（初稿）：上册．北京：科学出版社，1984：71．

---

① 交道義．长沙楚墓．考古学报，1959（1）．

② 孙德海，陈惠．河北石家庄市市庄村战国遗址的发掘．考古学报，1957（1）．

春秋战国时代，我国的生产力结构和国民经济布局也发生了重大的变化。种植业、蚕桑业和畜牧业都有了较大的发展，逐渐成为农业生产中的三大部门。在种植业中，大豆和麦类在粮食作物中所占的比重增大，黍的比重降低，菽粟成为主粮。与蚕桑业并行的是，园圃业（如樊迟曾向孔子问圃）和从虞衡业中分化出来的林业逐渐成为独立的生产部门。采猎在农业生产中的比重明显下降，但从虞衡业中分化出来的养殖业（尤其是渔业）也逐渐成为一个独立的生产部门（如在孟子的理想国中，猪、鸡、狗占有重要的位置）。从农业地区布局看，全国的发展极不平衡，黄河中下游的农业处于优先地位，而南方只有部分地区有所发展。

从大禹治水的传说直到今天，我国农业都是在与水涝旱碱等自然灾害的斗争过程中发展起来的。到了战国时代，铁器的广泛运用、水利知识的积累和水工技术的提高、沟洫制和井田制的破坏，促成了以农田灌溉为重点的水利建设高潮的到来。水利工程既是农业生产的重要物质条件，又是农业科学成果的物化，而我国早在战国时代就建成了三项至今仍为世人赞叹的水利工程：一是魏国邺（今河北临漳）令（官职名）引漳水灌邺，邺地因此大为富庶；二是李冰父子修建都江堰，改变了成都平原的面貌，从此四川地区号称“天府之国”；三是郑国（人名）在秦地修建郑国渠，灌溉了四万余顷盐碱地，关中由此成为沃野。春秋战国时代的农田水利工程有四个特点①：一是从工程规模来看，开始从中小型工程过渡到大中型工程；二是从工程技术规划来看，工程项目从单纯的泄洪和灌溉走向综合利用，包括防旱、防砂、填淤、洗碱以至航运等，系统工程的一些基本原理和技术已得到了运用；三是从水资源的开发利用来看，开始从利用地表水过渡到开

① 梁家勉．中国农业科学技术史稿．北京：农业出版社，1989：105. 关于都江堰的具体情况，详见本书后面章节。

发利用地下水；四是从工程类型来看，完成了多种类型的水利工程。都江堰则更明显地具有这些特点。

在这个过程中，我国的农业科学技术也取得长足的发展，为以后的发展打下了良好的基础。春秋战国时代的农业科学技术成就主要表现在：一是在农业技术方面，提出了深耕细作和因时因地耕作的技术要求，并对土壤耕作的原理作了理论上的总结，强调了适时播种、合理密植、加强管理、合理施肥、实行灌溉等多项增产措施，耕作制度开始从休闲制向连种制过渡。二是在农业科学方面，作为农学基础学科的农业天文学、农业气象学、农业土壤学获得了丰富的经验，作为整个农学基础的生物学的各个分支学体（如物候学、生态学等）也形成了自己的特色。三是在农业管理方面，提出了通过勤谨治田争取高产的集约经营思想，在农业管理机构的设置、农业管理的技术措施、农业管理的原则和方法等方面都形成了自己独特的认识。

农业生产和技术方面的这些辉煌成就，必然要在人们的头脑中得到反映。作为社会分工一个特定领域的思想文化界，必然要对作为社会生产基础领域的农业的生产经验、农业技术的成就进行理论上的概括和总结，这除了有可能造就农学家这样一批专门的科学技术人员外，还很有可能形成一种专门探讨和研究农业生产、技术和管理中的一般理论问题，尤其是与社会问题有关的问题的知识共同体，而这就为中国农家的出现提供了经济条件。

二、井田制的瓦解和商鞅变法的成功

与社会生产的“猛进”态势相适应，春秋战国是我国社会的又一个大变革时期。中国社会的生产关系、上层建筑进行着剧烈的变革，为各种思想学说提供了用武之地。

在生产关系领域，以沟洫农业、耒耜耕作、协作劳动为基础的井田制已成为生产力发展的桎梏，分田而治已成为当时社会发展的大势和一般民众的普遍要求，因为生产力的发展使生产过程的个体性质得到了加强。因而，增强生产过程的个体性质，解放生产的社会要求，推动农业劳动者和其他社会进步力量为实现土地私有化和人身自由化而斗争，这些是当时社会变革的最深刻的经济原因。从阶级关系和社会构成来看，随着井田制的瓦解和土地私有化的确立，旧有的社会构成已被打乱，新的社会结构和阶级关系正在形成之中。新兴的土地私有者逐渐成为社会上的统治阶级，农民和小手工业者开始在社会上以独立人格者的面貌出现。其中尤为引人注目的是，在这个大变动时代，脑力劳动和体力劳动开始分化，社会上涌现出一大批知识分子，他们著书立说、游说各国。他们的政治态度有的比较坚决，宣传封建主义①的政治、经济、文化、社会主张，成为时代发展的代言人和预言家；也有的比较动摇，既向往上古时代和“小国寡民”社会，又面对

① 中国的封建主义和西方的封建主义具有不同的含义。

新兴社会势力无可奈何。这一切都是由他们代表的阶级和阶层利益决定的。

在广大的黄河流域，春秋时代是五霸争天下，而到了战国时代，经过长期的兼并战争，出现了秦、齐、楚、燕、韩、赵、魏七个封建王国，显现出了七国并雄的局面。

为了解决生产力和生产关系的矛盾，从春秋时代起，各国相继对“赋（军赋）、税（田租）制”进行了改革。当时的情况大致如表1–2所示：

表1–2　　春秋战国时代各国赋税改革情况一览表

国	时间	赋税改革内容
晋	惠公六年（公元前 645 年）	作爰田（承认劳动者所耕土地的固定化和私有化）
鲁	宣公十五年（公元前 594 年）	初税亩（向劳动者耕种的所有土地按亩征收租税）
郑	简公二十八年（公元前 538 年）	作丘赋（丘为土地计量单位，按丘征收军赋）
鲁	哀公十二年（公元前 483 年）	用田赋（军赋改为完全按土地的多少征发）
秦	简公七年（公元前 408 年）	初租禾（改劳役地租为实物地租）

这些改革无疑都加快了土地私有化的进程。在此基础上，改革已成为当时的社会大势和人心所向，各国相继进行了变法，法家成为当时推动变法的重要力量和主要组织者。现将各国变法情况用表1–3表示如下：

表1–3　　春秋战国时代各国变法情况一览表

国	时间	变法人物	变法内容举要
齐	桓公时 （公元前 685—前 643 年）	管仲	相地而衰征（根据土地状况制定赋税等级）。
魏	文侯时 （公元前 445—前 396 年）	李悝	食有劳而禄有功（用封建官僚制代替世卿世禄制）；什一之税（抽土地所产的十分之一）。

续前表

国	时间	变法人物	变法内容举要
楚	悼王时（公元前 401—前 381 年）	吴起	取消世袭爵禄；疏远公族；节省开支；供养战士；等等。
秦	孝公时（公元前 361—前 338 年）	商鞅	建立中央集权的专制制度；实行土地私有的政策；斩断宗法血缘纽带；实行重农抑商的政策。

尽管这些变法的背景和内容不尽相同，但它们都反映了历史的必然趋势和民心所向，因而，它们都在不同程度上有助于瓦解井田制，促进独立的个体农户的发展。尤其是商鞅变法进行得比较彻底。

商鞅（约公元前395—前338年）是法家的主要代表人物。商鞅不但是一个理论家，而且是一个实践家。他初见秦孝公的时候说的是“帝王之道”，未能投合，继续说以“霸道”，最后说出了“强国之术”。孝公为之大悦，商鞅于是也得到了重用，由此开启了他施展自己才能的大好前程。他虽然通过出卖朋友、出卖故国的方式，欺骗公子卯而败了魏兵，但也通过“商鞅变法”使自己的思想变成了行动，使一人之见变成了国家意志。商鞅变法的主要内容包括：第一，建立中央集权的政治体制。不论贵族也好、贱民也好，在法律面前是一律平等的；而法律是国君制定和颁布的，这样，就将一切权力集中在了国君一个人手中。第二，实行土地私有的政策，废除“井田制”。一方面，“井田制”对奴隶的剥削过重，使他们丧失了耕作的兴趣和动力，生产力无法得到提高；另一方面，新的土地私有者的耕作兴趣与日俱增，生产力比较发达。这一鲜明的对比说明，“井田制”早就该废除了。第三，斩断宗法纽带。社会的细胞是按生产单位组织的，而不是按血缘关系组织的。被奴役的百姓，不论大小，只要他们尽力于耕织，缴纳政府的粮食布帛多，就可以被免除奴役，获得自由的身份。

商鞅的这一套理论和实践对后世产生了重大影响，中国社会正是由此才进入了一个新的历史阶段，“秦王政后来之所以能够统一中国，是由于商鞅变法的结果，甚至于我们要说秦、汉以后的中国的政治舞台是由商鞅开的幕，都是不感觉怎么夸诞的”[①]。

土地的私有化促进了社会的变法，变法又促进了社会阶级和阶层的进一步分化，农民阶级作为一个特定的阶级登上了历史舞台，而这一切必然会反映在人们的思想观念中，也必然会有一部分知识分子站出来为农民说话，他们会站在同情农民、反映农民利益的立场上来阐述自己的政治、经济、文化主张。自然，他们会将农业问题作为自己关注的重心和焦点。这就为中国农家的出现创造了特定的政治条件。

三、诸子争言农事和重农思想的确立

先秦时代生产力的突飞猛进和社会领域的剧烈变革，促成了社会阶级的不断分化和社会阶层的新的组合，由此形成了各种不同的社会利益集团。面对社会发展的新形势、新问题，各利益集团的代言人纷纷站出来表明自己的观点和立场；由于大一统的局面还未形成，社会的未来走向似乎还未确定，因而各家各派或在水火不容中你争我斗，

① 郭沫若．十批判书·前期法家的批判//郭沫若全集（历史编）：第2卷．北京：人民出版社，1982：323.

或在渗透互补中相互抗衡，或相互联合以求发展，这样就形成了思想文化领域的百家争鸣的局面。尽管各家各派的思想理论不尽相同，在思想继承的关系上也错综复杂，但是，至少存在这样一种客观现实：由于农业是当时社会生产力的主要部门，而当时的中国社会又是一个以农为主的社会，因此，出现了诸子争言农事的局面。

1. 道家“小国寡民”的农民理想

道家是先秦时代主张“无为而治”的一个以“道”为核心的思想流派，主张“道法自然”（自然而然）；庄子发展了原始道家的思想，更强调“道”的从无生有、变化莫测的性质。道家的代表作有《老子》（《道德经》）、《庄子》和《黄老帛书》等。这里，我们仅以老子为例，来看一下道家的有关农事的思想。

老子表达了农民平均主义的思想，主张保护农业生产力，对农民的生活表现出深刻的同情。老子的理想社会是“小国寡民”的社会，崇尚自然农业，反对运用农业机械。他反对新兴的统治阶级为了扩大统治而进行的战争，认为军队驻扎过的地方到处长满了荆棘，打过大仗之后必有荒民。他认为，老百姓之所以食不果腹，是由统治者课税太重造成的；统治者巧取豪夺，导致田地荒芜，是强盗头子。

老子对农作物的生长规律也有一定的认识。他在讲事物发展的一般原则时所用的语言、所举的例子，有许多和当时的农业生产有关。他认为，对待自然、对待生活，最好学习种庄稼的原则，顺应事物自己生长的原则，不要生硬勉强地去做。在讲到人生的最高境界（上善）时，他看到了当时农业水利的巨大功用，认为“上善”应该像水那样，尽管自己有益事物，但从不显示自己的功劳。另外，他还用草木生长的原理来讲柔弱胜刚强的道理。

在以后中国社会的发展过程中，由于儒道构成了中国文化发展的主流，因而，老子的这些思想对后世有着重大的影响。在全球生态危机日益严重的情况下，有不少西方有识之士看到了老子这些思想的巨大生态价值。例如，美国学者卡普拉在其《物理学之道》中对之有深刻的论述。

2. 墨家“交相利”的重农倾向

儒、墨是先秦时的“显学”。墨家是一个代表小手工业者利益的学派，崇尚功利，主张兼爱、非攻等，代表作有《墨子》。

墨子认为，“耕稼树艺”“纺绩织纴”是人区别于动物的本质特点，因此，应该尊重农民的劳动。他要求统治者应满足劳动者起码的生活需要，不能因为自己的享乐而耽误农业劳动；他反对战争期间掠夺和破坏其他国家的农业资源和农业生产的行为，认为掠夺他国的禾稼、砍伐他国的树木、毁坏他国的沟池、掠夺他国的牲牧的行为比杀人越货更加不义。可见，墨家也有一种重农的顷向。

后墨主张，满足农民和劳动者利益的关键在于适合“时”令。他们似乎对农时也十分关注。他们对农业生产和农业技术的一些问题也表现出了关心，进行了探讨。他们对天象和物候也很重视，如用“参”来说明“直”，而“参”是一年二十四节气和二十八宿中的一节，即“立春”后的“雨水”一段时间内天象中所见的星宿，如用虾蟆化作鹑鸟来说明“化”。尽管这一看法是错误的，但在我国古代物候中，这是经常举出的一个事例。另外，他们还看到了生物与环境的关系，认为麋利居于山、鱼利居于水等。

3. 儒家“禹稷躬稼而有天下”的重农价值取向和生态农学模式

儒家以农为重吗？有人会提出这样的疑问，因为孔子明确讲过“稼”“圃”是“小人”之事。据《论语·子路》记载，樊迟向孔子请教如何种田，孔子却说：“不知道，我不如老农。”樊迟又问如何种菜，孔子说：“不知道，我不如菜农。”樊迟刚离开，孔子就骂道：“樊迟真是一个没出息的小人呵！”由此，有人自然会得出儒家轻农、斥农的结论。事实果真如此吗？其实不然，这是由于这些人不知道儒家关于社会分工的理论。

在儒家看来，尽管农在“礼义”等级结构中属于低贱的行当和职业，但在“明分使群”的社会等级结构中，农在社会分工中居于基础性的地位，农民应该尽力于耕田，统治者应保障农民有田可耕；统治者不能从事农业生产，农民也不能从事直接的农业管理。这样，才不会打乱社会分工秩序（这或许才是孔子将“稼”“圃”看成“小人”之事的根本原因）。统治者应将农置于其他生产行当之前，只有这样，社会才能正常运转，统治者的统治才会长久。

从整个社会系统正常运转的角度来看，儒家对“禹稷躬稼而有天下” 这一点推崇备至，这是由于夏商周三朝都是由农业部族发展而来的，有着悠久的重农传统。由此，儒家提出了自己的重农标准。由于自然资源和自然环境在国民经济中占有重要地位，因而，从一个国家或地区的自然生态状况可以窥视到其政治状态和道德状况。在农业生产占主导地位的社会形态下，土地更能说明问题。具体来讲，一是良好的土地状况说明农业和自然得到了重视，而重农、重自然必然导致重视道德教化，由此，这个社会（地区）的政治状况也会良好。二是恶劣的土地状况说明农业和自然没有得到重视，而轻农、轻自然必然导致轻视道德教化，由此，这个社会（地区）的政治状况自然会恶化。儒家就是根据这一标准进行行政评价的。《论语》中记载了这样一则故事：子路在浦地做了三年的官，孔子经过他的管辖范围时，三次发出了“善哉由也”的赞叹。为孔子赶马车的子贡就问：“先生还没有看见子路的政绩就肯定了他的功劳，这有何根据呢？”孔子说：“我已看到他的政绩了。刚进入他的管辖范围，我就看到农田整齐划一、没有杂草、沟深水急，这就叫作恭敬以信，所以他的人民都能尽力。我进入他的城区，看到墙屋完固、树木茂盛，这就叫作忠信以宽，所以他和人民都很本分。我进入他的院子，看到庭院错落有致、干净利落，下属很听话，这就是明察以断，因此，政事没有荒废。这样看来，虽然我三次赞叹、肯定他的成绩，其实，这能完全反映出他的政绩吗？”

与重农的主张相呼应，儒家在对待农业劳动力的立场上持民本主义的立场，欲求通过实行民本主义来起到既维护统治者的统治又保护农业劳动力的双重作用。民本主义是一种既不同于民主主义也不同于专制主义的政治主张和社会学说。在儒家那里，它有三层基本的含义：第一，君要“爱民”，以一颗宽厚仁慈的心来对待民众。具体有三条措施：一是“敬事而信”。统治者要将农事摆在基本国策的地位上，体察民之疾苦。二是“节用爱人”。统治者要谨慎地对待自身的物质利益，厉行节约。三是“使民以时”。统治者切不可耽误农时，只有在农闲时节才可调用民力。第二，君要“利民”，即君王统治要照顾民的利益。有两条具体措施：一是“分田而耕”。也就是要根据劳动力状况来授田，使土地所有权和经营权适当分离，使耕者有田。二是“薄税敛”。儒家要求统治者对劳动者的剥削要适度，在赋税的比重上要采用“什一税”的形式，征取土地所产的十分之一。第三，君要“治民”，民要服从君的统治。儒家要求统治者“治民”要有“道”，切不可随意行事，这就是要正确处理“君”和“民”的关系，要通过道德教化的方式来感化民众，以达到“治民”的根本目的。由此看来，重农必然倡导民本，民本必然维护重农，因而，重农和民本其实是一个问题的两个不同方面，这是儒家对中国重农思想的突出贡献。

儒家在政治上崇尚“天下为公”的大同世界，但他们心目中的理想社会却是以夏商周三代为代表的“小康”社会，因而，他们提出种种设计方案来完善、巩固“小康”社会，并希望使之永久化。在这个过程中，儒家不但表达了自己的社会理想，而且表达了自己的生态理想，将二者统一了起来。儒家在其生态理想中，主要探讨的是农业资源如何合理配置的问题和农业生产如何合理而有效地开展的问题。这个问题共由四个层次构成：它的核心层次是人们的“居”的问题，要求人们要居有所居；第二层次是人们的“衣”的问题，要求人们在住宅的四周种桑养蚕，以解决人们的穿衣问题；第三层次是人们的“食”的问题，也就是要在蚕桑产业区域以外的周边区域发展家庭养殖业，来解决人们的动物食品来源问题；第四层次也是人们的“食”的问题，要求在人们住宅的最外围区域发展一般的种植业，强调通过发展粮食生产来满足人们正常的食物需要。在这一结构中，既有一般的种植业（田），也有养殖业（畜）、园圃业（桑），还有手工业（蚕）。只要合理协调好这几个方面的关系，就可以基本解决衣食住行等一系列生活问题，因而，儒家所讲的“农”又是一种朴素的“大农业”。这几个层次之间又具有一种合理的良好的生态循环关系。如：人要保护维护好田，而人又要靠田吃饭；家畜也要消耗掉一部分农产品，但家畜的粪便又可以肥田，提高土地的生产力；家畜的粪便可以养桑，剩桑残蚕又可用来饲养家畜或肥田。因而，这其实是一种有机农业的循环模式。

儒家也看到农业生态结构的优化可带来重大的生态、经济和社会效益，尝试着通过人类的合理管理来促进农业生态结构的优化。在儒家看来，只要抓住“天时”“地利”“人和”这三个重要的农业生态结构中的因素，就可达到这个目的。因而，儒家提出三条基本的生态农学原则：第一，因时制宜。中国古代讲的“时”也就是“天时”，指太阳运转造成的季节演替现象。由于农业明显地依靠这一节律，因而，“时”又被称为“农时”。因时制宜的核心就是“不违农时”，要求一切农事活动都要围绕“时”来进行，要根据农作物的季节节律，不失时机地搞好农业生产和管理。春播、夏耘、秋收和冬藏四者要依时进行，依序而行，统治者切不可耽误农时。这样，才会保证丰收。第二，因地制宜。土地资源存在着高下、肥瘠、远近等一系列的差异，显然，面对不同的土地资源要采用不同的农业生产和管理措施。因地制宜就是要求人们根据土地资源状况合理安排农业生产，同时注意土地资源的保护。儒家要求人们根据土地的自然状况，合理投入水、肥，合理利用土地，精耕细作，并在充分发挥土地生产力的同时让土地合理休息。第三，力尽人事。人是农业生产的主体。儒家看到，只要人们合理利用自然规律来指导农业生产，就可起到事半功倍的效果。因而，儒家要求人们在治水、肥田、田间管理上多下功夫，增加对土地的投入。

作为先秦“显学”和两汉以来中国文化主流的儒家给农业以如此重要的地位，并提出了一套合理的生态农学模式，可想农家对中国思想文化中的其他流派、对中国社会历史的重大影响和价值导向的作用。

4. 法家“富国以农”的重农思想和实践

在先秦各家中，法家是又一个给“农”以重要位置的思想流派。但与儒家不同的是，在法家那里，形成了一个自成系统的重农思想体系。当然，这一体系是隶属于“法”的。同时，法家将这一思想贯彻到了自己的实践中，通过国君的力量使之变成了国家的意志和现实。

法家是我国先秦至汉初的一个主张法治的学派。其实际始祖为战国初期的李悝。此外，被称为前期法家代表的还有吴起、慎到、申不害、商鞅等人。商鞅重“法”，申不害隆“术”，慎到言“势”，而战国末期的韩非子综合这三家之长，兼言法、术、势，从而形成一个完整的法治思想体系。法家的理论核心是加强君主集权专制政权，强调法律面前人人平等，主张以严刑酷法来治民。《商君书》和《韩非子》是留传下来的法家代表作。

早在李悝那里，就倡议“尽地力之教”（《史记·孟子荀卿列传》），这是他在相魏文侯时提出的。尽管我们现在无从知道它的具体内容，但根据《汉书·食货志》来看，“尽地力之教”也就是要“治田勤谨”。“治田勤谨则亩益三升”，就可以使一亩田多出三升米；相反，人要懒惰的话，一亩田便要少收三升米。在当时的社会生产力水平下，这可不是一个小数目。这种提高农业生产力、加强农业生产的措施，其实是引导社会走向以自然生产力为主的封建制社会的关键。吴起提出了垦荒政策，强迫贵族们去垦荒以增强国力。而到了商鞅那里，则形成了一个完整、严密的重农思想体系，这集中反映在《商君书》中的《垦令》《农战》《算地》《徕民》四篇中。《垦令》提出了发展农业生产的二十条具体措施，《农战》主要讲重农抑商的重要性，《算地》主要讲“量地而立国”的道理，《徕民》讲如何通过移民的方式来解决地广人稀的矛盾。韩非子秉承这一传统，看到了“富国以农”的重大意义，提出了“垦荒”“生粟”等发展农业生产的具体措施；同时，他也提出了一些抑商的措施。

我们可以通过《商君书》来考察法家的重农思想。尽管《商君书》原书已有所佚，现存的篇目中又夹杂了一些后期法家的思想，但其基本思想尤其农战的思想是与《韩非子》相一致的，因而，《商君书》基本上可以反映出商鞅的思想。一部《商君书》其实也就是一部“耕战书”，“一民于农战”是其要害所在。①

商鞅认识到，只有富国强兵才能加强封建君主专制，而农战（耕战）政策则是富国强兵之道，由此，他提出了重农的主张。他认为，重农有三个明显而基本的作用。具体来讲：第一，只有重农才可以使老百姓专心务农，这样，就不会有欺诈，就可以使老百姓安心守土。第二，只有重农才可以使老百姓专心务农，这样，朝廷才可以用赏赐和刑罚来督促老百姓。第三，只有重农才可以使老百姓专心务农，这样，国君才可以用老百姓的力量来专心对外。或者可以这样说，只有重农才可以使老百姓不依靠赏赐而亲爱君上，不依靠爵禄而努力工作，不依靠刑罚而肯于为国家卖命。总之，重农才可以富国，富国才可以强兵，强兵才可以统一天下。因此，应将重农上升到国策的高度来认识。

为此，商鞅提出了二十条发展农业生产的具体措施。这二十条措施大体上可以分为以下几个方面：第一，政治改革与发展农业生产的关系。商鞅看到，一个国家政治制度腐败，致使官吏腐败，而这就会腐蚀国家机体。旧体制的关键就是没有将重农变成国家意志。由此，他提出了澄清吏制、形成统一的政治体制、由国家统一管理山林泽梁

① 吕思勉．先秦学术概论．北京：中国大百科全书出版社，1985：98.

等自然资源、缩短运军粮的时间等保证农时的措施，希望通过这些政治改革措施建立起重农的政治体制，以促进农业生产的发展。第二，法制建设与发展农业生产的关系。商鞅充分认识到了严刑酷法对于保障发展农业生产的重要性，提出了建立什伍制（按居住地区划分行政建制，五家为伍，十家为什，一人有罪，如不举发，伍什连坐）、取消探监制等措施，希望通过这些加强刑罚的措施使老百姓禁恶趋农。第三，地税制度与发展农业生产的关系。商鞅看到了经济措施在保障重农政策贯彻落实过程中的重大作用，要求国君根据计算出的农民收入粮谷的多少来征收地税，这就是要实行统一的地税制度。实行统一的地税制度，可以使国君得到信用，可以使农民负税公平，这样，官吏们就不可能作弊，而老百姓们就会专心务农。可以用“上壹而民平”来概括这一地税制度。第四，抑商与发展农业生产的关系。商鞅认为，商业活动只会使人们投机取巧，导致人们奸诈、不服管教。因此，他提出了通过抑商来发展农业生产的一些具体措施，包括禁止买卖粮食、加重酒肉税、强制商人的仆役去服公役等。他希望通过这些措施使老百姓看到经商无利可图，因此专心务农。第五，稳定和扩大农业劳动力与发展农业再生产的关系。商鞅看到，农人不专心务农是重农之大敌，因此，他提出了一系列稳定农村劳动力的措施，这包括思想和政策两个方面的内容。在思想上，就是要实行“愚帅民”政策，使老百姓不重视学问，不接触娱乐活动，听不到奇谈怪论，这样，老百姓的心才不会因外物而动，才会专心务农。在政策上，就是要实行稳定农业人口的政策，通过实行反对养士、反对雇工、禁开旅馆、严禁迁移等政策，使老百姓认识到离开土地游荡是不会得到什么好处的，这样，才能将他们牢牢地拴在土地上。只有农业劳动力稳定了，发展农业生产才有希望。另外，根据人口和土地的矛盾，应实行招收三晋之民来秦务农的政策，给他们三世（代）免兵役的优惠，使他们从人多地狭的三晋来地广人稀的秦国垦荒，促进秦国农业生产的发展。

商鞅通过变法将这些重农思想变成了国家的意志和行动，对后世具有重大的影响。第一，重农抑商成为汉以后中国社会为统治者首肯和认同的正统理论和价值取向。第二，移民垦殖成为之后中国社会富国强兵的一项集政治、经济和军事于一体的重要措施。第三，国家开始注重从宏观整体上来管理农业生产，农业成为国脉所在、国运所系。因而，在这个意义上，法家其实也就是中国历史上的重农学派的法治共同体，或法治学派中的重农共同体，商鞅也就是中国历史上的重农学派的法治家或法治学派中的农家。

既然“农”成为诸子共同关注的问题，那么，为什么不可能有人站出来专门以“农”为重点和核心来建构自己的体系呢？儒家重农是为自己的德治服务，法家重农是为自己的法治服务，为什么不能有人站出来通过其他手段来为自己的农治（以农治国）目的服务呢？百家争鸣中诸子争言农事的局面，为中国农家的出现提供了特定的思想条件。

四、中国农家的出现及其历史命运

先秦时代特定的社会历史条件，使作为一个特定思想文化流派的农家的出现成为可能。但从可能到现实并非坦途，中国农家的出现和发展经历了一个十分复杂而曲折的过程。

1. 许行——中国农家出现的标志

许行是先秦时代第一个，也是唯一一个留下姓名的农家代表人物。许行，楚国人，是与孟子同时代的人，具体孰先孰后，无可考证。他无著述留世，后人仅从《孟子·滕文公章句上》可窥出一些端倪。孟子曾提到“有为神农之言者许行”这样一个人，并对“许子之道”进行了猛烈批评。

事情是这样的：

有一个研究神农氏学说的人叫许行，他从楚国来到了滕国，亲自谒见滕文公，告诉他说：“我这个从远方来的人听说您实行仁政，希望得到一个安身之处，做您的百姓。”滕文公便将他收留下来。许行的门徒有几十个人，都穿着粗麻织成的衣服，以打草绳织席子为生。他们自己耕种而食，用谷来换取农具和生活用品。身为儒家门徒的陈良的弟子陈相和陈辛兄弟二人，背着农具从宋国也到了滕国，他们见了滕文公后说：“听说您实行圣人的政治，那么，您也是圣王了。我们愿意做圣王的百姓。”于是，陈氏兄弟二人也在滕国住下了。一天，陈氏兄弟与许行不期而遇。许行向他们讲述了自己的平等劳动、分工互给、等量交换等学说。陈氏二人大为许行的主张折服，非常高兴，表示愿意完全抛弃以前的学说而向许行学习。陈相在看望孟子时，向他转述了许行的言论和思想，孟子听后大为恼火，对许行的言论进行了口诛笔伐。于是，许行的思想便被保留下来了。

由此，我们可以看出：第一，所谓“有为神农之言者”，说的是许行这个人以宣传神农学说为己任。而神农可能是指神话传说中的农业创始人神农氏，也可能是指当时确有一部名为《神农》的著作。

《汉书·艺文志》曾记载有《神农》（二十篇）这样一部书，并指出：在六国时代，诸子对当时的时政痛心疾首，对轻视农业的现象尤为关注，因此，他们就假托传说中的神农氏之名，推出了一部专门讲农耕问题的著作。①不过，《神农》这部著作已佚失。不管神农指的是哪一个方面的含义，事实上当时确实存在一个神农学派，他们以重农为自己的特色。第二，所谓“许子之道”，说的是许行这个人本身有一套理论主张，并不仅仅以重农为限，而“许子之道”是由平等劳动说、分工互给说和等量交换说三部分内容构成的整体。孟子认为“许子之道”有悖于事物的常理，对之进行了激烈的批评。不管怎么说，孟子还是承认许行是一“子”，可以与诸子等而视之。第三，许行并不是一个孤家寡人，在他周围还是聚集了一批人，虽然不及显学那种“弟子三千、贤人七十二”的赫赫之势，但能将显学的的弟子们吸引过来，还是有一定的社会影响。第四，许行的言行能够引起显学人们的注意，遭到了孟子的激烈批评，可见许行对显学的威胁性。孟子对庄子这样的人物都不屑一顾，却对许行这样重视，这说明：“有为神农之言者许行”和“许子之道”确实加入百家争鸣中了；离开了许行这一家，恐怕“百家争鸣”也就不成其为百家争鸣了。因此，这样一个有思想传承（有为神农之言）、有自己的系统的理论主张（许子之道）、有代表人物和领袖（许行）、有自己的追随者和学生（门徒）、参与了与其他学派的论争（孟子的批评）的东西，不是一个学派还会是什么？这一学派不叫作“农家”还能叫作什么？

因此，我们认为，农家是“九家十流”中重要的一家。在没有发现其他材料和证据之前，我们姑且将许行作为中国农家出现的标志。

① 班固的原话是：“《神农》二十篇。六国时，诸子疾时，[怠]于农业，道耕农事，托之神农。”（《汉书·艺文志》）

2. “稷下学派”和吕氏门客——中国农家思想的系统化阶段

以许行为代表的“神农学派”，并没有因为显学之士的反对而屈从，也没有因为统治者的不喜欢而消失。我们可以断定，他们的继承人很可能参加过“稷下集团”，在编写《管子》这部论集的工作中出过些力；也有的成为秦相吕不韦的门客，在撰写《吕氏春秋》这部恢弘著作中发挥过作用。

（1）农家与“稷下学派”

“稷下学派”，并不是一个像儒道等学派那样的具有中心思想和系统主张的流派，而是围绕设置在齐国稷下（地名，属今山东淄博）的学宫形成的中国古代最早的学术活动中心和政治咨询中心，也就是今天所说的高等院校。它创建于田齐桓公（公元前374—前357年在位）时期。齐宣王上台后，秉承祖志，扩置学宫，招致天下贤士近千人，虽不允许他们直接参与政治，但允许他们自由发表言论、点评时政，将其中七十六人尊为“上大夫”。由于有这样宽松自由的政治和学术环境，稷下学宫吸引了各家的一些名流汇聚于此。儒家中的荀子曾“三为祭酒”，掌管学宫的日常事务。稷下汇集了道、法、儒、名、兵、农、阴阳、轻重等百家之学，成为当时各学派荟萃的中心，后人将这一学术中心称为“稷下学派”。“稷下学派”促进了百家争鸣的开展和先秦时期学术文化的繁荣。当时相继出现了一大批思想学术著作，《管子》一书就成书于此。

《管子》可能是齐国稷下学者的著作总集。管仲本人是齐国最有名的思想家和政治家，齐国有很多关于他的传说。齐国人把从稷下流传出来的著作收集起来，加上关于管仲的传说，并用齐国这个最有代表性的人物的名字作为书名，这就是《管子》这部稷下著作总集的形成过程。《管子》是先秦各思想学派思想学说的一个宝库，是研究先秦各学派思想的一部重要史料。

《管子》一书包括各家的著作，其中也包括农家的著作。可以说，农家的主要思想在此得以保留，并根据理论斗争的需要而有所发展，这一点似乎已为大家认同。尽管冯友兰先生否认过农家为百家争鸣的一家，但他后来又认为《管子》一书中的“《地员》篇是农家的著作”①。吕思勉先生除认定《地员》篇是农家的著作外，还认定《揆度》和《轻重》诸篇皆为农家著作。②石声汉先生认为，以许行为代表的“神农学派”很可能曾是“稷下学派”中的一派，他们在编写《管子》时出过力；他除认定《地员》篇为农家著作外，还认定《牧民》《权修》《立政》《五辅》《八观》肯定是记述农家思想的。③《中国农学史》的作者们认为，《牧民》《权修》《五辅》《立政》《君臣》《治国》《问》《入国》《八观》《匡君小匡》《度地》《地员》等篇皆是重农派的著作。④

在这些著作中，《度地》篇专门讲土地规划和水利建设问题，《地员》篇专门讲植物与土地的关系问题，其余诸篇持重农民本的社会历史主张。其中，重农民本的社会历史观是《管子》一书中重农思想的核心，这是“神农学派”思想的继续；而《度地》《地员》两篇开创了农家发展的一个新方向，这就是他们在重农民本思想的指导下开始对农业科学技术的一些问题进行探讨，这样就使农家开始摆脱空

① 冯友兰．中国哲学史史料学初稿．上海：上海人民出版社，1962：46.

② 吕思勉．先秦学术概论．北京：中国大百科全书出版社，1985：47，138-141.

③ 石声汉．中国古代农书评价．北京：农业出版社，1980：11.

④ 中国农业科学院南京农学院中国农业遗产研究室．中国农学史（初稿）：上册．北京：科学出版社，1984：105.

疏的议论，获得新的生存机会。

（2）作为吕氏门客的农家与《吕氏春秋》

在参加“稷下学派”的同时或前后，农家的一些代表人物还在寻找其他出路，他们也成为秦相吕不韦门下的食客，在撰写《吕氏春秋》的过程中，结合新的形势，系统地阐述了自己的思想。

当时各国均有养士之风，吕不韦自恃秦国强大，又自叹养士之风不如六国，于是也广为招贤纳士。一时间，吕氏门下也有食客三千，他们来自各家各派。吕不韦命令这些食客著其所闻，集成一部洋洋二十余万字的巨著，分为“八览”“六论”“十二纪”三部分，以为集备了天地万物古今之事，称为《吕览》（又名《吕氏春秋》）。

先秦诸子的书，原来都是分散的论文，是后人编辑成书，呈现出今天这个样子的；像《吕氏春秋》这样的成体例的私人著作，在以前是没有的。因此，书成之后，吕不韦很得意，把这部书挂在城门上，出了赏格说：有谁能在这书上增一字或减一字，赏金一千。他的这种著述方法，无疑是一种创举；他这样夸口，也是可以理解的。吕不韦之所以要编撰这样一部书，并不单纯是为了与六国诸君一比高低，也不单纯是为个人获得名誉，而是有其深刻的社会经济、政治、文化原因。正如《吕氏春秋·季冬纪·序意》所说的，他是要“纪治乱存亡”“知寿夭吉凶”的，要集备天地万物古今之事，为秦灭六国作思想舆论上的准备，因此，他对诸子百家采取了兼容并蓄的态度，所以，他被称为“杂家”。其实，《吕氏春秋》是“杂而不杂”，它与稷下学派的风格有着明显的区别。稷下学派以承认各家都有存在价值为前提，对诸子百家采取了宽容的态度，让他们各持己见，而自己不作结论；《吕氏春秋》则以承认各家都有自己的长处为前提，对诸子百家采取了兼容并蓄的态度，将各家各派的思想综合成为一个体系。

因而，《吕氏春秋》很有史料价值，作为先秦文献，值得我们重视和研究。同时，正如有的论者指出的那样，“《吕氏春秋》保留了不少古代的遗文佚事，最值得的，其中关于农业技术的记载是宝贵的文献。但这种文献载在书里，对于‘尽地力之教’的秦国来说，也不是偶然的”①。

农家人物不但参与了《吕氏春秋》的编撰工作，而且将之系统化了。在《上农》《任地》两篇中，作者都引用“后稷”的话，这就表明了作者的流派立场——他们肯定自己是农家人物，要不然，他们会假托其他人物。正如汪中代毕沅序《吕氏春秋》所指出的那样，“《上农》《任地》《辩土》三篇，皆农桑树艺之事，则农家者流也”（汪中：《述学吕氏春秋附考》）。一个“农家者流也”道出了其要害，使我们也看到了农家的发展方向。汪中的这一论点为治中国哲学史料者沿用。而治农学史者认为，与上述三篇同为《士容论》中的一篇的《审时》也是一篇重要的农学论文。另外，《贵当》《爱类》其中也有关于农业的论述。同时，“十二纪”更应引起我们的重视。“十二纪”是将春、夏、秋、冬四季按孟、仲、季复分为十二个月来命名，每“纪”的最前面有一篇为该月的“月令”（记载这个月该做的主要事情）；后来有人把十二个月的月令合成《礼记·月令》，它和《夏小正》一样，是农家月令书的基础。在这个意义上，《吕氏春秋》的史料价值和理论价值要大于《礼记·月令》。由此，《吕氏春秋》构筑起了一套重农思想体系和生态农学模式，其中《上农》篇为其总纲，综述重农抑末的意义和价值；“十二纪”的月令篇为经，分述十二个月的季节变化，提出与之相适应的农事活动，以及重农的政策和措施；而《任地》《辩土》《审时》等篇为纬，分言关系农业生产

① 杜国庠．杂家言之作始者吕不韦和《吕氏春秋》//杜国庠文集．北京：人民出版社，1962：265.

的几大问题，对土宜和农时等问题作了论述。这样，中国农家在“杂家”的外表和形式下获得了完整的内容和实质。

3. 农学家——中国农家的别宗

随着中央大一统局面的形成，统治者在意识形态领域也实行了“罢黜百家，独尊儒术”的政策，这样，农家和其他流派一样，都失掉了自己赖以生存的社会生态条件。而农家所具有的民本主义和平均主义的思想，更不会为统治者所容纳。这样，农家作为一个独立的思想流派就开始在历史舞台上“隐退消失”了。农家在历史上没有留下自己的著作，除了许行一人外，其他人连姓名也没留下来，这不能不说是中国思想文化史上的一大憾事。

但真理是不会屈服于外界的强暴的。面对新的形势，农家开始寻找新的出路。好在中国是一个以农立国的国家，于是，农家就开始以农学家的面貌又出现在社会上。从表面上看，这是从一个思想流派变成了一个专门的科技群体。但在实质上，中国农学家们（农业科学家）都是在不同程度上接着农家（思想家）思想讲的，当然，他们也接着《管子》中开始体现的技术转向进行了深入的探讨，从而使中国农学（中国农业科学技术）成为中华文明宝库中重要的组成部分，同时对世界文明产生着重大的影响。

两汉以来，中国农学的发展大体上可以分为三个阶段。第一个阶段为中国农学的形成阶段。从历史断代来看，这大体上是指两汉至隋唐之前的这段历史时期。重要的农学家有氾胜之（《氾胜之书》）、崔寔（《四民月令》）和贾思勰（《齐民要术》）等。其中，《齐民要术》是中国农学发展史上的第一个里程碑。这时的农书大都是私人著述，着重从整体上讲问题，其范围仅局限于黄河中下游流域。第二个阶段为中国农学的完善、发展和专业分化的阶段。从历史断代来看，这大体上是指从隋唐到明清之际这段历史时期。撰写整体性农书的有陈敷（《农书》）、王祯（《农书》）等，撰写专业性农书的有陆羽（《茶经》）、陆龟蒙（《耒耜经》）等。另外，也有大量的区域性农书。除了这些知识分子型的农学家外，还出现了一些平民农学家。他们忧民疾苦，大力进行农业技术推广，为发展中国农学作出了重大贡献。黄道婆就是这样的农学家。这时的农书很大部分是官方出面组织撰写的，其范围已扩展到江南。第三个阶段是中国农学开始接触、接受西方农学的阶段，而这与来华传教士分不开。这个阶段大约是从明清之际开始的。徐光启则是第一个“睁眼”看世界的中国农学家，一方面对中国农学进行了系统总结和概括，另一方面又将《泰西水法》译成了中文。至此，中国农学进入了一个新的发展阶段。

也许大家觉得将农学家纳入农家系统有点不伦不类，但我们的考察重心在农学家的思想层面而非农学家的技术层面。从思想层面来看，农学家其实是农家的别宗，正像孔子之后儒分为八一样。第一，农学家都是以“神农学派”的人物自居的，他们都“为神农之言”，这就表明了他们的流派立场。如汜胜之讲，既使你有固若金汤的城池，拥有百万之兵，但你不遵从“神农之教”，不重视农业生产，那你也守不住城。[①]而贾思勰讲，是神农制作耒耜，后稷开启了将“农”摆在重要位置的先河。[②]第二，除一部分统治阶级农学家外，大部分农学家是持重农民本的社会历史观的，并要求将之贯穿到农业管理中。如《齐民要术》的本意就是为了帮助百姓谋取生存之道，徐光启

① 《汜胜之书》的原话是：“神农之教，虽有石城汤池，带甲百万，而无粟者，弗能守也。”（辑自《艺文类聚》卷八十五“粟”）

② 《齐民要术·序》的原话是：“盖神农为耒耜，以利天下。尧命四子，敬授民时。舜命后稷，食为政首。”

的《农政全书》以“农本”开始而以“救荒”结束。第三，“天、地、人”三材的思想是中国农学家的中心认识，而这与农家是一致的。中国农学家将“三材”作为指导农业生产的中心原则和自己农学理论的重要基础，将如何协调好“三材”的关系看成获得丰收的关键。第四，正因为农学家与农家具有这样的血肉联系，所以《汉书·艺文志》将《氾胜之书》这样的农学著作也归入了农家著作之列。从此以后，在各代的《艺文志》或《经籍志》的子部中都有“农家”一项，而在农家中列入的大都是农学著作。

由此看来，农家事实上是存在下来了，农学家成为了他们的别宗。这又是中国思想文化史上的一大幸事。

通过上面的考察，我们可以肯定地说，在百家争鸣时代，确确实实是存在过一个重农学派的——中国农家，农家是“九家十流”中重要的一家。

第二章 神农学派——中国农家的理论内涵

与儒家崇尚三代不同，农家假托传说中的神农氏来表达自己的重农主张，因而，人们又惯于将农家这个中国的重农学派称为“神农学派”。那么，这个“神农学派”的基本主张是什么呢？班固在撰《汉书·艺文志》时，为农家作了这样一个界定：

“农家者流，盖出于农稷之官。播百谷，劝耕桑，以足衣食,故八政一曰食，二曰货。孔子曰‘所重民食’，此其所长也。及鄙者为之，以为无所事圣王，欲使君臣并耕，悖上下之序。”[①]

这段话向我们透露出这么几点信息：第一，农家是从中国最早的农官(农稷之官)中发展、演化出来的。而“农稷”即后稷，他既是神话传说中的与神农氏一

---

① 《汉书·艺文志》。

样的开创农业的人物，又是我国历史上的第一个农官。这就是将农家称为神农学派的缘由。第二，农家是站在“重民”的立场上来看问题的，具有一种平民意识，直至后来提出了“君臣并耕”的理想，这就发展为民本主义。这就是农家不为显学人物和统治者喜欢的根本缘由。第三，农家将“农”摆在了一切政事之首（八政一曰食，二曰货），将“重农”作为自己的基本理论主张。他们将满足人民群众的日常生活需要作为他们活动的基本目的（以足衣食），而这必然使他们给“农”以高度的重视，也成为他们衡量一切问题的准绳。这就是他们称为重农学派的基本原因。第四，农家重农并没有停留在空疏的议论上，而是有一定的措施（播百谷，劝耕桑），而这一“播”一“劝”既包括政策和价值上的导向，也包括技术上的指导和帮助。离开一定的农业技术的支持，恐怕农家也就不成其为农家了。而这或许是班固将《氾胜之书》列入农家著作之列、《百子全书》将《齐民要术》收入其中的根本原因。上述四个方面基本可以反映出农家这个学派的基本理论特征，兹分述于下。

一、重农传统和农业管理

中国农家是从农稷之官中发展出来的，这就预示着其将我国的重农传统发扬光大了，并将之发展成为了一种管理原则。这是中国农家的第一个基本特征。

1. 从农业神话到农稷之官

神话并非单纯的荒诞虚妄之说，它对于我们研究人类文明发生史具有重大的价值，因为“神话既非‘古人的智慧’，亦非荒唐无稽的谰言，而是原始人生活思想的有趣的反映。我们要研究原始的文化，要知道人类生活史的第一页，便不得不从古代神话中搜讨采集”[①]。对中国远古农业神话与中国农家的关系，亦应作如是观。神农氏神话、后稷神话便是我国的两个重要的农业神话。

神农氏（一说就是炎帝）是传说中农业和医药的发明者。据说，少典安妃在华阳登游时，有感而怀神农。神农氏生下来是人面龙颜，三个时辰便能说话，五天便能行走，七天便长全了牙齿，三岁开始做稼穑的游戏了。当时的人们还过着采集渔猎生活，神农不忍人们受苦挨饿，便用木头制作成了耒耜等农业工具来教人们耕作，他还根据土

① 茅盾．神话研究．天津：百花文艺出版社，1981：14.

地的干湿、肥硗等自然状况来教人们种不同的作物，于是，人们便开始了农业生产，他本人则获得了“神农（氏）”的称号。另外，为了解决人们的饮水问题，他还遍尝水泉甘苦；为了解除人们的疾病之苦，他还遍尝百草滋味，曾一天中了七十次毒，于是才有了医药。由此看来，神农氏神话涉及这么几个问题：第一，神农氏神话的核心问题是教民耕作，将农作与人们的生活联系在了一起，探讨了农业的起源，这就孕育着重农的思想。第二，神农的主调是同情民之疾苦，以解决凡民百姓的衣食住行等日常生活问题为关注的中心，这就孕育着后来的民本主义。第三，神农氏神话的一个重要的主题是探讨有关农业技术的起源问题，将制作农业工具、考察土地状况作为其内在构成部分，这就涉及农家技术层面思想的发展。所以，人们才将农家又称为神农学派。

后稷是古代周族的始祖和中国历史上的第一个农官。据说，一个叫姜嫄的有邰氏部落的女子，一天到郊野去求神，她在路上看到一对很大的脚印，便好奇地用自己的脚去比试这对脚印。她的脚刚踏上拇指的地方，她便有感而孕。不久，她生下了一个男孩。姜嫄认为这样奇异的事情是个不祥之兆，便要将这个无父的孩子抛弃，但几次都没有成功，于是便将他养下来，并取名弃。弃还是孩子的时候，就常和成人一样，学着采集植物种子，学着种麻和大豆。长大后，他就更喜爱种植各种庄稼了。他懂得选择不同的土地种植不同的作物(即后来所说的“相地之宜”)，懂得选择良种、拔草等措施，还能根据种植作物的成熟早晚以及外表性状去区分作物类型。由于弃有丰富的农业生产经验，他种的庄稼横竖成行、整齐划一，大豆繁茂、谷子饱满。四方远近的人听说了弃的事迹后,便都跑来向他请教，他就不厌其烦地向大家传授农业生产技术。在弃的影响和带动下，农业生产连年丰收。尧帝听说了弃的事迹后，立即推举他担任部落联盟的“农师”，指导部落群众进行农业生产；到了舜帝时，舜帝又聘请他担任“后稷”的职务（我国最早的农官），主管部落联盟中的农事，因此，后人又将他称为“后稷”，将农官也称为“后稷”。可见，在后稷的传说中，除了包含神农氏神话中的三点信息外，还加进了一条重要的信息，这就是将农业管理（农官）包括了进来。

我国古代的农业神话反映了我们祖先的重农传统，除了蕴含着农家思想的一些基本萌芽外，其中突出的一点就是将农业管理摆在了重要的位置上。正是由于社会上有一批人专门履行农业管理的职能（农官），才有可能出现重农的思想家，这是社会分工的一般规律。

2. 从《诗》《书》再看中国的重农传统

除了神话传说中保留了我国古代的重农传统外，一些古老的典籍中也记载了一些我国的重农传统，这就是《诗经》和《禹贡》。

（1）《诗经》

《诗经》是我国古老的一部诗歌选集，大约是在春秋时期由鲁国人编选而成。其中包括《国风》《小雅》《大雅》《周颂》《鲁颂》《商颂》，共有三百篇，因此，又称为《诗三百》。现存的《诗经》同《左传》所记季札所观周乐的《诗经》的次序一致，可见，它是一部基本未曾加以改动的古书。由于诗具有“兴”“雅”“群”“怨”等功能，它又被儒家奉为自己的经典。

《诗经》里有好几篇是纯粹关于农事的诗，它们是《大雅・绵》《大雅・生民》《小雅・大田》《小雅・甫田》《小雅・信南山》《周颂・思文》《周颂・臣工》《周颂・噫嘻》《周颂・丰年》《周颂・载芟》《周颂・良耜》《国风・豳风・七月》《国风・王风・黍离》《国风·召南·采蘩》《国风·召南·小星》《国风·魏风·十亩之间》《国风·魏风·汾沮洳》《国风·周南·葛覃》《国风·魏风·伐檀》《国风·魏风·硕鼠》等。这些诗篇基本上可以反映出西周、春秋时期的农业生产状况，为治社会史、农学史的大家们尤为关注。

从其思想内容看，《诗经》中有关农事的章句基本上有以下几方面内容：一是感叹稼穑之艰难，发泄了劳动者对统治者的不满，控诉了统治者对劳动人民的盘剥，表明劳动者的主体意识正在觉醒，这就蕴含着民本主义和重农思想的萌芽。二是描述了一些农田规划的道理和做法，谈了相地和排水的一些情况，这反映出当时的人们对土地在农业生产中的重要作用的认识，蕴含着“因地之宜”思想的萌芽。三是描述了季节变化、物候、气象对农事活动的制约和影响，将天象、物候和农事作为一个具有内在关联的整体，反映出当时的人们对天时在农业生产中的重要作用的认识，这就是“因时制宜”（顺天之时，不违农时）思想的发端。四是在对一些具体的农事活动的描述中流露出对人的力量的肯定，看到人在选种、田间管理、减灾灭灾等一系列问题上具有的重大作用，这就蕴含着“人有其治”思想的萌芽。五是关于自然崇拜的观念等一系列与农事活动相关的问题，都对后世产生了重大影响。

因而，《诗经》是中国农家发展史上的一部重要文献。

（2）《禹贡》

《禹贡》是《尚书》中的一篇。《尚书》是我国最早的历史书籍之一，内容包括“典”“谟”“训”“诰”“誓”“命”，是关于尧、舜和夏、商、周至秦穆公时期的历史文集的汇编。有说法认为，尚即上，指上古或远古，因此，书名称为《尚书》。孔子曾以《尚书》教育弟子，它被奉为儒家的经典，因此，又被称为《书经》。

《禹贡》篇共分为三大段，第一段记录大禹治理九州的功绩，第二段记录大禹治理山川的功绩，第三段记录大禹统一中国的功绩。它的科学价值是多方面的，涉及地理学、农业土壤学、农业区域学等各个方面，但其主要贡献就是突出了“地利”这个因素在农业生产和农业管理中的地位。

《禹贡》从以下几个层面说明“地利”因素在农业生产和农业管理中的地位：一是根据全国的自然条件将全国划分为九州，各州的山脉走向、河流分布各不相同，这是进行区划的基本依据。二是对各州的土壤类型进行了考证，指出各州的土壤类型各不相同。三是对各州的农业资源进行了考察，对各州的农作物、果木、经济植物、动物、金属矿产等进行了调查，指出各州的农业资源各不相同。四是对各州的土地等级进行了分类，根据各州的地势高低、肥沃程度等因素将九州的土地分为上、中、下三大级，在这三大级中又参验上述两个因素划分为上、中、下三小级，这样就将土地定为三大级、九小级。五是根据上述各方面的情况，对赋税等级进行了划分。由于各州的自然条件、资源分布、土地等级不尽相同，因而各州的赋税比重也有差异，大体上也是三大级、九小级，这就成为农业管理的重要依据。“任土作贡”就是《禹贡》的全部含义，也就是根据“地利”因素在农业生产中的地位来确定田赋等级，以此来进行农业管理。

因而，《禹贡》也是中国农家发展史上的一部重要文献。它的突出贡献就在于专门论述了“地利”因素在农业生产和农业管理中的地位。通过这些古老的典籍，我们更清楚地看到了我国悠久的重农传统。

3. 从农稷之官到农业管理

在社会分工结构中专门设置农稷之官，这是我国重农传统的“制度化”，同时，它又通过劝民耕桑的途径，促进了农业生产健康有序地进行，这样，如何进行合理而有效的农业管理就排上了议事日程。因此，探讨农业管理便成为中国农家思想的一个主题。而《管子》《吕氏春秋》对此首先作了探讨和论述。

《管子》的作者明确指出，应将重农上升到基本国策的高度来认识，认为统治者最根本的任务就在于加强农业生产，扫除一切有碍于发展农业生产的障碍。假如统治者忽视农业生产，有土地而不务农事，那么，统治者要想自己的统治长久是不可能的。另外，要想衡量一个国家的富裕程度，就要考察其土地治理程度和农业生产状况，因为农业是反映一个国家贫富、强弱的镜子。

《吕氏春秋》除了对农业管理的一些具体原则和要求进行了论述外，还要求作为最高统治者的天子（帝王）本身也要履行农业管理的职能，提出了“耕帝籍田”和“后妃亲蚕”这两种礼仪形式来强化帝王们对这个问题的认识。所谓“耕帝籍田”，说的是在每年的孟春之月，天子要选择好时辰，亲自用车载着犁铧，将其安放在陪乘的护车武士和驾车的人中间，率领三公、九卿、大夫到帝籍田（用来供皇家祭祀用的农田）亲自耕作。耕作时，天子推犁三下，三公推犁五下，其他诸官推犁九下。“后妃亲蚕”说的是，在每年的季春之月，后妃要率领九嫔亲自到郊外去养蚕。当然，这也只不过是象征性地到公田采几片桑叶而已。这两种形式，在实质上是要强化帝王的农业管理职能。

农稷之官的设立，说明我国在上古时代已将农业管理作为一种专门的职业固定下来了。而《管子》和《吕氏春秋》又将之推进了一步，这就是要将由重农发展而来的农业管理上升为国家意志，要将农业管理作为一种行政管理职能来履行。

二、君臣并耕和民本主义

中国农家之所以重农，还与他们所持的民本主义立场有着很大的关系。重民必然重农，这是一个问题的两个方面。民本主义是中国农家思想的第二个特征。

1. 劳动者主体意识的初步觉醒

尽管《诗经》被孔子删订过，又被历代统治者奉为正统的经典，但其中仍有不少篇目保留了劳动者对自身处境不满和控诉统治者剥削的内容，《伐檀》和《硕鼠》两篇集中反映了这方面的内容。

《伐檀》反映的是一群伐木者对于不劳而获的"君子"表示不满的内容。你一言，我一语；有冷嘲，有热讽。如第一段讲：

栽禾割禾你不管，
凭什么千捆万捆往家搬？
上山打猎你不沾，
凭什么你家满院挂猪獾。[1]

《硕鼠》反映了耕稼者在残酷剥削下不堪忍受的内容，他们大声

① 原话是："不稼不穑，胡取禾三百廛兮？不狩不猎，胡瞻尔庭有县貆兮？"白话译文为余冠英先生今译。

呼喊出了自己的愤恨之语，表示要另觅生路，远寻“乐土”：

整整三年把你喂足，
我的死活你可不顾。
我发誓要另找生路，
明儿搬家去到乐土。
乐土啊乐土，
那才是我的安身之处。①

所有这些还不能称得上阶级意识的觉醒，只能说劳动者感知到了自己的非人地位。而这就反映了农家的民本主义的悠久历史之源和深厚的民众基础。

2. 许子之道

我们仅从《孟子·滕文公章句》的文字记载中想获得对许行的思想的全面了解，是不可能的。但是，我们却可以寻找出许行思想体系（许子之道）的一些重要论点来。这大体上有以下几个方面：

（1）平等劳动说

墨子主张不劳动者不得食的平等劳动原则，许行则更明确地要求统治者要“与民并耕而食”“饔飧（注：读音为yōng sūn，分指早、晚饭）而治”。所谓“与民并耕而食”，说的是贤明的统治者应该和人民一道耕种来养活自己，不能做不劳而获的寄生虫。所谓“饔飧而治”，说的是贤明的统治者不能只限于“君臣并耕”，而应一面自食

① 原话是：“三岁贯女，莫我肯顾。逝将去女，适彼乐土。乐土乐土，爰得我所。”白话译文为余冠英先生今译。

其力，一面治理天下，二者不可偏废。由此，许行还对滕文公的统治进行了评点。他认为，尽管滕文公是个贤明的统治者，但滕文公还不是真正懂得治国的真道理，因为滕文公不懂平等劳动说，怎么能说贤明呢？

（2）分工互给说

儒家也主张社会分工，如孔子认为稼圃是小人之事。儒家的社会分工论与他们的社会等级论相一致。而许行主张的社会分工是从满足人们正常生活需要的角度提出的。许行认为，个人的生活必需品并不是靠个人自己能够完全自给自足的，如农人耕作所用的铁器、生活所用的锅碗等，因而，社会分工成为必要。许行在亲自耕种的同时，就拿粮食来换取陶器、铁器。他认为，这样无损于农事，又满足了自己的需要。

（3）物物等量交换说

依照许行所倡导的社会分工的原则，社会各成员间的交换行为又应当采取一种什么样的形式呢？许子认为，只有采用以物易物的形式才能进行。在以物易物的交换过程中，物的种类和度量衡单位是不同的，又怎样去确定交换标准呢？许子主张，为了避免商人的中间剥削，物价应当划一规定，应进行等量交换。其基本原则就是：布匹丝绸的长短一样，那么价钱便一样；麻线丝棉的轻重一样，那么价钱便一样；谷米的多少一样，那么价钱便一样；鞋的大小一样，那么价钱便一样。如果这样的话，那么，即使打发小孩子去市场买东西，也不会有人欺骗他。

许行的这套理论显然是与儒家的主张格格不入的，因此遭到了孟子的激烈批评。在孟子看来：

首先，平等劳动说有悖于社会等级秩序。

在孟子看来，要维持社会系统的正常运转，必须有社会分工，而要确定社会分工，就必须知道有“大人之事”和“小人之事”。“君子”（统治者）从事的是“大人之事”，他们动脑不动手，但也动口，但他们的“进口”之物不是靠自身来解决的，而要由“小人”（被统治者）来提供。“小人”从事的只能是末微之事，他们动手不动脑，当然也得动口，他们要服从“君子”的统治。应将之作为普遍的原则确定下来。

其次，分工互给说是自相矛盾之说。

在孟子看来，许行的分工互给说与他的平等劳动说是自相矛盾的。孟子指出，农夫用谷来换取农具和锅碗，不能说是损害了铁匠、陶工的利益，那么，陶工、铁匠用锅碗和工具同农夫换取谷米，难道说是损害了农夫的利益吗？许行为什么不亲自当铁匠和陶工呢？为什么许行不做各种器械，将什么东西都放在家里以备随时取用呢？为什么许行要这样那样一件件地和各种工匠做买卖？既然工匠的成品对于包括许行在内的天下人是一样也不可缺少的，如果一件件东西都要自己制造出来才去用它们，这难道不是要使天下人都疲于奔命吗？由此看来，难道统治者一面执政、一面耕种才是合理的吗？

最后，物物等量交换说有悖于商品价值说。

在孟子看来，事物的品种、质量各不相同，这是事物的本性和常情，对待商品也应作如是观。商品的价格，有的相差一两倍，有的相差千倍万倍；假如不区分商品的精粗优劣，强使它们一致，实行物物等量交换，这只能扰乱天下。将大鞋和小鞋的价格定为一样，那么，谁会犯傻做大鞋呢？假如依从许行的主张，只能促使大家争着去弄虚作假，那么，又怎么能够治理国家呢？

通过上面的考察，我们可以看出，许行的主张有其合理之处，但也有自身的局限，而孟子对许子的批评也是有偏颇之处的。下面，我们将逐一分析：

首先，平等劳动说与社会等级说的关系。

平等劳动说有其进步的一面，这就是：它指责那些依赖他人而生活的人们，无论其性质如何，都是不合于社会生存原理的。这就指出了剥削制度的不合理之处，要求人人自食其力。这不但反映出耕稼者和农民阶级的主体意识和阶级意识的觉醒，而且是实施重农政策的一项重要措施。统治者不从事耕耘，怎么能知道稼穑之艰难呢？不知道稼穑之艰难，怎么能够知道以农立国的道理呢？

但平等劳动说确实存在与社会分工不一致的地方，孟子的批评是有的放矢的。但是，孟子在看到劳动分工的必要性和重要性的同时，却将剥削者和被剥削者的关系看成必不可少的社会分工，这就有意抹杀了阶级对立，欲将剥削制度永恒化和合理化。所以，孟子本身的阶级立场使他不能从正确的前提出发得出正确的结论，这又是孟子本身的局限性所在。

其次，分工互给说与社会分工说的关系。

许行的分工互给说肯定社会各行业互通有无的必要性和合理性，这是其合理之处。但他对匠人换取粮食的必要性和合理性估计不足，这是他欠缺的地方，这事实上会起到抑商的作用。

孟子肯定社会分工的合理性和必要性，但他欲将社会分工固定化，这是他的局限性所在。

最后，物物等量交换说与商品价值说。

许行提出物物等量交换说也有其良苦用心，反映了在高利贷、商人盘剥下的农民要求调整物价的愿望。实行这一主张，一方面可以提高人们对农业重要性的认识，使大家认识到以农为本才是可靠的，这可以保护耕稼者的利益；另一方面，它可以起到抑商的作用，使人们看到经商是无利可图的，这就使商人丧失了中间盘剥的机会。但是，许行对生产物价值构成的内容完全是模糊的。许行在商品交换中要实现的以量为基础的平均主义事实上是行不通的——这是小农空想性的表现。

而孟子对物物等量交换说的批评却是有相当理由的，相对于重义轻利的主张来说，这是儒家思想合理性的体现。但是，我们不能由此认为，孟子已发现了劳动价值说，已懂得了社会必要劳动时间等现代政治经济学的思想，因为孟子反对物物等量交换说只是从日常生活经验出发的，他的前提只是“物之不齐，物之情也”（事物的品种质量是各各不相同的，这是事物的本性和常情）。

孟子对许行的批评是有其合理之处的，他抓住了许行之道的弱点和要命之处。但是，孟子的这种批评也有不光彩的地方：一是他从夏、夷之辨出发，将夏看成先进的，将夷看成落后的，认为只有中国的一切才能改变夷，而夷不能改变中国；将陈氏弟子习儒看成天经地义，而把陈氏弟子放弃儒学看成大逆不道。这哪有一点宽容精神呢？二是他对许行的人格进行了贬低，认为许行只不过是个南方蛮子，说话怪腔怪调，轮不到许行来指责祖先的圣王之道。这难道不是一种门户之见吗？而且岂不是太有失风度？

但不管怎么说，孟子对许行的批评是中国思想文化史上的一件大事，因为它确确实实、实实在在地证明，在中国的百家争鸣时代，确实是存在过一个“神农学派”的（“有为神农氏之言者许行”），这个学派的代表人物许行是有一套自己的主张的（“许子之道”），甚至对后来的班固都有着直接影响。那么，我们又怎么能将“农家”从百家中一笔勾销呢？我们又怎么能将“许子”从诸子中清扫出去呢？①

① 冯友兰先生在《中国哲学史》中认为，许行即《汉书·艺文志》中所讲的农家人物［见中华书局 1961 年新版《中国哲学史》（上册），第 181 页］，后却又在《中国哲学史补》中否认许行是农家人物。

农家的民本主义思想就是从“许子之道”中成长起来的。

3. 民本主义思想体系的初步构筑

农家的重农思想倾向和价值取向发展的必然结果，是在农家思想体系中构筑起了民本主义的社会历史观，并将之作为农业管理的一项基本原则确定下来。而这一工作是由《管子》一书初步完成的。

《管子》在农家系统中第一次明确阐述了民本主义的内容。《管子》所谓的民本主义有以下几层含义。第一，“顺民心”是一切统治的基础。农家看到，民心不可违背，贤明的统治者就在于能够顺应民心，以民心为自己的行为向背。在此基础上，《管子·牧民》提出了这样一个重要命题：“政之所兴，在顺民心。政之所废，在逆民心”。这样，农家的民本主义就比儒家的民本主义大为进步了，因为尽管农家不懂得社会历史发展规律的不可违背性，但他们通过“民心”这一概念已初步感知民众对社会历史发展的决定性影响。第二，“忠爱民”是一切统治的重要方式。农家看到了耕稼者的疾苦，要求统治者体恤民之疾苦，不可巧取豪夺，而其中的一条基本措施就是要求统治者减轻赋税，这就是“忠爱民”的基本含义。农家指出，假如加重赋税，就会丧失民心，而丧失民心就会导致下怨上，这样就会造成有令不行的局面，国家在外力压境时就会无还手之力。由此，农家提出了“取于民有度，用之有止”（《管子·权修》）的重要命题，要求统治者约束自己的行为，一方面不能对老百姓剥削太重（取于民有度），另一方面要注意节约（用之有止）。这样，“忠爱民”的思想就在政治上将许行的“平等劳动说”出卖了。但在无力改变当时的社会形态的情况下（或者说，当时的社会形态还有存在的合理性），“忠爱民”的思想恐怕更会为统治者接受，尽管这也可能是形式上的。第三，“尽民力”是一切统治的最终目的。在农家看来，一个统治者要想坐稳江山，关键在于能够使天下服从自己，要天下服从自己的关键就在于能够重用民众，使他们竭尽全力地为统治者效劳和生产各种财富。这样，农家的“尽民力”与儒家的“治民”同出一辙，这同样暴露出农家民本主义的历史和阶级的局限性。

与民本主义相呼应，农家对灾害问题给予了高度重视，将“修饥谨，救灾荒”看成国家政治清明的重要内容。农家在从生态学的角度指出灾害成因的同时，要求将灾害问题作为一个社会学问题来看待。他们认为，“五害”是危害人民群众生活和生产的重大灾难，水灾为一害，旱灾为一害，风雾雪霜为一害，疾病为一害，虫灾为一害。因此，一个贤明的统治者要想站稳和巩固自己的统治，当务之急在于扫除“五害”，只有解决了这些灾害问题，才能解除人民的痛苦，老百姓才会服从自己的统治。在《管子》的作者看来，水灾是最危险的自然灾害，尤应引起统治者的重视。同时，他们还提醒统治者应该注意，不能将天灾转为人祸，也就是不能由于统治者的残暴统治而使老百姓处于水深火热之中。这样，灾害意识就成为民本主义的内在构成部分和必要补充。

至此，农家的民本主义思想体系初步构筑了起来，成为其内在特征和思想特点之一。

三、“农本商末”和重农意识

中国农家将“农”作为自己关注的中心，将农看作一切行当和职业的基础部门和国家的基础，认为工、商会妨碍农业，由此建构起了自己的重农思想体系。重农意识是中国农家的又一个基本特征。《吕氏春秋》第一次较为系统地论述了农本商末的问题。

1. 重本抑末的根据和意义

中国的传统看法是农业为本、工商为末，采取的基本做法是重本抑末。那么，农家究竟是从什么角度来看待这个问题的呢?

《管子》是从经济的角度来看待重本抑末的。《管子》的作者进一步重申了重农的意义，认为要想国库充盈，其根本的出路在于“务五谷”“养桑麻”“畜六畜”。“务五谷”就是致力于发展种植业（狭义的农业），这样，人们的吃饭问题才能解决；“养桑麻”就是致力于发展家庭手工业，“畜六畜”就是致力于发展养殖业，而这些都是广义农业的构成部分，这样，人们才可以解决其他生活问题。总之，《管子》的作者将“耕农树艺”看成“财用足”的基本前提和保证。

《吕氏春秋》则与之不同。《吕氏春秋》的作者将劝民道德教化作为农本商末的根本目的。他们指出，古时候圣王引导他的百姓的做法，首先是致力于农业。使百姓致力于农业，不仅仅是为了地里的出产，关键的问题是务农可以陶冶百姓的心志。使百姓致力于农业，他们的思想就会淳朴，就容易为统治者役使；百姓容易役使，国家就会安定，君主的地位就会尊贵。因而，重农有两大好处：一是使百姓致力于农业，他们的举止就会持重，举止持重就能减少私人交谊，少了私人交谊就能不为私，这样，公法就能够得以确立，民力也能够专一。二是使百姓致力于农业，他们的家产就会增多，家产多了就会害怕迁徙，害怕迁徙就会老死故乡而没有别的考虑，这样就可以把百姓牢牢地拴在土地上。与此相适应，假如采取轻农的政策和措施的话，百姓就会舍弃作为根本的农业而从事其他行当；百姓从事其他行当，就会不听从统治者的命令；百姓不听从命令，就不能依靠他们防守，不能依靠他们攻战，这样，国家社稷就有了危险。因而，轻农有两大害处：一是，如果百姓舍弃农业而从事其他行业，他们的家产就很简单，家产简单就会随意迁徙；百姓随意迁徙，国家有难时，百姓就会远走高飞，没有安居之心。二是，如果百姓舍弃农业而从事其他行当，他们就会玩弄计谋；喜好玩弄计谋，他们的行为就会诡诈多变；行为诡诈多变，他们就会巧妙地钻法令的空子，从而颠倒黑白、混淆是非。这样，《吕氏春秋》的作者不但肯定了重农的意义和价值，而且认定了工、商为末事；不但将农本和商末联系在了一起，而且从理论上对重农抑末的问题进行了说明。这样，《吕氏春秋》就使重农本商末的主张上升到了系统化和理论化的高度，成为后来一切农本商末理论、主张和政策的基础。

2. 抑商的具体措施和办法

农家主张重农抑商，但并不是要否定工商活动存在的价值，他们只是要求从国家意志的高度来缩小和控制工商活动的范围，使工商活动不得成为农事活动的障碍。

《吕氏春秋》的作者提出了社会分工协调说。许行并不否认社会分工，他看到了社会分工在商品互通有无方面具有重要作用，但他没有谈及分工如何协调的问题，只强调农本商末。《吕氏春秋》则进一步肯定了社会分工的合理性和必要性，认为凡是成年以上的百姓，就应分别归属于农、工、商三种行当。农、工、商三种社会分工各有所司，“农攻粟”（生产粮食），“工攻器”（制作器物），“商攻货”（经营货物）。这三种行当不能互相僭越。假如百姓不尽力于耕桑，不养殖家畜，农、工、商三者的互相僭越就会达到顶峰，这就叫作背离了根本，违反了社会分工准则，国家就难以为治，甚至会毁灭丧亡。因此，这三种行当必须协调一致才行。如何才能协调好社会分工的关系呢？关键的问题是要做到行事与农时相适应，也就是说其他行当不能妨碍农时。在春播、夏耘、秋收、冬藏的农事紧要关头，不得进行工商活动，工商活动必须在农闲时节进行；假如行事与农时不相适应，就称作“大凶”。这样，《吕氏春秋》的社会分工说就在农本的基础上通过协调时令活动的方式将各种行当统一起来了，在当时的历史条件下，这不失为明智之举。

许行主张等物交换说来避免商业投机，这种空想的绝对平均主义不可能在现实中存在。《吕氏春秋》的作者则更明智和务实，在肯定商业活动合理性和必要性的同时，他们主张通过统一度量衡的做法来避免商业投机。具体做法是：在每年的仲春和仲秋两个月由国家来统一组织进行，主要内容是划齐度量单位、统一衡称、平整量器、修整溉具。这可能与吕不韦出身商人有关，也开了秦“车同轨、书同文”的先河。因此，与许行的主张比较起来，这是一个进步。

农家所提出的这些抑商的具体措施，大都变成了现实。

3. 神农学派的再认定和转向

《吕氏春秋》的作者在两处引用了“后稷”，以此表明自己的立场，肯定自己是属于重农学派的。一处是在《上农》篇中引用“后稷”的话，声称让大家耕田织布的根本目的就在于道德教化；另一处是在《任地》篇中引用“后稷”的话，提出了利用和改造土地的十个技术问题（例如：你能把洼地改造成高地吗？你能把干燥的土壤除掉而代之以湿润的土壤吗？等等）。这样，我们就可以肯定：农家并没有绝灭，而是在《吕氏春秋》中得到了记录，而且发扬光大了。《吕氏春秋》第一处引用“后稷”的话，肯定了重农学说的社会政治目的，这是中国历史上采用重农政策的基本依据；第二处引用“后稷”的话，使农家开始了一个转型过程，也就是说，农家通过对农业技术问题的探讨而使自己保留了下来。这样，通过这两方面的工作，农家既表明了自己的基本立场，申明自己是属于后稷学派的（神农学派、重农学派）；同时，又获得了为统治者所认可的形式，推动了中国农业科学技术、农业生产的发展。①

这样，《吕氏春秋》就在中国农家的发展史上写下了辉煌而悲壮的一页。说它辉煌，因为它终于使农家思想构成了一个系统；说它悲壮，因为从此以后，中国农家作为一个独立的思想文化流派隐退到了农学家之中。因而，《吕氏春秋》在中国农家发展史上具有承前启后的作用，吕不韦本人在某种意义上可以称得上是中国历史上第一个真正意义上的农家，“真的，吕氏本人很有意思，他的出身虽是阳翟大

① 过去认为这两处所引用的“后稷”应当是当时流行的一种农书，经考证，恐怕不是这样。这其实是农家在《吕氏春秋》的形式下表示的一种姿态。

贾，而他却是一位重农主义者，这是值得注意的事”①。当然，这只是从思想集成意义上讲的。

四、农业技术和生态农学

中国农家之重农，并没有停留在空疏的议论上，而是欲求通过技术的途径来支持重农，因而，农业技术问题在农家思想中占有重要地位。但农家重视农业技术，不是在技术操作层面上来看问题，而是从技术思想层面上来考虑问题。他们考虑的中心问题是：如何在保证自然条件持续为人类利用的条件下，使农业生产获得持续丰收。这其实就是生态农学问题。生态农学是农家思想的第四个基本特征。

1.“天时”在农业生产中的作用

农业生产本身存在一定的季节节律，春播、夏耘、秋收、冬藏是农业生产的四个基本环节。而这一切都是由天体运行所显现出的时间节律决定的。人们只有把握住了“天时”，才可能把握住“农时”，“天时”和“农时”密不可分。尽管“天时”难以把握，人们却可以通过把握“天时”和“农时”的一些中介结构来把握“天时”，从而进一步把握“农时”。这就是农家对“天时”的基本理解。这些也就是现代生态学所讲的生态季节节律（生物和环境的系统关联具有一定

---

① 郭沫若．十批判书·吕不韦与秦王政的批判//郭沫若全集（历史编）：第2卷．北京：人民出版社，1982：417.

的季节变化特征）。

早在《诗经》中，我们的祖先就意识到了这个问题，对“天时”的结构和功能进行了探讨。《诗经》将“天时”看成天象、物候和人事活动的统一体，而人事活动又包括农业生产、日常活动和社会生活等各个方面。这就是说，由于天体运动状况的不同，一年显现出了四季的变化，而四季变化是通过一定的物候表现出来的，这样，人们就可以通过物候来把握冷暖阴晴。农业生产只有在一定的季节才能进行，不能违逆“天时”。由此，人们的日常生活和社会生活也得遵守“农时”，一切以“农时”为转移。我们可通过表2–1来理解《诗经》中的上述思想。

而《管子》将“天时”和治水的问题联系了起来，要求人们根据季节的演替来搞好治水工作，以免水灾破坏农业生产，为害于人。它认为，一年四季当中，只有春季是治水的合适季节，因为这时天地干燥，万物复苏，土地既未息长又解闭，动土工不会妨事。筑堤要随水而行，筑成梯形；要选择不生草的地方作为库区，这样就不会占用农田；堤上要栽种荆棘等灌木，这样可以起到加固堤防的作用；同时还要种一些柏树、杨树，当泄洪的时候，又好决口。这样，就可以起到“禾稼不伤”、保护农业生产的作用。这样做，并不是说其他三个季节要放松治水工作，而是要求平时做好巡堤工作，将损坏情况及时禀报，到来年春时将一切工作做好。同时，《管子》还要求人们从行政建制上做好治水工作：要设置水官一职，来领导和组织治水工作。这样，《管子》对“天时”的认识就进一步深化了，因为它将“地宜”的内容纳入了“天时”之中，将“时”和“地”统一了起来。

表2-1 《诗经·国风·豳风·七月》所反映的生态季节节律

月份	天象	气象	物候			农业生产			日常生活			社会生活		
			草木	昆虫	鸟禽	田（粮）	桑（副）	猎	衣	食	住	宗教	军事	其他
一月						整修农具				把冰纳入冰窖				
二月						下田春耕，家人通干				送汤饭于田头				
三月							整修桑条，去长留短							
四月			狗尾草吐穗											
五月				蝉鸣，蝗虫跳跃										
六月				纺织娘抖动翅膀						吃山楂、樱桃				差遣民力修建宫室
七月	火星偏斜			纺织娘只在户外生活	伯劳鸣叫					煮葵菜、豆角，吃瓜				

续前表

月份	天象	气象	物候			农业生产			日常生活			社会生活		
			草木	昆虫	鸟禽	田（粮）	桑（副）	猎	衣	食	住	宗教	军事	其他
八月			苇草抽出花序	纺织娘来到人的院中		收割谷子	打枣，摘葫芦		绩麻做衣					
九月		下霜		纺织娘藏在人住的门户下		平整打谷场	收割麻子		加厚衣服	采苦菜，打柴				
十月			树叶凋落	蟋蟀躲入人的床下		收割稻谷入仓，打扫谷场					寒起北窗，柴护涂泥，盖房修屋	举行祭祀，杀羊献酒，同时宴飨		
十一月		北风尖啸						猎收貉子、狐狸	给贵人公子做皮衣					
十二月		寒气逼人				平整打谷场	收割麻子		狩猎，野猎				练习武艺	

《吕氏春秋》的作者在农家系统中第一次系统地研究了“天时”在农业生产中的作用，构筑起了一套以“三才”为核心的宇宙模式和生态农学模式。“三才”在农业生产中的地位和作用不尽相同，其中的关键是人们控制不了“天时”，人们至今还摆脱不了靠天吃饭的局面。因此，《吕氏春秋》的作者对“天时”给予了高度重视。他们看到，一年四季十二个月，这是进行农业生产的基本依据。但这种季节变化不是由单一因素构成的，它涉及天象、物候等诸多因素，在天象中又与日、昏、旦三者的星位有关，而物候又涉及气象、草木、动物等一系列因素，也就是说，由于天体星位不同，才会有冷暖的交替，这样才会有不同的物候，由此才形成了四季的更迭、十二个月的划分。与四季十二个月相适应，人们的农事活动也有季节变化，春种、夏耘、秋收、冬藏就是基本的农业生产节律，耽误“农时”就会造成歉收或不收，因为“天时”尽管是周而复始的，但在一年中是一去不复返的。农业的季节节律决定了人们的社会生活、精神生活也有一定的季节准则。比如，在农忙季节不能举兵事、兴土木，否则，就会耽误“农时”。而人们的宗教活动内容在四季也是不同的，例如：春播时要进行宗教活动，那是为了祈求上帝的帮助，希望风调雨顺；秋收时要进行宗教活动，那是为了报答上帝给予了丰收。同样，人们的衣、食、住、行等日常生活也要符合季节节律，切不可逆时而行，否则就会招致疾病。这样，《吕氏春秋》就将“时”从一个自然观的问题转化为一个人本学的问题，用“时”将天象、气象、动植物等其他自然事物和人事联系了起来，构筑起了一种宇宙模式。

《吕氏春秋》又将“时”从一个人本学问题转化为一种生态农学模式，它以“农时”为核心，将农业生产、农业管理、农业技术三者统一起来，要求一切人事活动都要以不耽误农事活动为前提，“农时”成为人们的行为准则。这样，《吕氏春秋》就将《诗经·国风·豳风·七月》等文献中关于“天时”的思想系统化、理论化，而且实践化了。以后的农家月令基本上是按照这个模式构筑起来的。

同时，这一模式也具有重大的理论思维意义，“在认识世界的过程中，要求对事物整体把握，要求偏重研究事物的行为、功能和结构，强调人的思想和实践，人的政治、宗教、哲学、伦理、艺术、摄生等等，都要与自然相统一，这就是宇宙一体化理论的主旨”[①]。这一点或许是天人合一的真实含义所在。

2.“地利”在农业生产中的作用

土地是农业生产的唯一对象和场所，农业生产只有依托一定的土地条件才是可能的。但中国农家所理解的土地决不仅仅是一撮土而已，在他们看来，土其实是土壤、水分、生物等自然因素的复合体，农业生产是在这个大环境下进行的，因而，在中国文化中，惯用“地利”来表示这一复合体。

早在《禹贡》中人们就认识到，在不同的地理条件下有不同的土壤，不同的土壤对应不同的经济林木、动物和金属矿产分布，因而，人们的农业生产活动以及农业管理措施是不同的。而在同一地形、同一土壤条件下，经济林木、动物、矿产、农作物却具有内在的关联。

《管子》对“地利”因素进行了专门的探讨，从而将农家的生态农学模式提高到了科学的水平，这主要集中在《管子·地员》篇中。《管子·地员》篇主要研究了以下几个问题：第一，考察了平原、丘陵、山地三种地形中的生态关系，叙述平原中五种土壤的宜生谷种、宜生草木、水泉深浅等，丘陵的高下等次、水泉深浅，山地的高下等次、宜生草木、山泉性质等。第二，考察了十八种土壤的生态性能，

① 刘长林．整观宇宙·承前启后的《吕氏春秋》// 中国系统思维．北京：中国社会科学出版社，1990：117.

将九州之土划分为十八种类型，讲述它们的性状以及所宜生的植物、谷种等，分上、中、下三级顺序排列，判定它们对于农业生产的价值。在此基础上，总结出“草土之道，各有谷造”，即草与土地有互相关联的规律性，生长在不同土地上的草各有一定的差别；又举出十二种植物在土地环境中生长地位的高下等次作为例证，说明它们“有十二衰（等级），各有所归（依赖的土地不同）”。正是由于植物与土地有这种生态关联，所以人们应根据不同的土地种植不同的农作物，这样才能保证农业生产的丰收。

《管子·地员》不但总结了《禹贡》以来关于“地利”（地宜）学说的成就，而且将之作为一种农业模式确定下来，将“地利”学说提升到了土壤生态学、植物生态学、农业生态学、植物地理学、农业地理学的水平（这当然是在发生学的意义上所讲的）。

3.“人力”在农业生产中的作用

农业生产离开“人力”是根本不可能进行的，人是农业生产的主体，因此，农家对人在农业生产中的作用也给予了高度重视。

《吕氏春秋》的作者在农家系统内第一次提出了“三盗”的概念，要求人们加强田间管理，从而突出了人在农业生产中的主体地位。“三盗”指的是危害农业生产的三种现象，即“地盗”“苗盗”“草盗”。“地盗”说的是，有些人把田垄做得太窄、垄沟做得太宽，田垄看上去就像一条条被困在地上的青鱼，上面的禾苗长得像兽颈上的鬃毛，这是地把苗侵吞了。“苗盗”说的是，有的人种了庄稼却又不留行距和株距，即使尽力耕作，庄稼也难以长大，这是苗与苗相互侵吞了。“草盗”说的是：人们不除杂草，地就会荒芜；清除了杂草，又会把苗根部的土弄虚了，这样，草就把苗吞了。这“三盗”对农业生产的危害极大，因此，为了避免这三种现象，人们应充分发挥自己的聪明才智，要加强田间管理，田垄要做得尺寸合适，要保持适当的株行距，要合理除草，总之，要在精耕细作上下功夫。

这样，农业生产结构中的天、地、人三个因素就都被突出出来了。

4.“三才”生态农学模式的构筑

农业生产只有协调好天、地、人三个因素的关系，才能保证丰收，这同样也是农业管理上的一项基本原则。同时，人们只有通过技术的方式才能建构起合理而有效的天、地、人结构，这其实就是一个构筑生态农学模式的问题，因为“生物和环境是统一体。所谓时宜、地宜，追根到底，也就是给生物以它所习惯的环境问题”[1]。中国文化用“三才”来概括天、地、人三者的合理而有效的关系，我们也用“三才”来概括农家的生态农学模式。

“三才”（三材）是中国哲学中的一种基本宇宙模式，认为宇宙的基本结构是由天、地、人三者构成的。中国哲学同时又将天、地、人三者的协调看成人生最高的境界，提出了人“与天地参”的要求，因而，“三才”又是中国哲学中的一项基本的人生论准则。不仅如此，中国哲学还要求人们用“三才”的视野来观察问题和处理问题，认为看不到天、地、人三者相参的性质是认识上的一大致命缺陷，因而，“三才”又是中国哲学的思维方式。而农家正是在这种哲学理论的指导下来构筑生态农学模式的。

《管子》在农家系统中第一次系统地探讨了天、地、人三者的关系，提出了“三度”的概念。所谓“三度”，也就是要求统治者在处理一切事务时要同时考察、审视天、地、人三个方面的制约因素，

① 中国农业科学院南京农学院中国农业遗产研究室．中国农学史（初稿）：下册．北京：科学出版社，1984：62.

切不可贸然行事，“上度之天祥，下度之地宜，中度之人顺”（《管子·五辅》）。“上度之天祥”也就是要考虑“天时”的作用，“天时”不祥则会有水旱灾害；“下度之地宜”也就是要考虑“地利”的作用，“地利”不宜则会有饥荒发生；“中度之人顺”也就是要考虑民心，民心不顺则会有祸乱。因而，作为一个统治者应懂得：不务天时，则财不生；不务地利，则仓库不满；不务人顺，则天下不可得。这样，《管子》就在农家系统中第一次将天、地、人三者看成了一个整体。“三度”实际上就是“三才”。这样，就为进一步确立以“三才”为核心的生态农学模式提供了理论上的说明。

《吕氏春秋》的作者在《管子》书中提出“三度”概念的同时，在农家系统内首次提出了以“三才”为核心的生态农学模式。《吕氏春秋》的作者看到，在农业生产活动中，天、地、人这三个因素都是不可缺少的，只有协调好这三者的关系，才能获得农业丰收。天在农业生产中的作用主要是提供“时”，为农作物的生长提供阳光、雨水等生态因素；地在农业生产中的作用主要是提供“财”，为农作物的生长提供场所、养料等生态因素；而人只在其中起一种协调的作用，天、地因素是客观存在的，“不与民谋”，是不与人商量就起作用的。由此，《吕氏春秋》的作者将这一模式概括为：“夫稼，为之者人也，生之者地也，养之者天也”（《吕氏春秋·士容论·审时》）。这也就是说，天、地、人三者在农业生产中各有其作用，种庄稼的是人，生庄稼的是地，养庄稼的是天。合理而有效的做法是将他们协调起来。

这样，“三才”就从哲学上的一个概念转化为生态农学上的一种基本模式，而元代的农学家王祯就将之概括为：“顺天之时，因地之宜，存乎其人”（王祯：《农书·垦耕》）。可见，“三才”既是农业生产的基本准则，也是农业管理的根本原则，同样也是农业技术的指导思想。而这既是中国农业的生命力所在，也是中国农家的生命力所在。

总之，农业管理、民本主义、重农思想和生态农学是农家思想的四个基本特征，也是农家之所以成其为农家的内在原因。

第三章 农本商末——中国农家的重农思想

“农本商末”是中国传统社会的一项基本国策，也是一种得到社会普遍认同的价值观念。而农家是力主“农本商末”的，将之作为自己的基本主张，推动统治者确立了这项基本国策，并促进社会认同了这一价值观念。

一、“农本商末”的根据和理由

“本”“末”是中国传统哲学中广泛使用的一对概念，可以用来表示任何事物的根本与支末的对立状态。在中国传统文化中，将“本”“末”这对概念与农商结合，是战国时期或之前出现的特殊语言现象。用“本”来指“农”，无非是要强调农业在社会经济中的基础地位；而用“末”来指“商”（包括“工”在内。按照中国传统的观点，工商在实质上是一致的，“工”是出卖自己产品的“商”，而“商”是出卖他人产品的“工”），不外乎是要强调商业在社会经济中的从属地位。这就体现出了中国传统文化重农轻商的价值取向，而农家力图使这一观念系统化，并由此构筑起了一套社会历史理论。那么，农家为什么要将“农”看作“本”，而将“商”看作“末”呢?

1. 以农为本的根据和理由

农家之所以以农为本，就在于他们看到：农业不仅是维持全社会基本生计的源泉，更是国家得以长治久安的根本物质基础。因此，他们建议统治者应该重视农业。具体来讲：

（1）农业是一切财富的来源和基础

农家认定，农业是一切财富的来源和基础。一个国家要想国富、财足，就必须致力于发展农业，将农业摆在头等重要的位置上来。这是农家立论的基点。他们认为，开垦土地，发展农业生产，国家就可富裕[①]；让老百姓致力于农业生产，国家财政就会充裕[②]。为什么说只有农业才是一切财富的来源和基础呢？农家没有作出进一步的说明，这可能与中国的自然地理环境和历史传统有关。我们知道，中华文明的重要发源地之一是黄河流域，黄河流域是当时的文明中心。而黄河流域的自然条件极适合于农业生产，深厚、肥沃的土壤以及众多的河流都为发展农业生产提供了极为便利的生态条件，人们通过农业生产就可以基本满足一切生活需要。因此，中华民族的始祖大多是由农业部族发展而来的，他们有着悠久的重农传统。除了神农、后稷神话外，文王本身是从事农业生产的，而周公又要求后代子孙们要“知稼穑之艰难”[③]。在这种特定的自然地理条件和重农传统影响下，中国古代的人们都体会到通过农业就可以解决生活需要问题，就可以使国家富裕、财政充裕。而在西方文明的发展早期，地中海将希腊分成一个个小岛，城邦国家又纷纷林立，因此，他们必须通过商业才能解决生活需要问题。这绝不是什么“地理环境决定论”。正如马克思所讲的：“撇开社会生产的形态的发展程度不说，劳动生产率是同自然条件相联系的。这些自然条件都可以归结为人本身的自然（如人种等等）和人的周围的自然。外界自然条件在经济上可以分为两大类：生活资料的自然富源，例如土壤的肥力，鱼产丰富的水域等等；劳动资料的自然富源，如奔腾的瀑布、可以航行的河流、森林、金属、煤炭等等。在文化初期，第一类自然富源具有决定性的意义；在较高的发展阶段，

① 《管子·五辅》讲“垦田畴”“则国家富”。
② 《管子·五辅》讲“庶人耕农树艺，则财用足”。
③ 《尚书·周书·无逸》讲“文王卑服，即康功田功”，又讲“君子所其无逸！先知稼穑之艰难乃逸”。

第二类自然富源具有决定性的意义。”[①]正因为这样，农业部门成为古代世界的决定性的生产部门，在中国这一点更为突出。

（2）农业是保障百姓生存的基本手段

农家看到，国家以百姓为根，百姓以谷为命，如果百姓无谷，那么国家就失去了根基[②]，因此，必须将发展农业生产摆在首要的位置上来。只有农业生产发展了，生产的谷物能满足百姓的日常生活需要，他们才可能生存下来，而有了百姓，国家才会巩固、强大。这样，农家的重农立场就与其重民立场联系了起来。重农和重民是一个事物的两个方面，重农必然要重民，因为民是农业生产的主体；而重民必然要重农，因为农是维持民生存的基本手段。可见，农家的民本主义既是其重农主义的内在构成部分，又是支持和说明重农主义的基础。事实上也正是如此，“一切人类生存的第一个前提，也就是一切历史的第一个前提，这个前提是：人们为了能够‘创造历史’，必须能够生活。但是为了生活，首先就需要吃喝住穿以及其他一些东西。因此第一个历史活动就是生产满足这些需要的资料，即生产物质生活本身，而且，这是人们从几千年前直到今天单是为了维持生活就必须每日每时从事的历史活动，是一切历史的基本条件”[③]。农家当然不懂得这一唯物史观的真理，但他们也以朴素的语言表达了同样的意思，如贾思勰、徐光启都在自己的著作中引用了后汉刘陶的一段话来说明这个问题，“民可百年无货，不可一朝有饥，故食为至急”[④]。而农业正是这样的活动。只有农业得到发展，收获五谷，老百姓才有吃的，才可以

---

① 马克思恩格斯文集：第5卷．北京：人民出版社，2009：586.

② 崔寔《政论》：“国以民为根，民以谷为命，命尽则根拔，根拔则本颠，此最国家之毒忧。”

③ 马克思恩格斯文集：第1卷．北京：人民出版社，2009：531.

④ 见贾思勰《齐民要术·序》，又见徐光启《农政全书·农本·经史典故》。

避免饥饿；只有农业得到发展，收获桑麻，老百姓才有穿的，才可以避免寒冷；只有老百姓食足衣暖，社会才不会动乱无序，国家才会安定。[①]

（3）农业是国家稳定的根本保障

在农家看来，军队（兵）是国家稳定的保障，一支强大而有力量的军队对内可以安稳百姓，对外可以抵御外敌入侵。但是，军队的强大依赖于一定的物质条件，只有农业才能提供这种物质条件。对军队来说，在先秦的历史条件下，最重要的是要有一定的军粮储备和一定数目的兵源。一定的军粮储备是军队的命运所系，即使你有固若金汤的城池，有雄兵百万，但是假如你缺乏军粮的话，你也不能守、不能攻，因此，谷物和布帛就成为关系国家存亡的关键。[②]因此，一个贤明的统治者应该加强备战工作，只有在粮多财足的情况下，攻才能取，守才能固，战才能胜。而这一切只有通过劝民耕稼才能获得保证。老百姓勤于务农，农业生产得到发展，才可以为军队提供足够的物质储备；只有物质条件保证了，军队才可以真正履行自己的职能。[③]一定数目的兵源是军队存在的基本前提，因为战争是依赖士兵进行的。在中国传统社会中，这一点尤为重要，即兵农是融为一体的，平时的农在战时就成为兵，而兵在平时就成为农。假如老百姓众多而兵力不足或不力的话，那是由老百姓的物质供给不足造成的，这样的军队只能溃

---

① 如《管子·五辅》讲“明王之务，在于强本事，去无用，然后民可使富”。

② 《氾胜之书》：“虽有石城汤池，带甲百万，而又无粟者，弗能守也。夫谷帛实天下之命”。

③ 徐光启引贾谊的话，“夫积贮者，天下之大命也”，“苟粟多而财有余，何为而不成”，“今驱民归之农”，“则蓄积足而人乐其所矣”（《农政全书·农本·经史典故》）。

不成军。[1]因此，一个贤明的统治者应该明白这一道理，通过发展农业生产来满足人民群众的物质生活需要。只有人民群众的物质生活需要得到了满足，兵源才可充足，兵力才可强大。因此，应将农业摆在极其重要的位置上。农强则兵强，兵强则国安；农弱则兵弱，兵弱则国危。事实上也是如此，“在任何地方和任何时候，都是经济条件和经济上的权力手段帮助‘暴力’取得胜利，没有它们，暴力就不成其为暴力”[2]。

（4）农业是道德教化的前提和保证

农家还从维护封建等级制度的角度提出自己的重农主张。他们认为，农业是道德教化的前提和保证，只有农业发展了，老百姓才会安心接受道德教化，社会秩序才能稳定而有序，因此，神农制作农具，尧向天下颁发历书，舜命令后稷将农置于政首，大禹创制土田，这一切行为的目标都在于安抚百姓，在百姓富裕的基础上对他们进行道德教化。[3]为什么说农业是道德教化的前提和保证呢？这显然与农业生产的自身特点有关。一是，农业生产是与自然关系最为密切的生产范畴，劝民务农则使老百姓与自然频繁接触，这样，民心就会淳朴，而民心淳朴就会容易为统治者利用和役使，这样，国家就会安全，君主的地位就会尊贵。二是，农业生产是以个体方式进行的，一般很少以合作方式进行，不需要与他人进行大规模的交往，这样，劝民务农就会使老百姓举止持重，举止持重就不会主动地与他人交往，这样就减少了结党营私、图谋造反的机会，老百姓会把心思一个劲儿地往农业

---

① 《管子·权修》：“民众而兵弱者，民无取也”，“野不辟，民无取，外不可以应敌，内不可以固守”。

② 马克思恩格斯文集：第9卷．北京：人民出版社，2009：179.

③ 《齐民要求·序》：“殷周之盛，诗书所述，要在安民，富而教之。”

上使。三是，土地是农业生产的主要对象、载体和场所，劝民务农就会将老百姓控制、束缚在土地上，他们会把土地看得比自己的命还重要，这样，他们就不愿意离开土地，害怕迁徙，那么他们就会很乐意老死故里。所以，劝民务农并不只是为了地里的出产，更重要的是为了陶冶他们的心志。[①]这样，农家的这套看法就与孔子的“庶—富—教”的模式如出一辙。孔子带着冉有去卫国，一路上看见人丁兴旺的繁荣景象，就发出了“人口真多呵”的感叹。冉有就问：“既然人丁兴旺了，那么又该干什么呢？”孔子回答说：“让他们富裕。”冉有又问：“那么，富裕了以后又该怎么办呢？”孔子说：“让他们接受道德教化。”（《论语·子路》）可见，农家提出的重农主张也有其移风化俗的考量。

2. 以商为末的根据和理由

农家认为，商业（含手工业）既要损耗社会财富，又是社会动乱的根源，因此，应将商业看作末作之事，统治者应该采取抑商的政策和措施。具体来讲就是：

（1）商业是破坏和损耗社会财富的根源

农家认为，只有农业才是社会财富的唯一来源，商业不仅不会创造社会财富，反而会损耗甚至破坏社会财富。农家是从商业对农业威胁的角度来看待这一问题的。在他们看来，商业是不创造财富的，而且商人还得靠农民养活。商业只不过是拿别人的产品贩卖一下，买贱卖贵，从中渔利，产品在这个过程中并不会增加；同时，商人还要吃

① 《吕氏春秋·士容论·上农》：“古先圣王之所以导其民者，先务于农。民农非徒为地利也，贵其志也。”

饭和穿衣，他们要大量消费农民生产的粮食和布帛。假如大家都去经营商业，采取重商的政策和措施，那么必然是一人耕地、十人吃饭，一人纺织、十人穿衣，这难道不是损耗社会财富吗？因此，商业对于国家财富的增加没有什么好处，采取重商措施还会挫伤农民生产的积极性。不仅如此，商业和农业的不平等竞争还会造成农业劳动力的大量流失，构成对农业的威胁。农业付出多而收获少，商业却付出少而收获多，商人一日致富后可一劳永逸，而农民终身劳作却一贫如洗，这种鲜明的反差和对比，必然会造成农民离农趋商，这样就会减少农业劳动力。假如统治者看不到这一利害关系，采取轻农重商的政策，对商业发展听之任之，那么，老百姓就会不重视农事而看轻地里的出产；老百姓不重视农事而又看轻地里的出产，就会大量弃农经商，那么想要获得社会财富就是不可能的了。①因此，一个贤明的统治者应该懂得，仓廪不涸之源在于劝民务农收五谷，只有五谷丰收了，才可充实国家的仓库；府库不竭之源在于劝民务桑养六畜，只有麻多畜多，才可填满国家的府库。②这样，国家财富才有保障。

（2）商业是危害民众生活的敌人

农家认为，商业不仅无补于民众的日常生活，还会有损于民众的日常需要。农家看到，衣和食是老百姓最起码的生活需要。寒而欲衣，饥而欲食，这是人人皆有的天性。老百姓一日无食、一时无衣，天下就会大乱。因此，一个贤明的统治者要稳定社会秩序，就要消除老百姓的饥寒，而使老百姓不饥不寒的唯一方法，就是使他们耕而食

---

① 《管子·权修》中讲："故上不好本事，则末产不禁。末产不禁，则民缓于时事而轻地利。轻地利而求田野之辟、仓廪之实，不可得也。"

② 《管子·牧民》中讲："积于不涸之仓者，务五谷也。藏于不竭之府者，养桑麻育六畜也"，"务五谷，则食足。养桑麻，畜六畜，则民富"。

之、织而衣之。珠、玉、金、银对于处于饥寒之中的老百姓来说，毫无价值和用处。珠、玉、金、银既不能当饭吃，也不能当衣穿，而粟、米、布、帛却是一日不可少、一时不可离的。所以，贤明的统治者应当采取贵五谷、贱金玉的态度，不能将商业放到重要的位置上来。社会上常见的现象是：受冻的人不贪求一尺之玉，而渴望得到一件破袄；挨饿的人不向往千两黄金，而只希望饱餐一顿。千金尺玉可能是财富的象征，但对处于饥寒交迫之中的人来说，是比不上一顿饱餐和一件破袄的，这是由人们的生命需要决定的。[①]同时，商人还会囤积居奇，买贱卖贵，以极不公平的手段侵吞农副产品，使得农民入不敷出。当米价贱而其他产品贵时，农民就不得不多出售粮食来换取必需的日用品和农具。遇到天灾人祸时，农民还得向商人借高利贷；还不起高利贷时，就只好向商人出卖自己的宅田和妻儿，使得自己家破人亡、妻离子散、流离失所。与之形成鲜明对比的是，商人却过着奢侈豪华的生活，从农民口里抢粮，从农民身上抢衣，还嫌不够，挑肥拣瘦，穷奢极欲，这不但超出了正常的生活需要，而且威胁到了农民的生存，因为社会财富毕竟是有限的，有多少财富就往商人欲望的无底洞中填多少，农民还有吃、有穿吗？农民还能生存下去吗？

（3）商业是社会动荡的罪恶根源

农家看到，商业不但不利于社会的稳定，而且是一切社会动乱的根源，是威胁统治者统治的最大敌人，因此，应将商业看作末作之事加以抑制。农家也是从维护封建统治的政治角度来看商末问题的。他们看到，商人的本性是囤积居奇，将一切社会财富都集中在他们自己

① 《齐民要术·序》引用他人的话说：“寒者不贪尺玉而思短褐，饥者不愿千金而美一食。千金尺玉至贵，而不若一食短褐之恶者，物时有所急也。”

手中，使得民不聊生，处于水深火热之中，如果再加上天灾的话，处于穷困中的老百姓就会揭竿而起，犯上作乱①，这是商业对国家稳定的一大危害。这样，商人“周流天下”就成为社会动乱的罪恶根源，他们还会搬弄是非，扰乱民心。不仅如此，商人有时还会直接参与、支持叛乱，以图改变自己的被抑制的地位，以求政治上得到发展，历史上多次发生过类似的情况。同时，由于商业的流动性特点，商人的乡土观念很轻，他们和统治者之间就会有一种离心力，他们平时不会听从统治者的命令，战时就会远走高飞，从而使统治者的命令得不到贯彻执行，那么，守就不可以固，战就不可能胜②，这最终会削弱国家的力量，威胁国家的安全。

（4）商人生活糜烂，商业有碍于道德教化

农家看到，商业不利于净化社会风气，只能造成道德“滑坡”，使社会陷于一片混乱之中。农家和儒家一样，也重视道德教化，他们也大多是从这个角度来看待商业的。农家认为，商人是通过投机取巧等不正当手段发财致富的，他们缺乏良好的信誉，不仅贱买贵卖，还制造假冒伪劣商品，欺骗消费者；他们囤积居奇，在老百姓遇到天灾人祸时大发不义之财。这些不道德的行为对社会危害极大。政治经济学中重农学派的鼻祖魁奈对此也大惑不解，“相互欺诈的双方有何利可图呢？这只会引起令人棘手和非常麻烦的纷乱，从而使日常的商业活动变得十分困难，几乎不可能进行。甚至更不能想象这种诈欺现象

---

① 崔寔：《政论》。原话是，“农桑耕而利薄，工商逸而入厚。财郁蓄而不尽出，百姓穷匮而为奸寇，是以仓廪空而囹圄实”。

② 《吕氏春秋·士容论·上农》中讲，“民舍本而事末则不令，不令则不可以守，不可以战。民舍本而事末则其产约，其产约则轻迁徙，轻迁徙，则国家有患，皆有远志，无有居心”。

是发生在像中国这样的一个文明国度中”[1]。可见，中国商人缺乏商业道德的行为值得重视。农家还认为，商人唯利是图，他们置礼义和廉耻不顾，生活奢侈糜烂，男不耕耘，却食必粱肉，女不织衣，却衣必文彩，生活在纸醉金迷之中，这样，必然会败坏社会风气，滋生出一批游手好闲、无所事事的人来，不仅要大量侵吞农民的劳动果实，还会毒害农民。同时，商人还制造、贩卖奇技淫巧之器物，以此来动摇民心、迷惑贤良，使人们玩物丧志。总之，在农家看来，老百姓如果舍弃作为根本的农业而从事末作的商业，必然会喜好玩弄阴谋诡计，他们的行为由此而变得诡诈多变，他们会想方设法地钻国家法令的空子，颠倒是非，混淆黑白，极端不利于道德教化。[2]而道德之本却在于农业，只有农业才是道德教化的根本保证，由此，农家提出了“仓廪实，则知礼节；衣食足，则知荣辱”（《管子·牧民》）这样一个重要命题。他们虽然还不懂得作为社会意识形态内容的道德是受制于社会的经济基础的，但已意识到从社会物质生活角度说明“礼节”和“荣辱”等道德规范和道德感情的重要性。由于他们认为商业是不创造价值的，所以他们自然将商业看成道德教化的大敌。

总之，农家是从经济、政治和伦理等方面来看待农业和商业的关系的，也是从这个角度来看待农业和社会系统以及商业和社会系统的关系的，根据这些理由，他们认为农业是本、商业是末，将本末和农商联系了起来，提出了“农本商末”的命题和建议。在农本商末的基础上，他们又提出了“重农抑商”的建议和命题，来深化“农本商末”的内涵。

---

① 魁奈．中华帝国的专制制度．谈敏，译．北京：商务印书馆，1992：70.

② 《吕氏春秋·士容论·上农》中讲：“民舍本而事末则好智，好智则多诈，多诈则巧法令，以是为非，以非为是。”

二、重农的措施和办法

农家提出的重农措施和办法分为两个方面：一是要求将重农政策体现在管理制度上，建议建立适合重农政策的管理体制；二是要求将重农政策体现在管理方法上，建议贯彻符合重农政策的管理方法。

1. 建立适合重农政策的管理体制

农家认为，重农政策体现在管理体制上，就在于通过确立管理者的政治权威性来推行重农政策，在形式上要设有专门的农业管理机构。而实际上行使农业管理职能的是从天子到地方的各级官吏，皇帝是全国最大的农官，各级地方的各级官吏就是本辖区的首席农官，因而，从朝廷到地方的各级政府都可看作专门的农业管理机构。

（1）皇帝的农业管理职能

在中国传统社会的历史条件下，一切权力都集中在了皇帝一个人手中，“普天之下，莫非王土；率土之滨，莫非王臣”，就是这种情况的真实写照。假如将农业管理职能也纳入皇帝的权力范围之内，由皇帝本人来推行重农政策，那么，重农政策就会获得绝对的权威性。因此，农家根据各方面的情况，建议皇帝本人也要履行农业管理职能。那么，皇帝的农业管理职能包括哪几个方面呢？

一是皇帝要“知稼穑之艰难”，要体恤老百姓的疾苦。农家和儒家一样，也是从总结历史兴亡的高度来看待农业问题的，对周公提出的“知稼穑之艰难”这一点推崇备至。在贾思勰、徐光启的著作中，都引用了这句话，而且作了阐述。在农家看来，周王室之所以能够兴王业八百年而不衰，关键就在于他们懂得稼穑的艰难，能够体恤老百姓的疾苦，谨身节用，丝毫不敢松怠。正因为周王室知稼穑之艰难，将重农摆在了重要的位置上，王朝才兴教化、厚风俗、敦孝悌、崇礼教、臻太平。反之，由于不知稼穑之艰难，一味地贪图享受而亡了国的人也大有人在，这些人不知老百姓劳作的辛苦，而只知满足自己的欲望，因此，他们的江山就坐不久。总结历史上正反两方面的经验可以看出，作为一国之君的天子假如不知道或不懂得稼穑的艰难，而一味地纵欲享受的话，老百姓就会起叛逆之心；反之，假如天子懂得稼穑的艰难，就会知道江山来之不易，就会谨慎小心，战战兢兢，如履薄冰，如临深渊。[①]只有皇帝这么做了，重农之根才能在他内心深处扎下来。

二是天子要亲自“耕帝籍田”，与之相对应，“后妃亲蚕”也成为自然的事了。在农家看来，天子光懂得稼穑之艰难还是远远不够的，还要亲自参加农业生产劳动才行，文王不正是这样吗？因此，许行提出了君臣并耕的理想，但在阶级社会中，这只不过是一种空想而已。而到了《吕氏春秋》那里，农家开始学聪明了，他们提出“耕帝籍田”和“后妃亲蚕”，代替了平等劳动说。从形式来看，这是将许行出卖了。但在实质上，重农的思想和政策却以国家意志和体制的形式固定下来了，皇帝都要亲自耕种，皇后都要亲自养蚕，你

① 徐光启引他人的话说：“君不知稼穑，逞欲殄物，民因以极。”“故君知稼穑，则知惧。”（《农政全书·农本·诸家杂论下》）

一个小小老百姓敢偷懒吗？你大大小小的官吏们敢轻视农业吗？[1]通过这两种形式强化人们的重农意识，有助于人们实施和贯彻重农政策。在历史的发展过程中，这两种形式果然为历代统治者所接受，而且远涉重洋传到了法兰西等西欧国家。政治经济学重农学派的鼻祖魁奈就对这两种形式推崇备至。早在1749年以御医身份住进凡尔赛宫时，魁奈便已置身于当时法国流行的以追求中国事物为尚的潮流中心。在这种风尚的熏陶下，他曾于1756年通过庞巴杜夫人劝说路易十五模仿中国古代举行籍田仪式；十余年后，他又用中国皇帝亲耕这种形象来劝导皇太子（也就是后来的路易十六），促成皇太子在1768年举行的一次宫廷典礼上，亲手拿着用丝带装饰的耕犁模型在众人面前炫示。此外，在1763年出版的《农业哲学》一书（在魁奈的指导下，由米拉波写成）的第一章章首页上，特地设计了一幅表现中国皇帝在耕地行列中的装饰图案，以此寄托他们对中国重视农业的向往。而在1769年，奥地利的约瑟夫皇帝使用一副完全与真的农具一样大小的犁耕种了一块土地，他也是直接效法中国的外国皇帝。[2]

三是皇帝要亲自处理农政。农家认为，皇帝应将亲自处理农政作为自己的日常工作，尤其在紧要的农时关头更要加紧农业管理工作。例如，孟春之月为一年的开始，天子要命令掌管历算的官员做好敬授民时的工作，不能让老百姓耽误农时。季春之月的时候，一年的农事已基本完毕，天子要召集各级官吏，向他们交代清楚下一年的每月初一的时间，让他们提前安排好农事活动和农业生产。季冬之月意味着万象即将更新，因此，天子要和各级官吏整治法典、讨论时令，为来

① 《齐民要术·序》有这样的话:“且天子亲耕，皇后亲蚕，况夫田父，而怀窳惰乎？”
② 参见「美」刘易斯·A. 马弗里克为《中华帝国的专制制度》所写的英译本绪论，同时参见谈敏的中译本序言。

年工作准备。现在，我们根据《吕氏春秋》“十二纪”的有关内容，用表3–1将这一情况表示如下：

表3–1　天子议农政工作时间表

月份	自然状况	农作物状况	天子议农政事项、活动
孟春	天气下降 地气上腾 天地和同	草木繁动	令太史掌管好测算天体运行的事务，以便授时于民。
季秋	草木黄落	农事备收	会合诸侯，召集百县大夫，向他们交代来年每月初一的时间，使他们对农时心中有数。
季冬	岁将更始		和卿、大夫整治国家的法典，讨论各时节以及各时节该做的事，做到有备无患，使来年工作井然有序。

当然，在实际生活中，统治者不可能完全按照一些知识分子提议的治国方略去做，但是，农家的这一套主张却在中国的传统政治文化中积淀下来了，它有助于历代皇帝形成重农意识，推行重农政策，并不得不亲自管理农政。

（2）各级地方官吏的农业管理职能

既然连皇帝都要亲自履行农业管理的职能，那么，各级地方官吏也得这么做了。在农家看来，各级地方政府的农业管理职能无非是要劝本地区的老百姓务农耕桑。徐光启《农政全书》中根据其他材料讲了这么一个地方官吏重农的事例：唐代河南尹张全义一生以农为重，兢兢业业地履行自己的农业管理职能。他不喜欢声色犬马那一套，见了这些东西从未笑过，只有见了佳麦良蚕后才会露出笑容。当时正值黄巢起义之后，又经受了秦宗权、孙儒的摧残，民不聊生，四野无耕者。张全义看到这种情况后，痛心疾首，就命令下属招回流散的百姓，劝导他们务农耕桑。几年之后，他的政绩就显露出来：人口渐多，田野皆治，桑茂麻直，一派繁荣之象。张全义常常带着酒食四处巡视农业生产情况，看到土地整齐、庄稼长势好的场景时，就常常下马与部下共同观看，并把田主找来，赏给他们酒食。听说蚕麦获得丰收时，张全义也常常去拜访那些收获最多的人家，将全家老幼全叫出来，赐给他们茶叶、衣物等物品。当看到有荒秽的农田时，张全义就命令将田主找来，在众人面前对田主施以杖刑。当田主申诉，说他们缺少牛具和人力时，张全义就叫乡里来帮助这些困难农户。通过这些手段，在张全义的治下，每家都有余粮，遇到灾年时也没发生饥荒，这个地方很快就成为富裕之地（《农政全书·农本·经史典故》）。通过此事可以看出，农家所讲的地方官吏的农业管理职能无非是要求他们通过引导和严罚两种手段将农民控制在土地上，以保证封建国家的长治久安。从历史上看，各级地方官吏的农业管理职能无非是这么几项：一是代替皇帝履行土地管理职能，使土地资源不得流失、荒秽，劝导老百姓垦田、尽地利。二是代替皇帝征收各种赋税，其中重要的一项就是农业税，以此来保证封建国家的财政收入。三是稳定农业人口，劝民耕桑，合理分配赋役，使农民与土地最大限度地结合起来。因此，农家也主张根据农业状况来考察各级地方官吏的政绩：如果一个地方土地肥沃、桑麻茂密、六畜兴旺，就可以判定这个地方的官吏是一个好官；如果一个地方土地荒芜、桑麻稀疏、六畜瘦弱，就可以判定这个地方的官吏不合格。中央集权国家的农业管理目标在历代对地方官吏们的考核内容中表现得很清楚。

（3）专门农业管理机构的设置

农家认为，要真正使重农意识变成国家意志，使重农政策变成国家行为，还必须设置专门的农业管理机构，将农业管理作为一种特定的社会分工确定下来。

《吕氏春秋》根据自己的重农思想和历史上农业管理的经验，设计了一套专门的农业管理机构，我们可以参看表3-2：

表3-2　　农业管理机构一览表

类别	官名	职责	“十二纪”所记主要活动
天文历法	太史	修史治历	（1）向天子报告立春之日（孟春）；（2）掌管好测算天体运行的事务（孟春）；（3）向天子报告立夏之日（孟夏）；（4）向天子报告立秋之日（孟秋）；（5）向天子报告立冬之日（孟冬）；（6）排列诸侯次序（季冬）。
水利	司空	掌管水土、道路	季雨将降，地下水位会上涨，受天子命令去巡视国都、城邑、原野，派人修整堤防、疏通沟渠（季春）；禁止百姓将弓绳罗网毒药带出城门，以保护动物（季春）。
种植业	司农（神农）	掌管钱粮	（1）受天子命令巡视全国农事（季夏）；（2）受天子命令计划耕作的事，派人维修犁铧，准备农具（季冬）。
	司徒	主管教化	（1）受天子命令巡视天子领地内的县乡，命令农民努力耕作，不要躲藏在国都里（孟夏）；（2）陪同、护卫天子打猎（季秋）；（3）受天子命令巡视冬藏工作，督促冬藏（孟冬）。
	冢宰	统领百官	在农事完结后，登记五谷收入情况（季秋）。
	有司（非固定官职，指各部门、各类别的官）		（1）敦促百姓收藏粮食，尽量储存干菜，鼓励百姓种麦，不得耽误农时，否则论罪处罚（仲秋）；（2）寒气袭来，受天子命令通知百姓进屋休养生息（季秋）；（3）天子命有司：谨慎进行掩盖收藏（孟冬）；（4）受天子命令不得作土事（仲冬）；（5）受天子命令筹办仪式送寒气（季冬）。
林业（含桑蚕业）	野虞	掌管山林资源	（1）禁止百姓砍伐桑柘（季春）；（2）受天子命令出行田原，慰劳、劝勉农民，不得耽误农时（孟夏）；（3）引导百姓采摘、收取可供食用的自然资源（山林薮泽），禁止侵夺（仲冬）。

续前表

类别	官名	职责	“十二纪”所记主要活动
养殖业	水虞	掌管川泽禁令	收取水泉池泽之赋；不得掠夺民财，犯此禁者，行罪无赦（孟冬）。
	渔师	掌管渔政	（1）受天子命令杀蛟捕鳄、献龟捉鳖（季夏）；（2）受天子命令开始捕鱼，天子亲去观看（季冬）。
	官名不详		若干牧业事项。

尽管这套设计与《周礼》比起来，系统性差一些，但它毕竟是将《吕氏春秋》中的重农主张“制度化”了。这与农家是从“农稷”之官中发展出来的史实是相呼应的。

这一套设计对后世产生了重大的影响，其中最重要的是在元代专门设置了“大司农司”这样一个专门的农业管理机构，而“大司农司”的设立又推动了中国农学的发展，使农家有了用武之地。

元世祖即位之初，曾在诏书中说：“国以民为本，民以衣食为本，衣食以农桑为本。”（《元史·食货志》）由此开始，中国农业管理开始在体制化的道路上逐步前进。中统元年（1260年），朝廷命令各路宣抚司选择通晓农事的人来就任各地的“劝农官”；中统二年（1261年），设立“劝农司”；至元七年（1270年），设立“司农司”，后改为“大司农司”。从职责范围来看，大司农司“不治他事，而专以劝课农桑为务”（王磐：《序〈农桑辑要〉》）。这样，农业管理部门作为国家行政职能中的一个特定社会分工部门被确定了下来。在此之前，汉代的大司农、隋唐的户部和司农寺，都主要是财政机构，管理生产只是其附属职能，之所以称之为“司农”，主要是因为农业收入在整个国家财政收入中占首要地位。当时封建国家判断农业状况的基本依据是农民是否流失和财政收入是否有保障；农业管理的主要内容是控制土地和农民，生产过程的管理从属于稳定统治和增加财政的需要。

而元朝之所以要设立“大司农司”这样一个专门的农业管理机构，主要是出于迫不得已的原因。元朝落后的游牧生产方式对广大中原地区先进的农业生产进行了摧残和破坏，使中国社会发展的脚步放慢了下来；游牧民族在中原地区站稳脚跟后，觉得不发展农业生产已很难维持自己的统治，因此，元朝才有了重农的措施和举动。

大司农司设立以后，中原地区的农业生产得到了恢复和发展。大司农司的官吏们看到：虽然农民都尽力耕作，但往往是事倍功半，收效甚微，主要原因是他们对农业技术掌握得不够。于是，这班人就遍求古今所有农家之书，披阅参考，删繁留简，集中各书的要点和精华，纂成了一部名为《农桑辑要》的农书。

《农桑辑要》是中国农学史上一部重要的著作。尽管唐宋是我国经济文化的高度繁荣时期，但唐代的综合性农书全部散失，宋代也只留下了一部《农书》（陈敷：《农书》）。而从《农桑辑要》开始，中国的整体性农书达到了一个新的水平，它们都比较全面细致并且切实可行。元朝曾多次印发《农桑辑要》，对推动农业生产起到了十分良好的作用。

总之，“司农”机构是在农家推动下设立的一种专门从事农业管理的机构，它忧百姓之忧，劝民务农耕桑，教给他们农业技术。[①]设立“司农”机构是一项极其重要的重农措施。

① [明]马一龙《农说》：“司农之官，教农之法，劝农之政，忧农之心，见诸诗书者惓惓焉”。

2. 贯彻符合重农政策的管理方法

农家认为，重农政策体现在管理方法上，就在于通过一切社会措施和技术手段来提高农民的生产积极性，使农民和土地有机地结合起来，从而提高农业生产力。具体来讲主要有：

（1）确定农业基础地位和农民的社会地位

中国传统社会的分工体系基本上可以分为管理和生产两个部门。从皇帝到大小官吏属于社会的管理部门层面，他们是劳心而不劳力者，是社会的统治阶级。农、工、商是社会的生产部门，而工、商是附属于农业的，农业是社会分工中生产部门里的基础部门。农民在社会等级上是优越于工商业者的（尽管农民的经济状况与工商业者悬殊，但至少在社会观念上认定农民是优于工商业者的），因而应该得到整个社会的尊重。农家和儒家一样，都在形成这一观念的过程中起过十分重要的作用。农家认为，如果农民不尽力于耕作，又自行灭没他们的家畜，国家就难以为治了，农、工、商三种行业互相僭越就会达到极点。而这就叫作背离根本，违反法则，就会导致国家的丧亡毁灭。因此，凡是成年的百姓，都要劝他们从事一定的行当，分别归属于农、工、商三种行业，农民生产粮食，工匠制作器物，商人经营货物。不得以行事来冲击农时。以行事冲击农时就是国家的大凶，这就叫作颠倒本末，不知道什么才是真正基本或根本的东西。①由此，农家确认了农业和农民的优先权。而这与儒家提出的“农农士士工工商

① 《吕氏春秋·士容论·上农》中讲：“若民不力田，墨乃家畜，国家难治，三疑乃极，是谓背本反则，失毁其国。凡民自七尺以上，属诸三官。农攻粟，工攻器，贾攻货。时事不共，是谓大凶。……皆知其末，莫知其本真。”

商一也”（《荀子·王制》）的社会分工论和社会等级论是一致的。不管历史事实到底如何，确定农业在社会分工中的优越性，确定农民在社会等级中的优越地位，这在中国这个农业大国中还是有实际意义的，这其实是一种软的农业管理方法。魁奈很羡慕中国的这一社会分工论和社会等级论，“在中国，租地农民的地位高于商人和手工业工人”，“在欧洲有某个王国至今尚未意识到农业或财富的重要性”，“在那个国家，租地农场主被看作是无知的农夫或劳动者，他们的地位被固定在城市的一般居民之下”，“相反，在中国，农业总是受到尊重，而以农为业者总是获得皇帝的特别关注”[①]。

（2）采取稳定农业劳动力和农业人口的措施

在中国，重农政策在农业管理方法上的一个很重要的体现就是，统治者想方设法地采取一些社会措施将农民牢牢地控制在土地上，使他们与土地融合在一起，从而使农业生产的发展获得根本的保障。

尽管统治阶级及其思想家不可能认识到人是生产力中最活跃、最革命的因素，但是，他们看到了农民在发展农业生产中的重大作用。而将农民控制在土地上的一个根本办法就是使他们有一定的农田，使他们对土地产生一种眷恋感，舍不得丢下他们的田产远走高飞。[②]尽管中国社会的土地制度从井田制瓦解以后实现了一定的私有化，但土地事实上只是皇帝一个人的家产，朝代的更替只不过是使土地从一个人的手中传到另一个人的手中。因而，所谓“耕者有其田”只不过是土地所有权和经营权的一种适当分离，农民不可能在事实上完全拥有土地所有权。另外，农家还提出以户籍制度把农民控制在土地上的做

① 魁奈．中华帝国的专制制度．谈敏，译．北京：商务印书馆，1992：66，67.

② 《吕氏春秋·士容论·上农》中讲：“民农则其产复，其产复则重徙，重徙则死其处而无二虑。”

法，他们提出：除非是出于同姓不得婚配的原因，否则男子不准从外地娶妻，女子也不准出嫁到外地①；农忙时节，农民不得居住在城镇里，等等。所有这些管理方法都是针对农民本身提出来的。

为了调动农民生产的积极性，农家还提出了其他一些社会措施来进行农业管理，而重点放在不妨害农时上，如要求统治者不得在农忙时节启动土木工程、不兴兵作战、不因为治水而夺去农时等。另外，他们还在税制、粮价政策等问题上提出了一些建议。而这些措施的最终目的也就是保证不得将农民与土地分开。

农家关于农业管理的社会方法，很多来源于当时的管理实际，在以后的历史发展过程中，它们也大多为历代统治者认可，并转化为实际的管理方法。

（3）采取技术手段进行农业管理

一般的农业生产规律是农业管理的基本依据，因此，农家重视总结农业生产的经验，建议统治者依据农业生产规律来管理农业生产，这样，就将农业管理的技术层面的问题突出了出来。这主要包括以下几个方面：一是要求人们遵循农业生产的生态学季节节律，做到“不违农时”，因时制宜。二是要求人们遵循农业生产的生态学物质循环法则，做到因地制宜，充分发挥“地利”因素在农业生产中的重大作用。三是在国家层面开展大中型的水利工程建设，以减除水旱灾害对农业的威胁。四是在国家层面组织垦荒，将耕战有机地结合起来。五是推广先进的生产工具、耕作技术、田间管理经验和优良品种，提倡多种种植，形成合理的农业生产布局，注重运用生态农学的原理来指导农业生产。当然，理论和实际之间还是有一定距离的。尽管历代统治者针对不同情况采取的具体技术方式举不胜举，但在中央集权管理

① 《吕氏春秋·士容论·上农》中讲：“苟非同姓，男不出御，女不外嫁，以安农也。”

体制下，有些方式根本不可能实施，只不过是一纸空文而已。

农家关于农业管理体制和管理方法的思想，是他们重农主张的有机构成部分，他们希望以此来推动重农政策的贯彻和落实。管理体制和管理方法是合理管理的两个不可分割的方面。今天，这当中仍有不少值得我们继承的东西，也就是说，必须从国家意志和国家体制层面将重农政策真正固定下来。

三、抑商的实施和重商学派的抗争

农家对农业和商业作出了本末之辨，认定“农本商末”，他们因此向统治者建议采取“重农抑商”的政策，也就是说，要从国家意志层面和国家治理角度扶持农业、抑制商业，以促使整个社会系统正常运转。但是，农家的这套主张也遭到了一些人的批评，重农抑商的政策也遭到了一些人的抗争，这就是重农学派和重商学派的论争缘起。

1. 抑制商业的措施和办法

由于农家认定商业是末作之业，无补于社会财富增长和人民生活改善，因此，他们要求统治者采取“抑商”的政策，也就是要把商业的发展控制在一定的范围内和一定程度上。具体来讲主要有以下措施：

（1）限制经营商业的人数，贬低商人的社会地位

与稳定和扩大农业人口、抬高农民社会地位的做法相呼应，农家提出了限制经营商业的人数、贬低商人社会地位的做法，而这一点是与儒、法两家相同的。[①]在“农工商”的社会分工和等级结构中，工商是作为依附和农业的补充行当而被允许存在的。同时，禁止农民行商的要求[②]，就切断了商人的后备人员的来源。另外，农家也赞同统治者侮辱、羞困商人的做法，徐光启就在《农政全书》中摘录了明朝贬低商人社会地位和人格的做法。明洪武十四年（1381年），朝廷实施重本抑末的政策，规定农民人家可以穿绸纱绢布，商贾之家却只准穿布，如果农家子弟有改行经商者，也不许穿绸纱（《农政全书·农本·国朝重农考》）。农家这套主张当然是其农本商末理论的必然结果，但是，也有其社会历史根源。在春秋以前的“工商食官”制度中，“工商”与“皂隶”（官府奴隶）的社会地位相当。而商鞅变法更使商人基本上无立足之地，儒家则将商人称为“贱大夫”。正因为这样，限制从商者人数、贬低商人的社会地位，成为历代统治者抑商的基本举措。秦汉都实行“市籍”制度，把在市内营业的工商业者另立户籍，在籍者身份低于一般的编户齐民，一代有市籍，三代失去自由。这是限制从商者人数的典型做法。晋朝人则将羞辱商人的办法发展到了极点，他们规定，商人头上必须缠巾，将自己的姓名题在额头上，而穿鞋不能一色，一脚穿白鞋、一脚穿黑鞋。商人以这样的滑稽面目出现，有谁还会经商？

① 《韩非子·五蠹》中讲：“夫明王治国之政，使其商工游食之民少而名卑。”
② 《吕氏春秋·士容论·上农》中讲：“农不敢行贾，不敢为异事。”

（2）限制商业活动时间，用统一和衡定度量衡的办法来防止商人巧取豪夺

农家抑商的一项基本原则是，商业活动不得与农时相冲突。商业经营活动不得在农忙季节进行，而只能在农闲时节进行，以满足人民生活和生产的需要。例如，仲夏之时，夏收基本结束，那么，就应设立集市，让老百姓互通有无。仲秋之时，秋收工作基本结束，这时也应开关设市，以便利老百姓的生活和生产，同时也有补于君主的费用。但是，这种经营活动不得巧取豪夺，因此，农家强调从度量衡上来加强商业管理，要求国家行政机关的有关部门在仲春和仲秋这两个月做好度量衡的衡定工作。通过这些办法，就使商业成为依附和隶属于农业的部门、行当和职业。我们根据《吕氏春秋》“十二纪”的有关论述，用表3–3将抑商的这一措施表示如下：

表3–3　商业经营时限表

月份	自然状况	农业生产	商业经营	度量衡管理
仲春	雨水始下 雷乃发声			划齐度量衡单位，统一衡称，平整量器，修正概具。
仲夏	小暑至 阴阳争	黍收	不关闭城门和巷门，不在关卡集市征税，以使百姓互通有无。	
仲秋	阳气日衰 凉风始生	收麻 种麦	免除关市的税收，招商，收入财物，便利百姓的事业和生活。四方八面的人皆来赶集，互通有无，那么，财物就不匮乏，君主就不缺费用，凡事都顺当。	昼夜等分时，统一度量，平整衡称，修正“钧”“石”等重量单位。

根据农业季节来合理安排商业经营活动，这是符合农业经济的特

点的。这样，一方面可以满足老百姓日常生活和生产的需要，也增加了国家财政收入，另一方面又与农业生产不冲突。

由国家来统一管理度量衡则是我国传统的市场管理的主要方式。从商鞅在秦国统一度量衡起，这基本上作为一种商业管理制度被确定下来。汉代市官有定期检查度量衡的制度，并在市场上设置标准度量衡，以备随时校验。唐代则形成了更为完备的制度，规定市场交易必须用官定度量衡，京都商人在每年的八月到太府寺平校，外地商人就近到各州县平校；经官府认可印署后的度量衡，才准在市场上统一使用；主管平校的官吏有平校错误或不负责任、工匠私自制造度量衡等，都将受到处罚——或笞或杖或没收财物。从这当中，我们可以看出农家（主要在《吕氏春秋》“十二纪”中）对后世的影响。这种做法在今天仍具有现实意义。

（3）应采取由国家来统一和调节物价的措施，来限制和减少私商牟取暴利的行为

在任何情况下，农业和商业的竞争都不可能在平等的情况下进行，在小农经济占主导地位的历史情况下更是如此。粮价是一个尤为敏感的问题。粮食是农民最主要的生产品和消费品，其他生活和生产用品也主要靠出卖粮食换回，粮价对农民的生活影响极大。平时，农民是粮食的出卖者，谷贱则伤害的是农民；灾时，缺粮者主要是农民，谷贵伤害的又是农民。因此，由国家来统一和限制粮价，就成为一项关系到国计民生的重要措施。而农家对“常平仓”“均输法”这两种办法推崇备至，认为它们益国利民，是具有永久价值的办法。[1]

“常平仓”是汉宣帝时由大司农中丞耿寿昌创立的一种平抑粮价

① 贾思勰在《齐民要术·序》中讲：“且耿寿昌之常平仓，桑弘羊之均输法，益国利民，不朽之术也。”

的制度和办法。其主要办法是：中央命令各边郡都要大力修筑粮仓，平时谷贱时，由国家在市场价格的基础上加价收购粮食，以减少农民的经济损失；灾时谷贵时，由国家参照市场价格，以低于市价的办法出售粮食，以方便人民的生活。可见，“常平仓”具有“调节粮价，备荒赈恤”的双重功能，再加上统治者有利可图，东汉时即在全国推广，此后沿用至清代，成为我国传统社会的一种常设制度。

“均输法”是汉武帝时由治粟都尉桑弘羊创立的一种控制全国商品和价格的制度和办法。其主要办法是：在大司农属下设置均输官数十人，分别管理各郡国的事务；命令各郡国不必完全将按照规定的物品上贡朝廷，只将那些京城急需的和有利可图的物品运至京城，其余物品可参照商人的长途贩运活动，运往高价地区出售，运输工具由工官提供；在京城设立平准机构，用来吞吐各地运来的物品，以平抑市场的物价。这就是说，“均输法”减少了物品周转中的运输量；物价上涨时，又可通过出售贡品的方式来平抑物价。

这两种方式都有助于抑制私营商业的发展，在一定程度上都对农业和农民有利，因此都得到了农家的赞赏。

2. 重商学派对“重农抑商”政策的抗争

在中国思想文化史上，重农学派除了受到儒家的批评之外，也受到了重商学派的抗争。重商学派不但对重农学说进行了批评，而且以各种方式来抵制“重农抑商”政策的贯彻和落实。

在先秦时代，重农和重商的思想在社会上同时存在，二者之间也进行着交锋和斗争，这终于在西汉中期酿成盐铁会议（公元前81年）上的正面交锋。以桑弘羊为代表的一方公开否定单靠农业来致富的传统观点，认为农本不一定是富国的唯一途径，井田制也不是满足人民生活需要的唯一方式[1]；他们极力主张发展商业以互通有无，认为农商交易对双方都有利[2]。桑弘羊的重商观点遭到了来自各地的儒生的反对。次年，桑弘羊被控谋反昭帝而被杀。至此，“农本商末”“重农抑商”的政策才被正式确定下来。

但是，重商学派并没有放弃自己的主张，他们仍在以这种或那种方式与重农学派进行着斗争，为发展商业进行着鸣锣开道的工作。主要形成了以下几种观点：一是提出了农工商各有本末的新观点。王符认为，从富民的角度来看，应以农桑为本，以其他行业为末；对于手工业来说，应以实用为本，以巧饰为末；对于商业来说，应以互通有无为本，以囤积居奇为末（王符：《潜夫论·务本》）。二是提出了工商皆本的新观点。重商学派认为，农工商都有用处，都对社会有益，而到了黄宗羲那里则明确提出了“工商皆本”（黄宗羲：《明夷待访录》）的观点。三是形成了以商为本的新观点。随着外国资本主义的入侵，近代资产阶级的工商思想开始出现，一些人看到了商品流通在社会生活中的重大作用，到了王韬那里就提出了“恃商为国本”（王韬：《代上广州冯太守书》）的观点。重商学派关于本末的争论，对于推动中国商品经济的发展有积极意义。

同时，重商学派也对“重农抑商”的政策进行了一定程度的抵制。他们认为，商人和其他封建士人一样，都可以超然上升到“圣贤”的地位；商人发财是“天之所与”的天经地义的行为；增税关市会使富商大贾受到惊扰，从而会造成民不聊生的局面。这种抗争的结果，一方面是使官营工商业在封建体制内部膨胀发展，另一方面是使商品经济的细胞开始在中国社会母体内发育成长。

---

① 《盐铁论·力耕》中讲：“富国何必用本农，足民何必井田也。”

② 《盐铁论·通有》中讲：“农商交易，以利本末。”

正是由于重商主义的存在，重农思想受到了一定的抑制；而在实际生活中，“重农抑商”政策的贯彻和落实也遇到了一定的障碍。

四、“农本商末”的社会历史影响

作为中国传统价值观念和基本国策的“农本商末”，以及由此派生出来的“重农抑商”政策，究竟对中国社会产生了什么样的影响？这是一个见仁见智的问题。而如何解答这一问题，又关系到如何评价农家的历史地位的问题。正像任何一个事物都有二重性一样，“农本商末”（重农抑商）在中国社会历史上也产生了负和正（消极和积极）两种影响。

1.“农本商末”在中国社会历史上产生的负面影响

综观人类社会的发展，渔猎文明、农业文明、工业文明大概是人类文明发展的三大形态或阶段。而“农本商末”产生于农业文明占绝对主导的历史环境下，因此，作为农业文明的基本价值观念和基本国策的“农本商末”（重农抑商）对于中国走向工业文明时代肯定存在着阻碍作用。这是我们在评价“农本商末”的价值和意义、考察“农本商末”对中国社会产生的影响时，必须要有的清醒认识。这里涉及两个问题：

（1）“农本商末”与中国传统社会长期停滞不前的关系

有一种观点认为，“农本商末”（重农抑商）是致使中国传统社会长期停滞不前的基本原因。我们认为，这种观点难以成立。我们知道，一个社会系统涉及诸多因素，但决定社会性质和变化的是社会的基本矛盾。中国传统社会之所以长期停滞不前，只能从中国社会的基本矛盾中去找。中国传统社会实行的是中央集权的家天下制度，所有的权力和财富都集中在皇帝一个人手中，他不必求经济发展，只求统治稳固，害怕社会变革，把除统治阶级以外的其他社会成员最大限度地限制在土地上，来最大限度地实现自给自足，这是他理想中的“太平盛世”。因而，统治阶级之所以接受“农本商末”的价值观念并将之定为一项基本的国策，采取“重农抑商”的政策和措施，是因为他们看到“农本商末”具有维护和支持自己统治的作用，他们多是从自己江山的稳定和对老百姓的道德教化这两个角度来考虑问题的，而很少从发展生产力和满足人民生活需要的角度来考虑问题。而农家提出的“农本商末”是一个系统，涉及国计民生、社会稳定、道德教化等诸多因素，其中关于农业是财富的唯一来源的思想反映了农业文明的情况，有其合理性的一面；关于农业是满足人民生活需要基本手段的思想，是其民本主义思想的体现，有其进步的一面。因而，中国传统社会中真正奉行的是一种简单化了的甚至可以说是畸形化了的“农本商末”，正是这种简单、畸形的“农本商末”造成了中国传统社会的停滞不前，而非作为一个思想体系的“农本商末”造成了中国传统社会的停滞不前。

（2）“农本商末”与中国资本主义萌芽发展缓慢的关系

与前一个问题紧密相关的另一个问题是：“农本商末”与中国

资本主义萌芽发展缓慢的关系。有一种观点认为，“农本商末”是造成中国资本主义萌芽发展缓慢的根本原因。大家知道，如何处理农业和商业的关系问题，是任何一个社会都要考虑的问题。中国历史上之所以频繁地出现抑商的事件和举动，主要是因为统治者不是从经济角度来考虑问题，而多是从认为商人和自己离心离德的角度来采取抑商的政策和措施——中国历史上多次出现过商人恃财而搞分裂、搞叛乱的例子。因此可以说，中国资本主义萌芽之所以发展缓慢，与“农本商末”的思想系统没有多大关系。事实上，唐、宋以后，传统社会内部的商品经济得到了持续的发展，到明中叶以后，这种发展已具有了资本主义萌芽的因素，从而对自然经济产生了一种解体作用。而中国资本主义萌芽之所以发展缓慢，却是与中国重商主义的内在缺陷直接相关。无论是中国重商主义的思想也好，还是中国重商主义的政策也好，多是从流通领域来看待商业的地位和作用的，而绝少深入生产领域来规范商业的地位和作用。按照这种重商主义的逻辑发展下去，中国的资本主义萌芽必然是畸形的，绝对不可能健康发展。历史事实告诉我们，中国资本主义萌芽之所以发展缓慢，是由外国列强入侵造成的。1840年以后，外国资本主义开始侵入中国，这加速了中国封建自然经济的解体，但是，列强绝对不会允许资本主义这种比封建主义先进的生产方式在中国扎下根来。资本主义（外国）破坏、阻碍资本主义（中国），看来是矛盾的，然而却是事实，因为只有中国沦为半殖民地半封建社会才对外国资本有利。中国资本主义萌芽发展缓慢的根本原因，在于外国列强的入侵。当然，外国资本主义对中国资本主义也有一定的影响，但是，正如毛泽东指出的：“中国封建社会内的商品经济的发展，已经孕育着资本主义的萌芽，如果没有外国资本主义的影响，中国也将缓慢地发展到资本主义社会”[1]。中国之所以没有发展到资本主义社会，是由于自鸦片战争以来的列强入侵阻断了中国社会的正常发展进程。

持上述两种观点的人是站在西方中心论的立场上来认识问题的，他们没有通过深入分析中国社会这个特殊对象的特殊矛盾来认识问题。殊不知，在西方世界，也有抑商主义的思想和举措。在古希腊，人们对农业、手工业、商业三者的排列次序是：农业居首，手工业次之，商业为末；只有拥有土地权，才可获得公民权。技工和匠师在有些国家是不能参与政治的，商人就更不能参与政治了。他们认为，致富有两种方式：一种是同家务管理相联系的部分，它是通过耕作和放牧而获得财富的，事属必需，是顺乎自然的，值得称道；另一种是指有关贩卖的技术，它在交易中损害他人的利益以帮助牟取一己的私利，是违背自然的，应该受到指责。因此，我们认为，现代化是人类历史发展的总体目标，但各个国家迈向现代化的道路和方式是不同的。在迈向现代化的过程中，我们应该清醒地看到“农本商末”（重农抑商）对社会历史的消极影响，但切不可将这种负面影响夸大，否则一个十三亿多人口的农业大国如何解决这么多人的吃饭问题呢？

2.“农本商末”在中国社会历史上产生的正面影响

中国是一个农业大国，农业人口占中国人口的绝大多数，因而，中国的现代化道路不可能与西方的现代化道路相同。农业现代化是中国现代化的内在构成部分；没有现代化的农业，中国就根本不可能迈向现代化。在这个意义上，“农本商末”可以为我们实现农业现代化甚

① 毛泽东选集：第2卷．北京：人民出版社，1991：626.

至整个现代化提供一些历史经验教训。在发展市场经济体制的今天，有两个问题应引起我们的注意：

（1）关于“农本商末”和国民经济结构的关系问题

如何认识农业在国民经济体系中的地位，是一个关系到国民经济能否持续、有序发展和现代化事业能否顺利实现的根本问题。由于“农本商末”是我国传统的价值观念，“重农抑商”是我国传统的做法，因而，农业在我国国民经济中的基础地位一直作为一个确定不移的事实得到大家的认同。正因为如此，才使我们在耕地面积相对不变的情况下，解决了逐年增加的人口的吃饭问题（当然，这只能算是低水平上的温饱，因此，我们才有实现农业现代化的任务）；即便在今天，我们用不到世界上7%的耕地解决了占世界人口22%的人民的吃饭问题，这也不能不算是一个奇迹和创举。面对市场经济的新形势，有一些人抱有这样一种想法：发展市场经济就意味着要加大工商业在国民经济中的比重，就意味着要缩小农业在国民经济中的比重。于是，在“开发区热”中，大量耕地被滥占，甚至出现了圈而不用、任土地荒芜的现象。在以后的若干年内，这一不负责任的行为所造成的恶果将会逐渐显露出来，因为生态问题具有一种滞后性。发展市场经济必须重视农业，使粮食和轻工原料更多些、积蓄更多些、资金更宽裕些。可见，不仅不能动摇农业的基础地位，而且应更加切实加强农业的基础地位。当然，这种加强不是粗放式的加强，而在于加强农业的技术支持和商业后劲。同时，也应该看到，在“农本商末”（重农抑商）的环境中，由于对工商业的轻视和贬斥，以及重商主义自身的缺陷（只重流通，不重生产），我国的农业发展丧失了必要的技术支持和商业后劲。因此，在发展市场经济的今天，我们加强农业的基础地位有两方面的工作要做：一是加强农业的技术支持，运用现代科学技术手段来合理调整农业结构、布局及其生产方式，使科教兴农落到实处；二是加强农业的商业后劲，运用价值规律来规范农业生产和管理行为，使农业本身具有市场竞争力。

（2）关于“农本商末”和全社会的重农意识的关系问题

与前一个问题紧密相联系，由于简单地否定“农本商末”，贬低农业的基础问题，近几年来出现了一种淡化甚至否定重农意识的现象，那种全社会都来关心农业、全社会都来支持农业的局面似乎名存实亡。因此，今天重提全社会都来重视农业、全社会都来支持农业，十分必要。尽管“农本商末”（重农抑商）有其历史局限性，但在这种价值观念占主导地位的条件下，社会的政治、经济、文化都是围绕为农业服务来显示自己的功能的；农业获得了全社会的关心和支持，从而对国家的稳定和人民生活水平的提高都是有利的。所以，面对所谓“资本逻辑”，我们提倡一下“农本商末”的价值观念，采取一些“重农抑商”的政策，不仅无害于市场经济，反而是市场经济发展的必然要求。这里，关键的是要在全社会倡导一种重农意识，让大家都来关心农业、支持农业。

在西方发展市场经济的整个过程中，都伴随有一种重农主义的主调。魁奈曾指出，“在有广大可耕地，和在本国容易进行农产品大商业的国家，不应该把货币和人力过多地用在制造业和奢侈品商业，以妨碍农业上的劳动的支出。因为，国家首先是要富裕的耕种者人数大量地增加起来”[1]。这样，“重农党派把关于剩余价值起源的研究从流通领域转到直接生产领域，这样就为分析资本主义生产奠定了基础”。因而，“重农学派的重大功绩在于，他们在资产阶级视野以内对资本

① 魁奈．农业国经济管理的一般原理//资产阶级古典政治经济学选辑．北京：商务印书馆，1979：230.

进行了分析。正是这个功绩，使他们成为现代政治经济学的真正鼻祖”[①]。当然，在发展社会主义市场经济的今天，我们不可能将“农本商末”对中国社会历史产生的正面影响估计过高，要不然，我们怎么能建立起适应市场经济体制的现代农业呢？

总之，农家在建构“农本商末”的价值观念、推进实施“重农抑商”的政策的过程中，起过极其重要的作用。农家考虑一切问题都是从这个角度出发的，并将“农本商末”和“重农抑商”作为基本的理论主张。在实际生活中，从“农本商末”（重农抑商）的社会后果和影响来看，利弊、得失都有，我们应站在历史唯物主义的高度来具体分析这一问题，切不可片面地贬低和否定“农本商末”（重农抑商），也不可简单地肯定“农本商末”（重农抑商）。

① 马克思恩格斯全集：第26卷（1）．北京：人民出版社，1972：19，15.

第四章 顺天之时——中国农家的季节意识

“天时”是农业生产得以进行的一个重要的生态条件。如何认识“天时”的结构和功能，进而在此基础上指导农业生产以获得农业丰收，就成为摆在农家面前的一项重要任务。[1]这就是我们所说的中国农家的季节意识，即农时意识。

① 《吕氏春秋·士容论·审时》讲“凡农之道，厚之为宝”。这里的“厚”也就是“候”，即时候。

一、“顺天之时”的生态学含义和规定

在我们的祖先看来，事物本身都是有一定的时间节律的。而天时是由二十八宿在天空中的位置、二十四节气的推移、七十二种物候的变迁等构成的一个整体，这些就构成了农业生产时间节律的根据。[①]

1. “二十八宿周天之度”

所谓“二十八宿周天之度”，是指二十八个星座在天空的位置变化。我们的祖先就是通过观测“二十八宿周天之度”来确定天时的。

古人测定天时，进行天文观测，确定日月五星的运行轨迹，标示各种天象发生的方位，以恒星的分布作为参考系，因为恒星在天空中的相对位置比较固定。古代天文学家为了辨认方便，根据恒星排列的图形，把天空划分为许多区域，称为星座。我国古代天文学家把黄道（太阳和月亮所经天区）的恒星分作二十八个星座，称为“二十八宿”。二十八宿又按东南西北四个方位分成四组，四个方位分别用苍龙、朱雀、白虎、玄武四种形象来命名，称为“四象”。而“四象”的更替就形成了一年中的四季。而“四象二十八宿”的具体划分是：

① “盖二十八宿周天之度，十二辰日月之会，二十四气之推移，七十二候之迁变，如环之循，如轮之转。农桑之节，以此占之。四时各有其务，十二月各有其宜。”（《农政全书·农事·授时》）。

东方苍龙之象包括角、亢、氐、房、心、尾、箕七宿，南方朱雀之象包括井、鬼、柳、星、张、翼、轸七宿，西方白虎之象包括奎、娄、胃、昴、毕、觜、参七宿，北方玄武之象包括斗、牛、女、虚、危、室、壁七宿（见表4–1）。

表4–1　　　　　　　二十八宿情况一览表

星座（方位）	四象	二十八宿名称	备注
东方七宿	以苍龙为象	角	属今室女座
		亢	属今室女座
		氐	属今天秤座
		房	属今天蝎座
		心	属今天蝎座
		尾	属今天蝎座
		箕	属今人马座
南方七宿	以朱雀为象	井	属今双子座
		鬼	属今巨蟹座
		柳	属今长蛇座
		星	属今长蛇座
		张	属今长蛇座
		翼	分属今巨爵座和长蛇座
		轸	属今乌鸦座
西方七宿	以白虎为象	奎	分属今仙女座和双鱼座
		娄	属今白羊座
		胃	属今白羊座
		昴	属今金牛座
		毕	属今金牛座
		觜	属今猎户座
		参	属今猎户座

续前表

星座（方位）	四象	二十八宿名称	备注
北方七宿	以玄武为象	斗	属今人马座
		牛	属今摩羯座
		女	属今宝瓶座
		虚	分属今宝瓶座、小马座
		危	分属今宝瓶座、飞马座
		室	属今飞马座
		壁	分属今飞马座、仙女座

一年十二个月则是根据日（太阳运行的位置，即太阳运行到哪一个具体星宿的位置）、昏（黄昏时出现在中南部天空位置的星宿）、晨（凌晨的时候出现在中南部天空位置的星宿）三者确定的。如太阳运行到营室宿的位置、参宿黄昏时出现在中南部天空位置、尾宿凌晨的时候出现在中南部天空位置时，就意味着一年的开始，这个月就是孟春之月。其他诸月也依此推理。

最早被人类用来判定方向的星是永远固定在北方上空的北极星，我们的祖先不仅很早就注意到了这一点，还注意到北斗（由天枢、天璇、天玑、天权、玉衡、开阳、瑶光七星组成）围绕北极星旋转有一定的规律，可以通过北斗的运行来判定季节的变化。由于我国特殊的位置，我国各地一年四季都能观测到北极星和北斗七星，因此，我国古代将它们作为最早选定的天文观测坐标。但是，光有北斗和北极星还很难说明天象发生的位置，因此，在有了赤道、黄道知识之后，我们的祖先就提出了“二十八宿”概念。这样，在古代天文学家们的天象图上，就形成了一座由北斗七星、赤道、黄道和四象二十八宿构成的整体构架。

“二十八宿”概念的提出，对农业生产具有重大的指导意义：第一，“二十八宿”概念的提出，不但为我国古代天文观测提供了极为方便而有效的工具，而且为把握太阳运行的规律提供了可能。这就为人们“明历治时”提供了切实可行的方法，使人们对时间节律的把握成为可能。人们认识到，太阳的运行是造成时间变化的根本原因。第二，二十八宿所具有的整体思维和时间节律的特点，使人们可以清楚地看出农业和时间的系统关联，这不但是我国农业天文学发达的原因，而且使天文学成为为农业生产服务的科学，农业则成为运用天文学的科学，这就使天和地统一了起来。第三，天和地通过“时”的这种生态关联，为农业生产提供了具体指导，要求人们按照天时的变化进行农业生产，这样，农业生产就通过“时”开始摆脱盲目的必然性。

总之，二十八宿是天时的根本内涵，也是人们把握天时的关键，正如唐代诗人王勃所咏的：“闲云潭影日悠悠，物换星移几度秋。”

2.“二十四气之推移”

所谓“二十四气”，是反映一年之中冷暖变化的二十四个节气，而“气”指的就是“凉燠寒暑”的变化。[①]“二十四气”是我国农历中用来表明气候变化和农事季节的一种手段，是我国农历的独有之物，是我国劳动人民的一项伟大创造。

世界上的历法大体上有阳历（太阳历）、阴历（月亮历）和阴阳合历三种形式。自商周以来，我国历法采用的是阴阳合历的形式。我国古代历法以阴历为基础，根据月亮的盈亏来制历明时，它以月亮的十二个盈亏为一年，将每月分为二十九天或三十天。每次月亮初上

① “凉燠寒暑谓之气”（《致富奇书广集》）。

（朔月）时为一个月的开始，而满月（望月）为一个月的中间，这就是阴历的初一和十五。但是，月盈亏十二次的实际长度为354.367 2天，比太阳的回归年少10.875天，而太阳是造成地球表面季节变化的根本原因。因此，必须设置闰月来调整季节；而为了合理置闰，又必须掌握节气，以准确掌握季节的变化。通过实践和摸索，我国历法形成了十九年七闰的法则，由于十九年七闰采取的回归年长度为365加1/4天，因此，这一历法被称为四分历。与此同时，我国历法中特有的二十四节气也日趋齐备了。

二十四节气的制定，是用“土圭”实测日晷的长度逐步制定的。从表面上看，“土圭”只不过是一根插在土里的杆子而已，但从其产生的影响和后果来看，其却极具科学价值和实践意义。其科学原理是这样的：将一根杆子插在土里，每天中午太阳当头的时候来测定杆影的长度（当然，也就是日影的长度），发现日影的长度每天各不相同。日影的变化规律是：由最长逐渐变成最短，又由最短变到最长。“日至”就是用来指日影最短的。“至”也就是到头、到顶的意思。日影最长的这一天，是一年中白天最长的一天，因此，叫作“日长至”或“长至”，这就是“夏至”。日影最短的这一天，是一年中夜晚最长的一天，因此被称作“日短至”或“短至”，这就是“冬至”。以后，在春、秋两季里，发现各有一天昼夜长短相等，便将这两天分别订作“春分”和“秋分”。早在《尚书·尧典》中就已经有了“二分（春分、秋分）二至（夏至、冬至）”的概念，当时称作“日中”（春分）、“日永”（夏至）、“宵中”（秋分）、“日短”（冬至）。在此之后，节气名称逐渐增多，《左传》中有了“分、至、启、闭”八节的记载，而《周髀算经》（成书于战国时代）已根据日晷的影长来确定二十四节气了。现将二十四节气的名称与公历对照情况用表4-2表示如下（农历因闰月的关系，每年节气的日期差异较大）：

表4-2　　　　二十四节气名称及与公历对照表

季	二十四节气名称	公历	农历
春	立春	2月3至5日	孟春节（正）
	雨水	2月18至20日	孟春中（正）
	惊蛰	3月5至7日	仲春节（二）
	春分	3月20至22日	仲春中（二）
	清明	4月4至6日	季春节（三）
	谷雨	4月19至21日	季春中（三）
夏	立夏	5月5至7日	孟夏节（四）
	小满	5月20至22日	孟夏中（四）
	芒种	6月5至7日	仲夏节（五）
	夏至	6月21至22日	仲夏中（五）
	小暑	7月6至8日	季夏节（六）
	大暑	7月22至24日	季夏中（六）
秋	立秋	8月7至9日	孟秋节（七）
	处暑	8月20至22日	孟秋中（七）
	白露	9月7至9日	仲秋节（八）
	秋分	9月22至24日	仲秋中（八）
	寒露	10月8至9日	季秋节（九）
	霜降	10月23至24日	季秋中（九）

续前表

季	二十四节气名称	公历	农历
冬	立冬	11 月 7 至 8 日	孟冬节（十）
	小雪	11 月 22 至 23 日	孟冬中（十）
	大雪	12 月 6 至 8 日	仲冬节（十一）
	冬至	12 月 21 至 23 日	仲冬中（十一）
	小寒	1 月 5 至 7 日	季冬节（十二）
	大寒	1 月 20 至 21 日	季冬中（十二）

二十四节气的制定和命名，是我国科学发展史上的一件大事，将天文学和数学统一了起来。在《周髀算经》中，我们的祖先不仅利用圭表日影来测定南北方向、四季二十四节气和回归年的长度，还将其作为测量日月周天行度、天地大小的工具。它以勾股定理理论为中介，将天体和大地看成一个整体，利用杆长、杆影（日影）长度、杆端至影端距离构成的三角形关系，间接地来认识太阳的运行周期，以此来把握季节的变化，指导人们的生活和生产。从而，数学成为了天文学的有效工具，天文学成了数学的重要对象，天文学和数学的结合则成为为人们谋幸福的有力手段。

二十四节气的制定和命名，还体现出了我国古代科学“经事致用”的注重实践的倾向。从二十四节气的命名情况就可以看出这一点。《周髀算经》对二十四节气的命名作了这样的解释：夏至和冬至是用来表示极暑和极寒两种特殊情况的，春分和秋分是用来表示昼夜长短相等、阴阳相协调的情况的，立春、立夏、立秋和立冬则是提示人们要不失时机地搞好播种、耕耘、收割和收藏等重要农事活动的。这八个节气是用来区分三气的，因此，八节节三气，就形成了二十四节气。[1]

从二十四节气的命名来看，它们大体上分为三种情况：第一种情况是用来反映天象变化的，主要是昼夜长短情况，它们是“二至”“二分”“四立”。第二种情况是用来反映天象变化对草木虫鱼的影响的，用物候来间接地向人们提示天时的变化，这就是惊蛰、清明、小满和芒种四个节气。第三种情况是用来反映天气的冷暖阴晴变化的，通过冷暖阴晴等气象因子来向人们提示天时的变化，剩下的节气都具有这方面的功能。我们通过表4–3可以清楚地看出这一点。

表4–3　二十四节气命名情况一览表

类型	节气名称	命名缘由
天象（昼夜长短等）	立春	春天从此开始，准备春播。
	春分	春季正中间的一天，昼夜长短相等。
	立夏	夏天从此开始，准备夏耘。
	夏至	炎热的夏天到了，这一天白天最长。
	立秋	秋天从此开始，准备秋收。
	秋分	秋季正中间的一天，昼夜长短相等。
	立冬	冬天从此开始，准备冬藏。
	冬至	严冬到了，这一天夜晚最长。
物候	惊蛰	潜伏越冬的虫子开始蠢动。
	清明	天气渐暖，万物发青。
	小满	农作物已经相当饱满。
	芒种	快收有芒的麦子，可种有芒的稻子。

① 《周髀算经》的原话是“凡为八节二十四气”，赵爽注：“二至者，寒暑之极；二分者，阴阳之和；四立者，生长收藏之始；是为八节。节三气，三而八之，故为二十四。”

续前表

类型	节气名称	命名缘由
气候	雨水	雨水开始增多。
	谷雨	天气渐暖，雨水增多。
	小暑	天气开始炎热。
	大暑	天气炎热。
	处暑	暑天到此为止。
	白露	天气渐凉，水气凝结成露。
	寒露	天气更凉，露水更多。
	霜降	天气寒冷，开始降霜。
	小雪	天气更寒，行将落雪，或有小雪。
	大雪	天气更寒，雪落得更大。
	小寒	严冬来临。
	大寒	天气最寒冷。

总之，二十四节气的推移是天时的内在构成部分，也是人们把握天时的一种中介，对农业生产极其重要。正如唐代诗人韦应物所咏："微雨众卉新，一雷惊蛰始。田家几日闲，耕种从此起。"

3."七十二候之迁变"

所谓"七十二候"，是根据动植物或其他自然现象的变化的征候，说明节气变化，作为农事活动依据的一种方法。我国古代以五日为一候，一月为六候，三候为一节气；一年二十四节气，共七十二候。而"候"指的就是"草木虫鱼"，是天体运动变化在动植物身上的反映。[①]

在对事物的结构难以把握的情况下，我们的祖先善于从功能上来把握事物，而“七十二候”就是他们把握天时的一种“黑箱方法”。我们的祖先发现，人类周围的自然事物对天时的变化具有一种直接的反应，人们可以通过观察这些事物的征候来把握天时。例如，当大雁北飞时，说明天气开始变暖了，春天开始了，人们应该准备农耕和春播了；当大雁南去时，说明天气开始转冷了，秋天到了，人们应该加紧收割和储藏了。“七十二候”涉及草木虫鱼、鸟兽鱼鳖、风雨雪霜等一系列自然事物。这样，“七十二候”不但成为天时的显示器——天体的运动变化在草木虫鱼等自然事物的身上反映出来，而且成为农事的指示器——人们可以通过观察自然事物的征候来了解天时的情况，以此来安排农业生产。这样，“七十二候”事实上就成为我们的祖先认识天时和农事的系统关联的一种中介手段，在他们看来，天时和农事通过物候构成了一个整体。

我们的祖先看到，在自然界的季节变化过程中，物候和季节之间具有一种对应关系。在自然界，每五天会出现一种物候，三候就构成一个节气，而一个月共有六候即两个节气。例如，当先后出现“东风解冻”“蛰虫始振”“鱼上冰”（鱼贴近浮冰）三种物候时，说明到了“立春”节气；当先后出现“獭祭鱼”（水獭捕鱼多在岸上排成一排，好似獭在祭祀鱼）、“候雁北”和“草木萌动”三种物候时，说明到了“雨水”节气；而孟春（正月）就是由“立春”和“雨水”这两个节气构成的。关于月份、物候、节气的对应关系，我们可以从表4–4中略窥一二[②]：

① “凉燠寒暑谓之气，草木虫鱼谓之候，天变于上，物应于下。”（《致富奇书广集》）。

② 此表根据徐光启《农政全书·农事·授时》绘制。

表4–4　　月份、节气、物候对应情况一览表

月份	节气	第一候	第二候	第三候
孟春	立春	东风解冻	蛰虫始振	鱼上冰
	雨水	獭祭鱼	候雁北	草木萌动
仲春	惊蛰	桃始华	仓庚（黄鹂）鸣	鹰化为鸠
	春分	玄鸟（燕子）至	雷乃发声	始电
季春	清明	桐始华	田鼠化为鴽	虹始见
	谷雨	萍始生	鸣鸠拂其羽	戴胜（鸟名）降于桑
孟夏	立夏	蝼蝈鸣	蚯蚓出	王瓜生
	小满	苦菜秀	靡草死	麦秋至
仲夏	芒种	螳螂生	鵙（伯劳）始鸣	反舌无声
	夏至	鹿角解（脱落）	蜩（蝉名）始鸣	半夏（草名）生
季夏	小暑	温风至	蟋蟀居壁	鹰始鸷
	大暑	腐草为萤	土润溽暑	大雨时行
孟秋	立秋	凉风至	白露降	寒蝉鸣
	处暑	鹰乃祭鸟	天地始肃	禾乃登（成熟）
仲秋	白露	鸿雁来	玄鸟归	群鸟养羞（蓄食）
	秋分	雷始收声	蛰虫坯户（伏）	水始涸
季秋	寒露	鸿雁来宾	雀入大水为蛤	菊有黄华
	霜降	豺乃祭兽	草木黄落	蛰虫咸俯
孟冬	立冬	水始冰	地始冻	雉入大水为蜃（蚌）
	小雪	虹藏不见	天气腾，地气降	闭塞而成冬

续前表

月份	节气	第一候	第二候	第三候
仲冬	大雪	鹖鴠（鸟名）不鸣	虎始交	荔挺出
	冬至	蚯蚓结	麋角解	水泉动
季冬	小寒	雁北乡	鹊始巢	雉始雊（叫）
	大寒	鸡始乳（下蛋）	征鸟厉疾（高、快）	水泽腹坚

这样，用物候来说明节气，用节气来说明月，用月来说明季节的变化，就使得人们对天时的把握成为可能。通过观察一年二十四节气和七十二物候，我们基本上可以把握住一年四季的变化，由此来指导农业生产。

与此相关联，在对物候的认识和把握过程中，我们的祖先还提出了“二十四番花信风”的概念。他们观察到，从小寒到谷雨共八个节气，凡一百二十天，每五天为一候，应一种花信（所开的花）；共计二十四候，应二十四种花信。而“花信风”指的就是应花信而来的风。例如，梅花、山茶、水仙三种花相继开放的日子为小寒。关于“二十四番花信风”的具体情况，我们可以从表4–5中略窥一二：

表4–5　　“二十四番花信风”情况一览表

节气	第一信	第二信	第三信
小寒	梅花	山茶	水仙
大寒	瑞香	兰花	山矾
立春	迎春	樱桃	望春
雨水	菜花	杏花	李花
惊蛰	桃花	棣棠	蔷薇

续前表

节气	第一信	第二信	第三信
春分	海棠	梨花	木兰
清明	桐花	麦花	柳花
谷雨	牡丹	荼蘼	楝花

这样，就使得我们对天时的把握更为形象、生动、直观了。①

总之，“七十二候”既是天时的表现，又是天时的内在构成部分，是联系天时和农事的中介，人们可以通过物候来认识和把握天时，并以此来指导自己的农业生产。正如宋代词人辛弃疾所咏的：“明月别枝惊鹊，清风半夜鸣蝉。稻花香里说丰年，听取蛙声一片。”

4.“时”的构成和要求

在我们祖先对“二十八宿”“二十四节气”“七十二候”认识的基础上，《吕氏春秋》“十二纪”对“时”的构成进行了一次系统性的揭示，并由此提出了“顺天之时”的要求。

在《吕氏春秋》的作者看来，所谓“时”（天时），就是由天象的位置变化（二十八宿）、气候的冷暖交替（二十四节气）、动植物的物候特征（七十二候）构成的一种季节性变化，人类的一切活动（包括生活、生产和政治）都要受这种时间节律统摄。农家将二十八宿、二十四节气和七十二候看成一个具有内在关联的整体，它们之间结构和关系的变化便在地球上形成了春、夏、秋、冬四季的更替，而每一季节又由于上述三个特征的不同可分为孟、仲、季三月。这样，

① 徐光启《农政全书·农事·占候》中提到了“二十四番花信风”一事。

“时”也就是地球上一年四季十二个月的变化，也就是二十八宿、二十四节气和七十二候整体结构与功能对农作物形成的一种时间性的要求，也就是人类对农作物季节性节律的顺应和运用。由此，农家构筑起了一个以“时”为核心的大生态系统。我们将农家所理解和反映的“时”的构成用表4–6表示如下：

表4–6　　“时”的含义和规定一览表

（中国农家所认识的生态学季节节律）

季	月	天象			节气	物候（举要）	农事（举要）	政事（举要）
		日	昏	旦				
春	孟春	日在营室	昏参中	旦尾中	立春	东风解冻	天子耕帝籍，辨土宜	天子举行迎春仪式，论功行赏
					雨水	獭祭鱼		
	仲春	日在奎	昏弧中	旦建星中	惊蛰	桃始华	修农舍	禁止兵事等大事
					春分	玄鸟至		
	季春	日在胃	昏七星中	旦牵牛中	清明	桐始华	修利堤防，劝勉耕桑	布德行惠，开仓济贫
					谷雨	萍始生		
夏	孟夏	日在毕	昏翼中	旦婺女中	立夏	蝼蝈鸣	驱兽以免伤害五谷	劳民劝民，选贤举能
					小满	苦菜秀		
	仲夏	日在东井	昏亢中	旦危中	芒种	螳螂生	收黍	从宽处理重囚
					夏至	鹿角解		
夏	季夏	日在柳	昏心中	旦奎中	小暑	温风至	用草木灰肥田	神农巡功，不妨农事
					大暑	腐草为萤		

续前表

季	月	天象			节气	物候（举要）	农事（举要）	政事（举要）
		日	昏	旦				
秋	孟秋	日在翼	昏斗中	旦毕中	立秋	凉风至	完固堤防，以备水潦	练兵习武，严明刑罚
					处暑	鹰乃祭鸟		
	仲秋	日在角	昏牵牛中	旦觜中	白露	鸿雁来	劝农种麦，不得失时	养衰老，严百刑
					秋分	雷始收声		
	季秋	日在房	昏虚中	旦柳中	寒露	鸿雁来宾	农事备收	收朔日，定赋税
					霜降	豺乃祭兽		
冬	孟冬	日在尾	昏危中	旦七星中	立冬	水始冰	加紧收藏	备边境，完要塞
					小雪	虹藏不见		
	仲冬	日在斗	昏东壁中	旦轸中	大雪	鹖鴠不鸣	采摘野果，捕猎野兽	罢无事之官
					冬至	蚯蚓结		
	季冬	日婺女	昏娄中	旦氐中	小寒	雁北乡	整修农具	论时令，大合乐
					大寒	鸡始乳		

通过上面的考察可以看出，农家所说的“时”也就是现代生态学所讲的“季节节律”。所谓“季节节律”，就是“由于自然因子的季节变化所引起的直接或间接的很多种群组成及其活动的周期性”[①]。而所谓“顺天之时”，也就是要求人们的农业生产和农业管理以及其他人事活动应顺应和运用这一生态学规律。

① 普通生物学专题汇编：下册．北京：北京大学出版社，1981：284-285.

二、作为农业管理原则的“顺天之时”

既然“天时”对农业生产如此重要，那么，保证农业生产顺应“天时”就成为农业管理的一项根本任务。农业管理的任务就在于，通过一切必要的行政手段促使农业生产按照季节演替节律进行，这样，才可能保证农业丰收。

1.“顺天之时”对农业管理的基本要求

农业生产的主体只能是广大的民众（或老百姓），他们是国家财富的源泉和统治的基础。在中国古代，往往用“民”来称呼这些人，因而，“天时”又被称为“民时”。“顺天之时”对农业管理提出的基本要求是“无夺民时”（《管子·匡君小匡》）或“无失民时”（《吕氏春秋·士容论·任地》），否则的话，就会损害最基本的生产力——民众的生产积极性。

农家指出，只是一味地役使百姓而耽误农时的做法，是最愚笨的农业管理的办法。天降四时，这是不以人的意志为转移的，但能不能顺应四时，却是人自己的事情。作为一个统治者，要管理作为国民经济基础的农业生产，关键是要保证民众能够按照时令进行生产，时令一到就不失时机地劳作，时令一过便停止劳作以便休养生息。只有这样，才可以把老弱的力量全部调动起来，收到事半功倍的效果。这是管理农业的明智的办法。但是，有些人却不懂这个道理，农时没有到来时就忙着去迎接，农时过去后又追念不已，该生产的时候不让百姓生产，该休息的时候却不让百姓休息。这些人其实是不知“时”，没有很好地把握时令。还有些人根本就不重视“时”，他们不顾时令的限制，想什么时候役使百姓就什么时候役使他们，想怎么役使百姓就怎么役使他们，结果是耽误了农时，劳而无功。这些人做事情的方式这样低劣，不知怎样才是高明、怎样才是低下，民众只能时时想着远走高飞，迁往他处，于是，庄稼种得一塌糊涂，几乎没有什么成果。农业管理者不知“时”、不重“时”，必然会“失民时”“夺民时”，这是农业管理的大忌。

因此，如何在知“时”、重“时”的基础上，做到“无夺民时”或“无失民时”，这就是“顺天之时”对农业管理提出的基本要求。只有“无夺民时”或“无失民时”，百姓才能按照时令来进行农业生产，这样，他们才会富裕；百姓富裕了，国家才会财用足，统治者的统治才可能长治久安。对统治者来说，要做到“无夺民时”或“无失民时”，关键的问题是要革除陈规陋习，切不可铺张浪费，要减少对民众的要求，而这就要求统治者励行节约。统治者要励行节约，就要节制自己的欲望，切不可一味地役使广大的民众来满足一己的贪欲，而这就要求统治者要加强自身的修养，返璞归真。而这一切才是“无夺民时”或“无失民时”的根本。从一般的意义上来说，动摇根本，就不可能保持安稳；源头浑浊，流水就不能保持清澈。因此，农业管理者的道德修养是“无夺民时”或“无失民时”的根本保障。

这样，农家就将作为农业管理原则的“顺天之时”与其民本主义的社会历史观统一了起来。可以说，“无夺民时”或“无失民时”，是“顺天之时”和民本主义相统一的内在产物和必然要求。农家就是在这一前提下规定农业管理的顺时性原则的。而这与儒家思想也有一致或共性的地方[1]，这可能是传统农家思想文化流派的共识。

2. 农业管理者顺应“天时”的责任和义务

既然顺应“天时”是农业生产和农业管理的基本原则，那么，作为农业管理者的大大小小的统治者们也就有责任和义务来顺应“天时”了。

（1）天子顺应“天时”的责任和义务

虽然在整个社会等级结构中，天子（国君）拥有绝对的至高无上的地位，但在“天时”面前，他却不能趾高气扬，也有责任和义务来顺应“天时”。具体来讲：

一是天子要在立春、立夏、立秋和立冬这四个时令的转折关头，做好迎时工作。本来四季的更迭是一种自然而然的现象，但由于四时对于农业生产太重要了，为了强调四时的重要性，天子就要在这四个节气举行迎时仪式。用类似宗教仪式的仪式来强调四时的重要性，这样，作为最高统治者管理农业的责任和义务的顺时性也就具有了“神道设教”的意味。

二是天子要根据时令的变化来采取不同的施政措施。例如，孟春之月，天子要在早晨听朝，施政的方向是顺应春令的生长功能，因此，论爵行赏就成为春政的主要内容。季冬之月，天子要在晚上听朝，施政的方向是顺应冬令的肃杀功能，因此，罚罪刑杀就成为施政的主要内容。而当正月初一时，百官都要出朝，天子就要在百官面前公布宪令，来布置一年的事宜了。这样，天子的恩威就与四时合拍

① 如孟子讲：“彼夺其民时，使不得耕耨以养其父母。父母冻饿，兄弟妻子离散。彼陷溺其民，王往而征之，夫谁与王敌？”（《孟子·梁惠王章句上》）

了，“人事”和“天时”成为一致的东西。

连天子的行为都要受“天时”的统摄（如表4–7所示），那么，大大小小的官吏们的行为能摆脱“天时”吗？这样，农家就用“天时”这种客观的必然性来约束天子。这在后来大多被统治者接受。

表4–7　　天子顺应“天时”的责任和义务

节气	迎时仪式	施政方向
立春	立春之日，天子亲自率领三公、九卿、诸侯、大夫，在东郊举行迎春仪式。	仪式完毕，回朝议政，政主赏公卿、诸侯、大夫于朝，以顺应春生之德。
立夏	立夏之日，天子亲自率领三公、九卿、诸侯、大夫，在南郊举行迎夏仪式。	仪式完毕，回朝议政，政主行赏，封侯、庆赐，以顺应夏长之德。
立秋	立秋之日，天子亲自率领三公、九卿、诸侯、大夫，在西郊举行迎秋仪式。	仪式完毕，回朝议政，政主赏军率武人于朝，以顺应秋天肃杀之德。
立冬	立冬之日，天子亲自率领三公、九卿、诸侯、大夫，在北郊举行迎冬仪式。	仪式完毕，回朝议政，政主赏死事、恤孤寡，以顺应冬天静息之德。

资料来源：据《吕氏春秋》“十二纪”编制。

（2）各类管理者顺应“天时”的责任和义务

《管子》在论王者序官之法时，将虞师、司空、由田（治田）、乡师、工师作为封建行政体制中的主要职能人员，并用“时”规定了他们的职能。

虞师。虞师是管理山林资源的部门的官吏，主要职责是管理山泽等自然资源，制定火宪（防火措施），保证提供修造宫室所用的木材和供暖炊厨所用的薪柴。虞师管理山林资源的基本措施是“以时禁发”：在春夏山林资源的生长季节，严禁砍伐山林；只有在秋冬山林资源的凋落季节，才可以利用山林资源。

司空。司空是管理水利资源的部门的官吏，主要职责是疏导水潦、疏通沟浍、修固堤防、搞好蓄水等。司空管理水资源的基本措施是“使时”：在天旱的时候，要保证有足够的农业用水；在天涝的时候，不得让洪涝灾害伤害五谷。一般来说，春时要蓄水，秋时要排涝。

由田。由田是管理土地资源的部门的官吏，主要职责是考察土地高下、肥硗等状况，辨析土地所产，以此来督导农民进行生产。由田管理土地资源的基本措施是“以时均修”：要按照不同的时令来颁发或修改土政，禁止其他行为来侵夺“土时”，要保证五谷桑麻等农业用地能按时令来利用。

乡师。乡师是协调和管理民事的部门的官吏，主要职责是调节乡里关系、管理民宅规划及其用地、考察农户的农业和畜收情况。“以时均修”是乡师管理民事的主要措施，即：要根据时令劝勉百姓，不得让农民在农闲季节偷懒，而应让他们不失时机地搞好农田水利建设等，以使他们家庭富裕、和睦，乡里关系融洽。

工师。工师是管理手工业的部门的官吏，主要职责是管理各种手工业者，提供统治者祭祀所用的器物，保障老百姓对生产工具和生活用品的需要。工师管理手工业的主要措施是“审时事”，即：使手工业者对上不得制作不合时令的器物，不能让奇技淫巧来荡漾君心；对下应根据农时的需要制作各类农具和农民生活日用品。

通过这些规定，“顺天之时”就内化和具体化到了各类行政部门及其管理者的职能之中，成为他们主要的责任和义务。在封建体制下，这些部门都是围绕农业设置的，因此，上述规定也具有农业管理的意义。

（3）“制历明时”的专职化

“制历明时”是中国古代行政管理的一项重要内容，是直接为农业生产和农业管理服务的，或者说，“制历明时”本身就是农业管理的一个内在构成部分。因此，设置专门的时间管理机构来进行专门的时间管理，就成为必要的了。

农家注重将“制历明时”的行政职能专门化，以便授时于民。《吕氏春秋》中记述的“太史”一职就体现了这一要求。太史的职责是向天子报告每年立春、立夏、立秋和立冬四个时节的具体日期，以便让天子做好四个时节的迎时工作。而天子对太史提出的具体要求是：遵循大典，奉守八法，掌管天体和日月星辰运行方面的事务。对他们提出的技术要求是：日、月位置的测算不能有误差，不能算错日月星辰正常运行的经度和轨道，计时授时应以冬至时太阳所在点的位置作为基准。[1]这样，中国古代的天文机构和天文管理机构其实是隶属于农业生产的，是直接为农业生产和农业管理服务的。

天文管理的农学化对后世具有重大影响。汉高祖时，曾设置了春、夏、秋、冬四个时官，具体情况是：赵尧举春，李舜举夏，儿汤举秋，贡禹举冬，四人各职一时。尽管后来已没有四时之官了，但历代统治者都很注重“制历明时”的工作。

这里需要提及的是，徐光启曾受命修改过历法。徐光启研究天文、历法，是为了在农业中进一步做好观象授时的工作。在这样经世致用思想的指导下，他利用自己掌握的西方近代科学知识和对中国古代历法的了解，经历了三年多的时间，编译成了《新法历书》七十四

① 《吕氏春秋》“十二纪”记述：孟春之月，天子“乃命太史，守典奉法，司天日月星辰之行，宿离不忒，无失经纪，以初为常”（《吕氏春秋·孟春纪·孟春》）。

卷。在他去世后的第二年，有人在他工作的基础上，编成了《崇祯历书》这17世纪中国第一部天文历书。在这个过程中，徐光启第一次把地圆说和经纬度的概念介绍到了我国，并阐明了经纬度在天文学上的重要作用及观测方法；他还最早采用望远镜、时辰钟等工具来观测天象，并准确地测量了磁子午与真子午的偏角；他还在我国第一次说明了银河是由无数远星组成的；由他领导的修改历法的“历局”编制了当时最完备的“全天恒星图”。这些不仅进一步加强了“制历明时”的工作，也加强了专门时间管理机构的工作；而且进一步推动了敬授民时的工作，强化了从国家层面对农业的管理。徐光启的工作说明，农业管理离不开技术的支持，一定的先进的技术支持是进行合理有效农业管理的前提条件和必要手段。

通过上述三个方面的规定和措施，作为农业管理原则的“顺天之时”就获得了制度上的保障。

3. 农业管理的时令性措施

农家认为，农业管理本身也要服从生态学的季节节律，根据不同的时令采取不同的农业管理措施，这样管理才能发挥为生产服务的功能和作用。因此，农业管理行为本身也存在一定的季节节律。具体来讲：

春季是农作物的播种、萌芽季节，因此农业管理要以助长为目标，采取适应春令的措施。主要有：做好土地规划和整治工作，根据土地的自然生态状况来确定适宜种植的农作物；加强农田水利建设，整修沟渠，匡正阡陌，保证春用水；下令保护幼苗；等等。

夏季是农作物的生长季节，因此农业管理要以助养育为目标，采取适应夏令的措施。主要有：督促老百姓加强田间管理；驱逐野兽，以免它们伤害五谷；下令锄杂草，干后烧掉，就雨水肥田；各种官吏要巡视农业生产，劝民劳民；等等。

秋季是农作物的收获季节，因此农业管理要以助收获为目标，采取适应秋令的措施。主要有：督促农民进行秋收，搞好冬藏前的物资准备工作；加强水利建设，以防秋涝；根据土地状况制定农业税；做好国库的收入工作；等等。

冬季是农闲时节，因此农业管理要以助闭藏为目标，采取适应冬令的措施。主要有：督促农民收藏粮食，做好保管工作；为来年农业生产做准备，进行选种、维护农具等工作。

这样，中国古代的农业管理就成为一种自然而然的管理，时令性是其突出特点。我们通过表4-8可以清楚地看出这一点。这种时令性的措施，其实就是农业管理的日程表，这样执行起来，就会有章不乱，一切都井然有序。

表4-8　农业管理时间表

月份	农作物情况	农业管理措施
孟春		天子命令农官布农事，辨识各种地形和土质，确定适宜种植的作物。
仲春	保护萌芽	（1）整修农舍。 （2）禁止做大事，以妨农事。
季春	萌者尽达（发芽）	加强农田水利建设。
孟夏	麦收	（1）野虞巡行田原，慰劳、劝勉百姓，告知其不得耽误农时。 （2）司徒巡行县鄙．勉农。 （3）驱逐野兽，以免它们伤害五谷。
仲夏	黍收	

续前表

月份	农作物情况	农业管理措施
季夏		（1）令农官巡视农业生产。 （2）下令不得进行有碍农时的事。 （3）下令锄杂草。
孟秋	谷收	（1）开始准备收粮入库。 （2）加强水利建设，以防秋涝。 （3）禁止割地。
仲秋		（1）令百姓挖地窖、修粮仓。 （2）督促百姓收藏。 （3）鼓励种麦，不得误时，否则论罪处罚。
季秋	稻收	（1）太宰登记五谷收入，将帝籍田的收入归库。 （2）根据土地状况制定农业税。
孟冬		（1）命司徒巡视收藏工作，禁止不收藏。 （2）令百官督促收藏。
仲冬		追究没有收藏、收集谷物的农民的刑事责任。
季冬		（1）通令百姓开始选种。 （2）农官开始计划耕作之事，维修犁铧，准备农具。 （3）宰历卿大夫清点田亩之数。

4. 禁止破坏“民时”的国家行政行为

假如说以上是从肯定的角度来阐明“顺天之时”的价值和意义的话，那么，农家也从否定的角度提出了在农业管理中贯彻“顺天之时”的规则的要求。这就是，要求统治者不能以兴土木、整修水利、大举兵事等国家行政行为来侵夺“民时”，应该禁止破坏“民时”的国家行政行为。

农家认为，国家行政行为与“民时”冲突，是国家的灾难和不幸。国家不能以土功、水事和兵事来侵夺“民时”。以大事来侵夺

“民时”，就会破坏农业生产，使国家丧失财政收入和稳定的基础。具体来讲：一是不能“延误”。也就是不能因为国家大兴土木工程（修宫室等）来侵夺“民时”。如果以土功侵夺“民时”，老百姓就会因此忧思不断，田里一定会没有粮食收成。二是不能“浸泡”。也就是不能因为国家整治河流、疏通槽运等水事来侵夺“民时”。如果以水事侵夺“民时”，悲丧就会继欢乐之后接踵而来，四方邻国就会来侵害民众、颠覆国家。三是不能“虐害”。也就是不能因为国家大举兵事来侵夺“民时”。如果以战争来侵夺“民时”，灾祸就会连年不断，田里也就没有什么可供收割的庄稼了。[①]由此可见，连接不断地侵夺“民时”，严重的饥荒就会发生，农民就会弃置农具、流离失所。而一个国君或统治者如果不知道这些问题的严重性，仍在一味地沉溺于谈笑、歌舞，那只能称作不知道事物的根本了。这些就叫以小失大，是国君或统治者在进行农业管理时应该注意的问题。

不仅如此，国家还应从国家意志层面禁止一般百姓自己侵夺自己“民时”的行为，这就是国家要制定、颁布和推广“乡禁”“野禁”。一是要肯定“乡禁”。这就是要禁止一些与农时冲突的乡里社会行为。主要有：老百姓如果不是因为加冠、娶妻、嫁女和祭祀，就不得摆酒聚会；农民如果不是因为名字通于官府，就不得私自雇人代耕。二是要肯定“野禁”。这就是要禁止一些与农时冲突的生产行为。主要包括：土地尚未整治时，不得进行绩麻、清除污秽等与农时相干不大的行为；不到一定年龄，不得从事园圃中的劳动；农民如果没有多余的精力照顾农田，就不得开荒垦地以扩大耕地；农民不得弃农经商或从事其他行当。三是要肯定“时禁”。这就是：不得在农忙季节里采伐利用野生资源；不到适当的季节，不得到山中伐木取材，不得在

① 《吕氏春秋·士容论·上农》将以土功侵夺时的行为称为“稽”（延误）、以水事侵夺时的行为称为“麕”（浸泡）、以兵事侵夺时的行为称为“厉”（虐害）。

水泽地区割草烧灰，不得将捕取鸟兽的罗网带出门外，不得用鱼网捕鱼；不是主管舟船的官员不得借口行船。这是因为，这些事都会妨害农时。制定这些禁令，就是要“顺天之时”，驱民务农。

农家的这些看法，归结到一点，其实就是一个“使民以时”的问题。而这与儒家又多有相同之处。①

通过上述四个方面的规定，农家就将“顺天之时”转化为或内化为农业管理的一项基本原则。作为农业管理原则的“顺天之时”的基本含义是：应通过行政手段来保证农时，以使农业生产顺利进行。

三、作为生态农业原则的“顺天之时”

农业系统本质上是一个生态系统，季节节律性是这一系统最典型的生态特征。农业生产的过程，就是一个按照自然界的季节节律获取农业丰收的过程。由于时间节律的不同，农业生产的内容和方式也就各不相同。这就是作为生态农业原则的“顺天之时”的基本含义。

1. 将“顺天之时”作为生态农业原则的根据

先秦的许多文献都对天时和农事的关系作了深刻的提示，农家则在此基础上又迈出了极其重要的一步。他们意识到了从实验角度说明

① 孔子要求统治者要“使民以时”（《论语·学而》）；荀子则进一步指出，“罕兴力役，无夺农时，如是则国富矣”（《荀子·富国》）。

这个问题的重要性。

《吕氏春秋·士容论·审时》运用实验和对比的方法，说明了将“顺天之时”作为农业生产原则的根据。该文选取禾（粟）、黍、稻、麻、菽、麦六种农作物，从植株、子实、口感等方面对它们的得时（适时）、先时和后时（失时）情况进行了对比研究（具体对比情况如表4-9所示），从而说明了将“顺天之时”作为农业生产原则的重要性。

表4-9　农作物得时、先时、后时比较表

农作物	得时			先时		后时	
	植株	子实	其他	植株	子实	植株	子实
禾（粟）	茎杆坚硬，穗子长大	籽粒饱满，糠薄，米粒油润	吃着有力	茎叶细弱，穗子秃钝	有秕粒，米不香	茎叶细弱，穗子尖细	有青粒，不饱满
黍	茎高而直，穗子长大	米圆糠薄	容易舂，有香味	植株高大但不坚实，叶子繁盛，穗子短小		茎矮细弱，穗子短小	糠皮厚，籽粒小，不香
稻	植株强壮，分蘖较多，穗如马尾	子粒饱满，米圆糠薄	容易，有香味	植株高大，茎叶徒长，穗子短小	秕谷多，糠皮厚，米粒小，不香		
麻	株高节间长，茎细而坚实，色泽鲜亮	花多，子多	纤维厚而均匀，可以免蝗				
菽	茎叶强壮，分枝较多，叶密荚多	豆粒大而圆，饱满	容易饱满，有香味，不受虫害	茎叶徒长，叶稀节疏	秕荚多	茎短节疏，植株细弱	不结实

续前表

农作物	得时			先时		后时	
	植株	子实	其他	植株	子实	植株	子实
麦	穗长色深，小穗七八对	子粒饱满，子粒重大	容易饱满，不受虫害		粒小而不饱满	易遭病虫害，苗弱穗青	不成熟

资料来源：梁家勉．中国农业科学技术史稿．北京：农业出版社，1989：132.

通过上述的实验对比，农家发现：种植适时的农作物一般兴旺高产，种植不适时的农作物则衰弱低产。拿来种植时节不同的同一个品种的两份样本，各取数量相当的茎杆，称一下就可以发现，种植适时的分量要重，种植不适时的则轻；脱了粒后，种植适时的出成品粮多，种植不适时的出成品粮少；同样的分量，舂出米来，种植适时的出米多，种植不适时的则出米少；同样的米，做出饭来，人吃了种植适时的米耐饿，而吃了种植不适时的米不耐饿。同时，种植适时的农业物对人大有益处，种植不适时的价值则大打折扣。种植适时的农作物，它的气味香、味道美，人食用后会神生气旺，长期以往则耳聪目明、心神清爽、四肢强健、邪气不侵、不生灾病。总之，种植适时的农作物具有很多优良特征，而且适时是农业获得丰收的一个重要原因。

通过这样的实验对比，对于农业生产来说，“顺天之时”就不再是什么玄谈了，而成为实实在在、可以感受到的东西。能否适时，能否在农业生产中顺应天时，直接制约着农业生产，直接影响着人们的生命质量和生活品质。这样，将“顺天之时”作为农业生产必然遵循的原则，就成为农业生产的内在要求。同时，农家的这种实验对比，虽不可与近代实验科学同日而语，没有深入农作物的生化性能来分析农作物的生长状况，也缺乏严格的定量分析，更没有说明“天时”其实就是农作物生长所必需的温度、光照、雨水等等生态因子的综合体现，却开创了一个可贵的方向，这就是通过实验来说明问题，而这正是农家经世致用思想的体现。

2. 在农业生产中掌握“天时”的方法

既然“天时”在农业生产中具有如此重要的地位和作用，人们又往往用“农时”来称呼“时”，那么，如何才能在农业生产中做到“不违农时”呢？在农家看来，当务之急在于“知时”，只有对“时”有了解，才可以开始农业生产。

但是，将“时”看成由一年四季十二个月、二十八宿、二十四节气、七十二物候等诸多因素构成的整体，这不仅很难为一般的农人所把握，甚至对封建士大夫们来说也有点高深莫测。好在中华民族是一个智慧的民族，我们的祖先在长期的实践和探索中，发现了一些很实用又很有实践价值的掌握农时的方法：

（1）运用“授时指掌活法之图”掌握农时

“授时指掌活法之图”（见图4-1）是元代农学家王祯设计的一种指导人们适时耕作的“授时图”。王祯总结历代关于历法和授时的论述，编制了该图。该图简明扼要，有较强的实用性和灵活性。它的工作原理是：

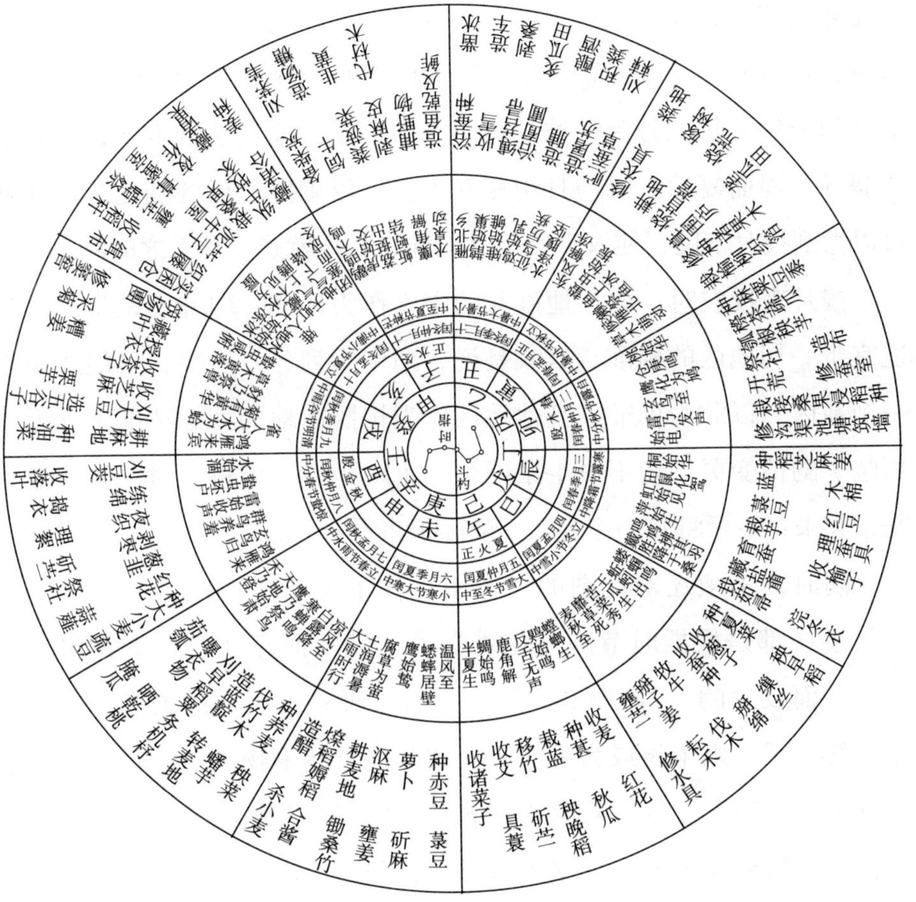

图 4-1　授时指掌活法之图

不依历书定月，而是按照二十四节气来定月份。具体来讲，“以交立春节为正月，以交立夏节为四月，以交立秋节为七月，以交立冬节为十月”（王祯：《农书》）。之所以要这样来定月，是因为我国农历系阴阳合历，用月份不能准确地标定节气。“授时指掌活法之图”以节气定月，实际上是以太阳回归年（阳历）计算，这样就避免了阴历月份与二十四节气的对应关系年年变动的麻烦，只用一张图即可说明农事月程，将每月应该进行的农业生产活动列于每月之下。

以北斗为标准，将它置入图的中心，星辰干支别为圆图，使它可绕北斗运转。具体做法是：在每年的立春，斗柄置于寅方，日月会于营室，黄昏时可见东井宿在午，凌晨时可见建星在南，由此开始，每十日为一旬，每三月为一季，每四季为一年。通过这种方式，每月依次展开，周而复始，可与日历相互参验，以确定气候的变化。这样就可以做到授时于民，使农事有了时间准则，这就是“顺天之时”。

按月来授农时，取天地南北的中气作为标准，但并不是将之作为适宜于一切地区的标准。这就是说，图中所列各月农事，只能适用于一个地区，以此为标准，其他地区应当按照本地的特殊情况（远近、寒暖）酌情变更，切不可生搬硬套。也就是说，应将“时”和“地”联系起来，不可将它们作为孤立的因子来看待。

同时，王祯还对此图的“体用”作了说明。他认为，世界上的一切事物都是根据时节的变化秉受了“气”而存在的，事物都是得“气”而发生的。“时”和“气”具有一种系统关联的关系，“时”至“气”至，则生长成为可能。人和其他自然事物一样，都受这一法则支配。“时”“气”对事物的养育是以“节”来成就的。因为阴阳有消长，气候有盈缩，在这种情况下，假如不知时而贸然行事，很少有成功的机会。因此，有必要授时。这就是此图的“体”（根据和理由）。

而此图的“用”（功能和作用）就在于使人“知时”，帮助农民掌握天时以搞好农业生产。因此，王祯建议，农民当每户购置一图，根据日历参验此图，以决定农事活动的先后、轻重、缓急的次序。这样，每个月该干什么农事，都可了如指掌。而这就是此图叫作“授时指掌活法之图”的缘由。

（2）用农谚将二十四节气固定下来以掌握农时

用农谚来讲述二十四节气及每个节气应从事的农作，从而将二十四节气以口传的形式固定下来，也是我们祖先掌握农时的一种重要方法。农谚具有生动、形象、直观的特点，因此，便于记忆，成为一种极为简单、实用的“知时”方法。这样，农谚也就世代流传了下来。关于整个二十四节气，我们可以这样概括：“春雨惊春清谷天，夏满芒夏暑相连，秋处露秋寒霜降，冬雪雪冬小大寒。上半年逢六廿一，下半年逢八廿三。每月两节不变更，最多相差一两天。”而具体的农谚更多了。如我国北方地区讲，“小满前后，安瓜点豆”，“秋分早，霜降迟，寒露种麦正当时”；南方地区讲，“冬至菜花年大麦”，等等。这样，二十四节气就从天文学和气象学成就转化为生态农学原则，成为指导农业生产的重要方法。这些农谚不但实现了天文学、气象学和农学的统一，而且实现了理论和实践的统一。

（3）通过直接观察物候来掌握农时

上述几种方法对于普通农民来说还是不太简易、实用，劳动人民早在实践中就发明了通过物候来掌握农时的方法。

正因为物候是“天时”和农事之间的中介，所以，人们可以通过物候来把握“天时”，并以此来指导自己的农业生产。如《吕氏春秋·士容论·任地》篇中讲：草类到十月时枯萎凋零。冬至后五十七天，菖蒲这种草开始萌生（它是草类中最先萌生者），这时便应该开始收获大麦了。到了夏至，当苦菜枯死、蒺藜长出来时，就该种植麻和小豆了。这时节告诉人们，一年中种地的宝贵时节已经到了尽头。秋分，豨首生出来时，谷子便黄熟了，这时就该进行收打蓄藏了。这个时节告诉人们，一年的农事已基本结束了。因此，可得出一种将物候运用于农业生产的一般法则：一年四季，见到某种草类萌生，就要种植在这时萌生的农作物；见到某种草类枯死，就要收获正在这时成熟的农作物。可见，百草的生死可成为农事的依据。[1]我们可以将《吕氏春秋》的上述认识用表4–10表示如下：

表4–10　　　　物候指示农时表

节气	物候（草）	农事	总结
冬至后五十七天	菖蒲开始萌生	开始耕地	
孟夏（四月）下旬	荠、葶苈、菥蓂枯死	收获大麦	
夏至	苦菜枯死，蒺藜长出	种植麻和小豆	一年中种地的宝贵时节已过
秋分	豨首生长	谷子黄熟，收打蓄藏	一年的农事已毕

在我国的田园诗中，也多有通过咏物候而示农时的诗篇。如通过咏春雨、新草芽、惊雷而指示春时，提醒人们要搞好春耕，唐代韦应物的《观田家》就属于这样的诗：“微雨众卉新，一雷惊蛰始。田家几日闲，耕种从此起。”通过咏莺飞草长而指示夏时，提醒人们要加强田间管理，宋代王安石的《初夏即事》就属于这样的诗：“石梁茅屋有弯碕，流水溅溅度两陂。晴日暖风生麦气，绿阴幽草胜花时。”通过咏鹖鸣、竹鸡而示秋时，提醒人们要加紧秋收，宋代张舜民的《打麦》就属于这样的诗（词）：“鹖鸣催人夜不眠，竹鸡叫雨云如天。大妇腰镰出，小妇具筐逐。上垄先捋青，下垄已成束。”

而在我国广大的农村地区，至今还在运用物候来指导自己的农业生产，这体现在一系列的农谚里。如北方讲“榆钱儿黄，种谷忙”，南方讲“知了叫，割早稻；知了飞，堆草堆”。由此可见物候的价值和生命力。

---

① 《吕氏春秋·士容论·任地》得出的结论是：“五时见生而树生，见死而获死。”

通过这些雅、俗兼有的方法，“农时”就成为人们手中掌握的东西，人们可以按“时”安排自己的农事。

3. 农业生产的季节节律

由于农作物具有极强的季节节律，因此，农业生产也呈现出一定的季节性，也就是说，人们要根据季节的变化来合理安排农业生产，使农业生产能够利用大自然提供的各种便利条件来获得丰收。

（1）在农业生产的各个环节都要贯彻“顺天之时”的要求

农业生产的四个步骤（播、耘、收、藏）是根据四时（春、夏、秋、冬）的变化来安排的，一般来讲，春播、夏耘、秋收、冬藏是构成农业生产的季节节律的基本内容。但在具体操作过程中，人们可根据各地的情况、作物的品种进行适当调整，或可以巧用“天时”以达到丰产的目的。春天一到，就要抓紧播种，切不可耽误“春时”，正如俗语所讲的，“一日之计在于晨，一年之计在于春”。因此，为了抓住春天的大好时机，应努力劳动，“冬月北风叫得尖，腊月寒气添……正月里修耒头，二月里忙下田，女人孩子一齐干，送汤送饭上垄边”[①]。但是，农作物的生长期是不同的，它们对阳光、温度、热度、雨水的需要也是不同的，土壤的状况也是不同的，因此，人们可以在同一块农田上错开时间进行复种，如夏收农作物成熟后接着种冬收或春收农作物，或秋收农作物成熟后接着种春收或夏收农作物，这样，人们就改变了一年一作的制度，实行二年三熟或三年四熟，甚至

① 原文为：“一之日觱发，二之日栗烈。无衣无褐，何以卒岁。三之日于耜，四之日举趾。同我妇子，馌彼南亩，田畯至喜。”（出自《诗经·国风·豳风·七月》），白话译文为余冠英先生今译。

一年两熟。夏天一到，就要抓紧时间进行田间管理，如间苗、锄草、浇水、松土等，“锄禾日当午，汗滴禾下土”不正是这种情况的生动写照吗？人们对不同的农作物采取不同的田间管理方法，如陈敷《农书·六种之宜》中讲：人们三月种下早麻后，等到它刚一裂开外壳时，就开始耘锄，以便间苗；一月当中锄三次，麻就长得很茂盛；到七、八月间，麻就可以收割了。秋天一到，人们就要开始准备秋收了，对秋收更不能马虎，必须抓紧时间，不是有“收获如寇盗之至”的说法吗？因此，秋日更是一片忙碌景象，“九月垫好打谷场，十月谷上仓。早谷晚谷黄米高粱，芝麻豆麦满满装。咱们这些泥腿郎！地里庄稼才收起，城里差事又要当”①。但是，各种农作物的生长特性和成熟特性是各不相同的，因此，在收获中应掌握好适时收获的标准。对于容易脱料的农作物，如小豆、胡麻等，要适当早收，这样，可以利用它们的后熟特性，避免因迟收而造成的损失。有的农作物收获必须适时，如谷和麻，过早或过晚就会影响产量和品质。对于成熟期不一致而又不易脱粒的农作物,可以适当晚收，如黍、大豆等，这样可以使它们成熟一致、籽粒壮实。在冬季，除了要继续做好收藏工作外，还得为来年的农业生产作准备，如选种、维修农具等。这样，农业生产的整个过程就与自然界的季节节律合拍了，农业生产也具有了季节节律，而这正是农业获得丰收的关键。②

---

① 原文为：“九月筑场圃，十月纳禾稼。黍稷重穋，禾麻菽麦。嗟我农夫，我稼既同，上入执宫功。”（出自《诗经·国风·豳风·七月》），白话译文为余冠英先生今译。

② 宋代农学家陈敷对之进行了这样的总结：“种莳之事，各有攸叙。能知时宜，不违先后之序，则相继以生成，相资以利用，种无虚日，收无虚月，一岁所资，绵绵相继，尚何匮乏之足患，冻馁之足忧哉！”（《农书·六种之宜》）

（2）在农业生产的各个部门中都要贯彻“顺天之时”的要求

不但狭义农业（种植业）存在着这种季节节律，而且广义农业（园圃业、蚕桑业、加工业等）也存在着这种季节节律，生态季节节律贯穿于整个农业生产部门。例如，蚕桑业是古代重要的一个农业生产门类，不仅可以满足人们的衣食需要，还具有护宅、提供肥源、提供动物饮料等多方面的功能。蚕桑业也是按照春生、夏长、秋收、冬藏的节律运行的，“七月火星向西沉，八月苇秆好收成。三月里修桑条，拿起砍柴刀，太长的枝儿都砍掉，拉着嫩枝儿绑绑牢。七月里伯劳还在嚷，八月里绩麻更要忙。染出丝来有黑也有黄，朱红色儿更漂亮，得给那公子做衣裳”[①]。再如，狩猎业（畜牧业）也存在着这样的季节节律：春季为动物孕育的季节，因此要保护母畜；夏季为动物的生长季节，因此要保护胎夭、幼畜；秋冬季，幼物开始长成，这时，人们才可以狩猎、宰杀动物。“四月里远子把子结，五月里知了叫不歇。八月里收谷，十月里落树叶。冬月里打貉子，还得捉狐狸，要给公子做皮衣。腊月里大伙又聚齐，打猎习武艺。小个儿野猪给自己，大个儿野猪献公爷。”[②]《吕氏春秋》“十二纪”对农业生产部门的这种季节节律进行了总结，根据季节的变化，将每个月该干的各种农事都记录下来，以此来形成指导农业生产的日程表。通过表4–11可以清楚地看出季节节律在农业生产整个部门中的影响。这些措施同时也具有保护自然的意义。

---

① 原文为：“七月流火，八月萑苇。蚕月条桑，取彼斧斨。以伐远扬，猗彼女桑。七月鸣鵙，八月载绩。载玄载黄，我朱孔阳，为公子裳。”（出自《诗经·国风·豳风·七月》），白话译文为余冠英先生今译。

② 原文为：“四月秀葽，五月鸣蜩。八月其获，十月陨箨。一之日于貉，取彼狐狸，为公子裘。二之日其同，载缵武功，言私其豵，献豜于公。”（出自《诗经·国风·豳风·七月》），白话译文为余冠英先生今译。

表4–11　　　　农业生产各部门的季节节律

月份	农（种植业）	林（含蚕桑业）	牧（养殖业，含狩猎）
孟春	辨析土宜，确定适宜种植的作物	禁止伐木	禁止杀幼兽和母畜
仲春	保护萌芽， 整修农舍	禁止焚烧山林	禁止放干池塘的水
季春	苗芽出齐	禁伐桑柘，劝勉蚕事，分茧称丝	牛马交配，统计牲畜头数，严禁田猎
孟夏	收麦。驱逐野兽，以免它们伤害五谷	蚕事已毕，禁伐大树	禁止大规模的田猎
仲夏	收黍		分群放牧怀孕的母马
季夏	锄杂草，干后烧成灰，就雨水肥田	禁伐树木，收获芦苇	收割喂牲畜的刍草，捕捞鱼类
孟秋	收谷，开始准备收粮入库		
仲秋	种麦，挖地窖，修粮仓。		
季秋	收稻，农事完毕	伐薪为炭	天子开始田猎
孟冬	收藏		捕捞鱼类
仲冬	收藏	采摘野生草木果实，以补食用	禁止将牛马禽兽放牧在外，田猎
季冬	选种，修犁，计划耕作	砍伐薪柴	捕鱼

（3）在农业生产过程中所采用的各种技术手段都要贯彻“顺天之时”的要求

在整个农业生产过程中，人们都得运用各种技术手段来促进农作物高效地利用自然界提供的物料、能量和信息，但各种技术手段的运用都得贯彻“顺天之时”的要求。例如，施肥是农业生产中常用的一种技术手段，一方面可以维持地力，使土壤资源可以持续为人利用；另一方面又可以为农作物提供营养，使农作物健康地成长。但施肥也有一个时间节律，除了春播时要上基肥和种肥、夏耘时要上追肥外，还应根据不同的季节施用不同的肥料，春季适宜施人粪，夏季适宜施草粪、泥粪和苗粪，秋季适宜施火粪，冬季适宜施骨粪和皮毛粪。这是因为，农作物在各个季节所需要的热量不同，而这些粪可满足这些需求。[①]再如，耕作也是一种重要的田间管理措施，一般来讲，冬耕宜早，春耕宜迟，这当中就存在一个时宜问题。冬耕宜早，早要早在冬至之前，这是因为，冬至之前，地中阳气未生，早耕不会损阳。春耕宜迟，迟要迟在春分之后，这是因为，春分之后，阳气生于土的中部，晚耕可使阳气不得上泄。这也就是说，冬耕要赶在地封闭之前进行，春耕要等到地解冻之后进行，这样，耕耘就和时令合拍了，可以起到事半功倍的效果。另外，人们还可以根据季节的变化，选用下子、扦插、栽种、接换、压条、移植、分栽、浇培等农业技术手段，种植适合各个时令的农作物，这样，顺应天时在农业生产中就获得了更广泛的内容。

可见，农业生产本身确实是存在着一定的季节节律的，不过，它的结构却不是单一的。受《吕氏春秋》影响，“月令体”成为中国农书的一大特色（按月将每个月应进行的农事记录下来，以便农业生产依序进行，如汉代崔寔的《四民月令》、唐代韩鄂的《四时纂要》、清代的官方农书《授时通考》等），而“通书”也具有类似的性质。

① “时宜者，寒热不同，各应其候。”（郑士铎：《〈知本提纲〉注》）

四、“顺天之时”的价值和意义

中国农家的季节意识具有丰富而深刻的内容。季节意识是中国农家思想极其重要的组成部分，在人类的时间学说史上占有相当重要的地位。

1.“顺天之时”的科学价值和理论思维意义

作为农家季节意识的“顺天之时”是一个多维结构的运行过程，从大的方面来看，实现了科学和社会的统一；从科学方面来看，实现了天文学、气象学、物候学和农学的统一，而生态学是这种统一的基础；从社会方面来看，实现了生产和生活的统一，民本主义是这种统一的基调。因而，中国农家的季节意识极具辨证思维意义。

在科学上，农家的季节意识对农业生态系统的时间特性（农业生态系统的季节节律）作出了深刻、具体、丰富、灵活的把握，它以保证农业生产为目标，将天文学、气象学、物候学和生态学都看作为人类的生产和生活服务的科学，在生态学的基础上将天文学、气象学、物候学和农学统一了起来，从而用广义生态学武装了中国农学和中国农业，将中国农学提高到了生态农学水平，使中国农业获得了持续发展的后劲。

在理论思维水平上，中国农家的季节意识体现出了辩证思维的特点。具体来讲：

第一，中国农家所理解的“时”具有客观性的特征，客观性是农家季节意识的首要特点。虽然农家将“天”冠在了“时”之前，但他们所说的“天时”并不是指天意或其他什么超自然的东西，而是有实实在在的内容的，指的是星光灿烂的天宇及其运行过程，日月星辰的运行是时间流而复始的基本根源。同时，农家认识到，人类的农业生产和农业管理必然要受“天时”的约束和支配，“天时”是人类活动的既定前提和条件，“顺天之时”是农业生产和农业管理的基本原则。人虽然有智慧，但这种智慧不得违逆天时，否则，即使你聪明绝顶，也会是劳而无功的。[①]农家虽然不可能自觉地意识到客观必然性和主观能动性的关系，但他们将“时”和“智”作为一对矛盾的概念提了出来，从而突出了“时”的客观性的特征。而观察的客观性是辩证思维的首要要求或第一个要素。

第二，中国农家所理解的“时”具有系统性的特征，系统性是农家季节意识的一个基本特点。在农家看来，时间决不是一个单一、死板、盲目的结晶体，而是一个多种因素构成的、活的生命机体。时间统摄着“天—地—人”这个三维整体结构中的每一个方面，天体运动、地上运动和人的活动通过时间之流构成了一个整体，而这个时间之流承载着大自然的物料、能量和信息之流，尤其是在能量循环中具有重大作用。中国农家所理解的“时”其实也就是生态学季节节律，指的就是自然界的冷暖交替，而冷暖本身也就是太阳能量的释放和宇宙万物摄取的过程。因而，在科学上，这其实是突出了生态系统的时间特性。在理论思维水平上，则似乎使我们看到了“这个事物对其他

① 《吕氏春秋·孝行览·首时》中讲：“人虽智而不遇时无功”。《农政全书·农事·授时》中讲：“虽有智者，不能冬种而春收。”

事物的多种多样的关系的全部总和”[1]，从而可以帮助我们认识到：世界决不是一成不变的结晶体，而是过程的集合体。

第三，中国农家所理解的“时”具有具体性的特征，具体性是农家季节意识的又一个特点。尽管“顺天之时”具有客观的强制性，但是，人们顺应天时也应根据具体条件来进行，切不可生搬硬套。例如，春播是共同的要求，但由于南北方的纬度相差太大，各地的地势又有高低之别，因此，在具体的种植时间的安排上，应考虑到这些情况。“因地为时”正体现出了农家具体问题具体分析的辩证思维倾向[2]，也就是要求人们在顺应天时的时候应考虑到各地的具体情况，而这才是农业丰收的可靠保障。

第四，中国农家所理解的“时”具有可知性的特征，可知性也是农家季节意识特点。正因为“时”是客观存在的，因而，人们才可以“知时”“识时”“辨时”；而这又是与人们的生产和生活息息相关的问题，因此，人们才有必要“知时”“识时”“辨时”。农家就是这样认同时间的可知性的，他们将能否“知时”摆在了极其重要的位置上，不仅将“知时”看作获得农业丰收的关键，而且将“知时”看作国家存在的基础。[3]这就为从理论到实践的过渡提供了中介。

第五，中国农家所理解的“时”具有实践性的特征，实践性是农家季节意识的重要特点。中国农家认识“天时”，并不是出于对纯宇宙观问题的兴趣，而是直接为农业生产和农业管理服务的。他们不仅将“天时”作为一个宇宙观问题来处理，更重要地是将它作为一个农业生产和农业管理问题来处理；天文学、气象学、物候学、生态学

① 列宁全集：第55卷．北京：人民出版社，1990：190.

② “种禾无期，因地为时”（《氾胜之书》）。

③ “唯圣人知四时。不知四时，乃失国之基；不知五谷之故，国家乃路。故天曰信明，地曰信圣，四时曰正。”（《管子·四时》）

都是为农学服务的，而农学是为农业生产和农业管理服务的。他们将“审时”和“察用”作为一个整体来看待，认为能将二者统一起来加以运用，就可达到至高的思想和人生境界。[①]这不仅体现出中国哲学中注重经世致用、知行合一的传统，也体现出将人的实践活动包含在事物的完满定义中的辩证思维的要求。

第六，中国农家所理解的“时”具有人道性的特征，人道性是农家季节意识的又一个重要特点。与注重时间的实践性相呼应，中国农家往往将“天时”称为“民时”，因为他们知道，只有广大的民众才是农业生产的主体，只有“使民以时”才可能保证农业丰收。农家站在民本主义的立场上来看待时间问题，将能否顺应天时看成一个保障广大民众生活的重大问题来处理，要求统治者不得夺民时、失民时，看到“不违农时，谷不可胜食”所具有的经济和社会价值。[②]这一切都体现了农家社会历史观的进步性。

从农家的时间意识可以看出，农家决不是一个科学技术共同体，而确实是一个思想流派，这个流派具有自己的内在的质的规定性，他们通过对“时”的具体问题的揭示而探讨“时”的形上学特征。与《周易》和《墨经》中的时间观比起来，农家的季节意识只能在其上，而不可能在其下，至少是平起平坐的。因此，我们怎么能认为农家不是百家争鸣中的一个思想流派呢？

2.“顺天之时”的历史和阶级的局限性

在看到农家季节意识的合理性和进步性的同时，我们也应指出它的局限性。农家季节意识的局限性主要表现在以下几点：

---

① “审于时而察于用，而能备官者，可奉以为君也。”（《管子·牧民》）

② 贾思勰在《齐民要术·种谷》中引用了孟子的这一句话，并肯定了它的价值。

第一，农家虽然拒绝超验的上帝，但在对季节意识进行系统化的过程中，他们将“四时”与“五行”联系了起来。在“播五行于四时”的过程中，他们又将上帝纳入了他们的时间结构中，而且形成了一个体系，这就是将春、夏、秋、冬和木、火、金、水联系了起来，使它们围绕着居于中央的土而运转。五行配五色，五行配五音，五行配五德，五行配五帝，所有这些极具阴阳家色彩的东西都纳入了时间结构中，在每个季节、每个月份都有要祭祀的诸神，这样，在农家的时间意识中就形成了一个“众神谱”（具体情况详见表4–12）。

表4–12　　农家时间结构中的“众神谱”

		人格神		自然神		祖先神	农业神
		帝	神	生活物	自然物		
春	孟春	太皞（伏羲氏，木德）	句芒（少皞氏之后，佐木）	户	山林川泽		
	仲春	太皞（伏羲氏，木德）	句芒（少皞氏之后，佐木）	户		寝庙（祖庙）	社（土地神）
	季春	太皞（伏羲氏，木德）	句芒（少皞氏之后，佐木）	户		先帝	
夏	孟夏	炎帝（少典之子，火德）	祝融（颛顼后代，火官之神）	灶		寝庙	
	仲夏	炎帝（少典之子，火德）	祝融（颛顼后代，火官之神）	灶	山川百原		大雩帝（向上帝求雨）
	季夏	炎帝（少典之子，火德）	祝融（颛顼后代，火官之神）	灶	名山，大川，四方之神	寝庙	社稷之神，神农
土		黄帝（少典之子，土德）（轩辕氏）	后土（共工氏之子，佐土）	中溜（土屋的天窗，指室的中央）			

续前表

		人格神		自然神		祖先神	农业神
		帝	神	生活物	自然物		
秋	孟秋	少皞（黄帝之子，金天氏，金德）	蓐收（少皞氏之后，佐金）	门		寝庙	
	仲秋	少皞（黄帝之子，金天氏，金德）	蓐收（少皞氏之后，佐金）	门		寝庙	
	季秋	少皞（黄帝之子，金天氏，金德）	蓐收（少皞氏之后，佐金）	门	四方之神		
冬	孟冬	颛顼（黄帝之子，昌意之子高阳氏，水德）	玄冥（少皞氏之子，佐水）	行（门内之地）		先祖	向天宗祈求来年丰收
	仲冬	颛顼（黄帝之子，昌意之子高阳氏，水德）	玄冥（少皞氏之子，佐水）	行（门内之地）			
	季冬	颛顼（黄帝之子，昌意之子高阳氏，水德）	玄冥（少皞氏之子，佐水）	行	天地神祇（门内之地）	寝庙，山林，名川	社稷

资料来源：据《吕氏春秋》“十二纪”编制。

这可能是阴阳家思想渗透、扩展的结果，也可能是农家在借用阴阳学说描述“时”的过程中，对阴阳学说一味吸收的结果。

第二，尽管农家看到了“时”的流动性特点，但他们所理解的“时”的流动性只不过是像环之循、轮之转之类的东西，“天时”只不过是“日回而月周”的现象，缺乏那种日新月异的革命特点，时间只不过是四季的更迭和轮回。当然，这里确实存在着两种发展观，“认为发展是减少和增加，是重复；**以及**认为发展是对立面的统一”，“第一种观点是僵死的、平庸的、枯燥的。第二种观点是活生生的。**只有**第二种观点才提供理解……旧东西的消灭和新东西的产生的钥匙”[①]。而农家的时间意识恰恰具有第一种观点的性质。

第三，农家只是要求统治者要“使民以时”，但他们并没有要求统治者停止“使民”，只不过是要求统治者用“时”来节制“使”而已，这样就将许行的平等劳动说出卖了。农家要求统治阶级不要夺民时、不要失民时，最终还是为维护统治阶级的长远利益。在农业没有进入资本流通和国际大循环的背景下，农家不可能跳出他们所处的历史环境。

这是我们考察农家季节意识时必须注意的问题。

不管怎么说，瑕不掩瑜，农家的季节意识无论在科学上还是在理论思维水平上，都达到了当时的最高水平。

① 列宁全集：第55卷．北京：人民出版社，1990：306.

第五章 因地之宜——中国农家的土地意识

土地既是自然生态系统中的重要因子，也是农业生态经济系统这个“自然—人工”复合生态系统中的重要因子。土地是由地貌、土壤、岩石、水文、气候、植被等各种自然因素长期相互作用以及人类活动影响所形成的自然综合体，为农作物的成长提供了场所、水分、养料等一系列生态条件，也是作为国民经济基础产业部门的农业的最基本的生产资料和最重要的物质条件。由于中国地大物博，自然地理状况复杂，各地的土地状况极为不同，同一地区的土地状况也千差万别，所以，如何辨识、析别土地的生态状况（中国古代将之称为“土宜”），在此基础上来合理安排农业生产（中国古代称之为“因地之宜”），成为中国农业管理和中国农学研究遇到的一个基本问题。农家对这个问题也作了自己的探讨，形成了一套系统的学说，这就是我们所说的中国农家的土地意识。

一、“因地之宜”的生态学含义和规定

中国古代虽然没有生态学这个名词，但对生态问题却给予了高度重视。在土地问题上，我们祖先是用“土宜”这个概念来揭示土地的生态结构和功能的。

传说中的后稷就善相地宜，能够根据土地的情况来确定适宜种植的作物，因此，他种的作物都生长良好，常获丰收。后人也多是从这个角度来解释“土宜”的。[①]当然，“土宜”中的“土”包括各类土地，“土宜”的概念也比因地种植不同谷物要宽泛得多。但这却反映出我们祖先认识土地生态状况的实用目的——他们是将土壤生态学等一系列科学看成为农业服务、为人类谋幸福的科学。农家继承了这一传统，认为土地在人的生活和农业生产中具有重要作用，是人的衣食的来源和根本[②]，因此，辨析土地的生态状况是直接造福于人民群众生活的大事。农家就是在这一思想的指导下来揭示“因地之宜”的生态学含义和规定的。

农家对“土宜”问题作了诸多丰富、深入而具体的研究，这主要反映在《尚书·禹贡》《管子·地员》，以及《吕氏春秋·士容论》中的《任地》篇和《辩土》篇等先秦农家文献以及后来的农学著作

① 郑玄在注释《周礼·夏官司马·叙官·土方氏》时指出：“土宜谓九谷禾直稚所宜也。”

② “民之所生，衣与食也”，“食之所生，水与土也”（《管子·禁藏》）。

中。从内容上来看，农家主要探讨了以下几个问题：

1. 土地（土壤）的分类和等级

从严格的意义上来说，土地和土壤是两个不同的概念，万物自生自长的地方叫“土”或土地，人们进行耕作、栽培的地方叫“壤”或土壤。但二者之间并不存在严格的界限，土壤是从土地中分化产生出来的，而土壤又提高了土地的生产力功能。如何确定土地（土壤）的分类和等级，这是认识土地（土壤）的生态结构和功能的第一步。

（1）土地（土壤）的分类

尽管农家深入到了分类的层次上来认识和研究土地（土壤），但他们主要是从土地（土壤）的外在表现和功能来进行分类的。这是中国式的“黑箱方法”在土地（土壤）分类问题上的体现。

1）《尚书·禹贡》的土地（土壤）分类法。《尚书·禹贡》将全国九州的土地（土壤）分为白壤、黑坟、白坟、斥、赤埴坟、涂泥、壤、垆、青黎、黄壤共十个种类。这种划分根据的是两个标准：一是土地（土壤）的颜色，这十种土地（土壤）所说的白、黑、赤、青、黄都指的是土地（土壤）的颜色；二是土地（土壤）的质地，这十种土地（土壤）中所说的壤、坟、斥、涂泥、垆、黎都指的是土地（土壤）的质地。将这两个标准作为一个整体来看，就可以得出上述十个种类。从土地（土壤）的质地来看，壤、坟、斥、涂泥、垆、黎的划分，是根据土地（土壤）的疏松度、肥力度、含盐量等物理、生化特征进行的，壤指的是土性和缓、肥美的土地（土壤），坟指的是土性松隆、肥沃的土地（土壤），斥指的是盐渍土，涂泥指的是一种黏质湿土，垆指的是土性刚坚的土地（土壤），黎指的是一种疏松的土地（土壤）。我们用表5-1将这种土地（土壤）分类情况表示如下：

表5-1　《尚书·禹贡》土地分类情况表

土地分类	白壤	黑坟	白坟	斥	赤植坟	涂泥	壤	垆	青黎	黄壤
考证土壤	盐渍土	灰粽壤	灰壤	盐渍土	棕壤	湿土	石灰性冲积土	石灰性冲积土	石灰性冲积土	淡栗钙土

2）《管子·地员》的土地（土壤）分类法。《管子·地员》基本上按照色泽、质地两个分类标准，将“渎田”（平原）的土壤分为悉徒（息土）、赤垆、黄唐、斥埴和黑埴五类。息土指的是冲积土，赤垆指的是赤色、疏松肥沃的土，黄唐指的是沙质、虚脆的土，斥埴指的是棕色黏壤土，黑埴指的是黑色黏壤土。

可以说，《尚书·禹贡》和《管子·地员》代表着农家的两种土地（土壤）分类法。《尚书·禹贡》是从区划的角度进行分类，它将“土”看成划分九州的一个标准，因而，它事实上主要是对土地进行了分类。《管子·地员》是从地理的角度进行分类，它将全国的土地分为平原、丘陵、高山三种类型，而“渎田”指的是平原地区，因而，它事实上主要是对土壤进行了分类。但不论从哪一个方面，它们对土地（土壤）的分类，都不是着眼于纯生化性能的角度进行的，而主要着眼于土地（土壤）对人的有用性。

（2）土壤的等级

农家在看到土地（土壤）存在着色泽、质地的差别的同时，还看到土地（土壤）也存在着生产力高下的不同，而这就涉及如何确定土壤等级的问题。

1）《尚书·禹贡》的土壤等级划分法。《尚书·禹贡》将九州的土划分为三大级九小级，属于第一大级（上）的有雍州的黄壤（上上，第一小级）、徐州的赤埴坟（上中，第二小级）、青州的白坟和斥（上下，第三小级），属于第二大级（中）的有豫州的壤和垆（中上，第四小级）、冀州的白壤（中中，第五小级）、兖州的黑坟（中下，第六小级），属于第三大级（下）的有梁州的青黎（下上，第七小级）、荆州的涂泥（下中，第八小级）、扬州的涂泥（下下，第九小级）。

2）《管子·地员》的土壤等级划分法。《管子·地员》根据土壤的生产力（肥力，田里的出产），将全国的土壤划分为上、中、下三等共十八个小级。五粟、五沃、五位这三种土壤品位最高，五蘟、五壤、五浮仅次于上述三类，但出产差它们十分之二；差前三类十分之三的有五怸、五垆、五壏三类土壤；差前三类十分之四的有五剽、五沙、五塥三类土壤；差前三类一半的有五犹、五壮两类土壤；差前三类十分之六的有五殖、五觳两类土壤；而五凫、五桀这两类土壤差前三类竟达到十分之七。现将《管子·地员》对土壤等级的划分情况用表5-2表示如下：

表5-2　《管子·地员》土壤等级划分情况表

级别	上土（上等）					
土壤名称	五粟	五沃	五位	五蘟	五壤	五浮
色泽	赤、青、白、黑、黄	赤、青、白、黑、黄	五色杂英	黑		
土壤性状与特征	冲积土，温而不黏，干而有润，不泞车轮，不污手足	湿润肥沃，多孔隙，疏松，有蚯蚓	土肥，干而不裂，色青细密，不结块、不粉散	有杂质，青疏而肥沃，粉解若灰	土壤粉细，含有水分	杂有沙粒而保藏水分，且不离不裂
地力级差				差前三类十分之二		

续前表

级别	中土（中等）					
土壤名称	五恋	五垆	五壏	五剽	五沙	五塥
色泽				青白		
土壤性状与特征	土状轻疏，但能保持水分	强力刚坚	粉然如糠，疏松而脆	粉状、轻散	粟然如碎米，细土与粗粒夹杂	有砾石的土，不耐水旱
地力级差	差前三类十分之三			差前三类十分之四		
级别	下土（下等）					
土壤名称	五犹	五壮	五殖	五觳	五凫	五桀
色泽		赤	土黄			
土壤性状与特征	土状如粪	状如红土	细密黏土	贫瘠，不耐水旱	坚脆而多盐质	海滨盐碱土，咸而苦
地力级差	差前三类十分之五		差前三类十分之六		差前三类十分之七	

从上可以看出，《尚书·禹贡》和《管子·地员》划分土壤等级的标准是不同的。尽管《尚书·禹贡》本身没有交待其划分标准，但根据全篇的主旨和内容来看，它主要是从方便治水的角度来划分的，从第一级到第三级，各州的地势是逐渐降低的，治水工作的难度逐渐增大，第一级的土壤不易遭受水涝，第三级的土壤则最易遭受水涝。而《管子·地员》是从土壤肥力的角度划分土壤等级的。这两类划分都是立足于土地为人利用的角度，前者着重于解除水患，从而使人们选择在适宜的条件下进行生产；后者着重于土地的出产，从而使人们有可能满足自己的需要。

农家对土地（土壤）的分类和等级的划分，为人们进一步认识“土宜”，合理利用和管理土地资源，有效地协调农作物和土壤的关系、人和土地的关系，提供了一个良好的起点。

2. 土壤的地理构成和特征

土壤是地球表面的主要构成部分之一，是会随着地理条件（地形、地势等）的变化而变化的，由此呈现出土壤的地理构成和特征。认识土壤的地理构成和特征，是认识“土宜”的内在构成部分，只有这样，人们才可以实现“因地”这一步骤。

（1）土壤的区划构成和特征

中国幅员辽阔，地理状况千变万化，这就给生产和管理带来了一定的麻烦，因此，有必要进行地理区划。各地的地理条件极为不同，因此，各地的土壤情况也千差万别，各地的经济地理状况也随之而变化。这样，土壤也呈现出一种区划构成的特征。

《尚书·禹贡》根据全国的山脉分布、河流走向，将全国划分为冀、兖、青、徐、扬、荆、豫、梁、雍九州，九州的排列从北（冀）开始，中经东南、南、西，又回到了北（雍），由此构成了一个整体。这就是“禹别九州”的含义（古人认为这是大禹治水的先后次序）。而九州的土壤分布各不相同：冀州白壤，兖州黑坟，青州白坟、海滨广斥，徐州赤埴坟，扬州和荆州涂泥，豫州壤、下土坟垆，梁州青黎，雍州黄壤。与各地的土壤分布相适应，各州的经济地理分布情况（如农作物、果树、经济林木、动物资源、金属矿产等）也明显存在着地域差异，因此，土壤的级别不同，而这就成为人们制定贡赋等级的依据。这就是“任土作贡”的含义。尽管各州之间的地形、土壤、经济资源分布不同，但各州之内的地形、土壤、经济资源分布却存在着一种内在关联，它们由此构成了一个具有内在关联的整体——土壤生态系统。

从区域的角度来区分“土宜”，辨析、识别各类土壤生态系统，这是中国传统文化的一个重要特点。《尚书·禹贡》之后，《周礼·夏官司马》根据东南西北四个方位，也将全国分为九州，九州的土地河川、特产民情、农牧特长也是各不相同的，但各州的上述因子彼此又存在着一种内在关联，它们之间具有一种整体性。这是中国式系统思维的又一体现。

（2）土壤的地势构成和特征

地表土壤的分布是随着地势的变化而变化的，因此，在不同的地势条件下，土壤的性能是极为不同的，而这对经济资源分布也产生着制约作用，这样，土壤也存在着一种地势构成的特征。

《管子·地员》根据全国的地势状况，将全国的土壤划分为“渎田”①、“坟衍”②和“山之上”③三种类型。这三种地势条件下的土壤极为不同，“渎田”主要分布着息土、赤垆、黄唐、斥埴和黑埴五种土壤，而“坟衍”具有十五种类型，“山之上”有五种类型。由于地势的变化，各种土壤条件下的地下水资源分布也是不同的，“渎田”的水资源易得而且水质好，“坟衍”的水资源则难得，“山之上”的水资源随着海拔的升高而逐渐难得。由于地势的变化，这三类地势条件下的经济资源的分布也存在着差异，这种状况对人类的生产和生活也产生了制约。《管子·地员》提出，全部土壤类别为九十，可以种三十六种谷物。总之，各种地势条件下的土地资源的分布是不同的，由此形成了水资源分布、动植物资源分布的地势差异，但每一类型的地势条件下的土壤、水资源、动植物资源却存在着一种内在的关联，

① 原文为“渎田息徒”，疑是河川沃土。
② “坟衍”或作“坟延”，介于丘陵与厚隰之间，通可归为丘陵之地，即坡地。
③ “山之上”即山上面的土地。

它们由此形成了一个土壤生态系统。我们仅从平原地区的情况就可以看出这一点。我们用表5-3将平原地区的土壤生态情况表示如下：

表5-3　　　　　　　　“渎田”土壤生态情况一览表

土壤名称		息土	赤垆	黄唐	斥埴	黑埴
土壤地理	土壤性质	冲积土	赤色、疏松、刚强、肥沃的土	沙质虚脆	棕色黏壤土	黑色黏壤土
	等级	最上	最上	下等	中等	上等
农业资源分布		适宜种植各类谷物	适宜种植谷物麻类	适宜种植黍、秫	适宜种植菽（大豆）、麦	适宜种植稻、麦
植物资源分布	草	楚棘（荆棘）	白茅、雚	黍、秫、茅	萯、雚	苹、蓨
	木	蚖蓄、杜松	赤棠	櫄、桑	杞	白棠
地下水资源分布	名称	五施（施为长度单位，合七尺）	四施	三施	再施	一施
	深度（尺）	35	28	21	14	7
	色质	水泉苍色	水白而甘	黄而有味	赤而碱多	水黑而苦
	音	对角口呼喊发出的回音为“中角”	中商	中宫	中羽	中徵
人类生产和生活方式		体格强壮	人民多寿	民多流徙。常有水灾，应划为泽国	民多流徙	

从地理地势分布的角度来区分“土宜”，辨析、识别不同种类的土壤生态系统，这也是中国传统文化的一个特点。《管子·地员》之后，《周礼·地官司徒·大司徒》中提出了“以土会之法，辨五地之

物生”的方法，将全国地势分为山林、川泽、丘陵、坟衍、原隰五种类型，对每种类型土地上的动植物和人口生态状况进行了考察，这五种类型土地的动植物和人口生态状况是各不相同的，但每一类型土地上的动植物和人口生态状况又存在着生态关联。因此，所谓“土会之法”也就是根据地势来区分土壤生态情况的方法。这同样体现着中国式的系统思维。

农家关于土壤地理构成和特征的思想，为在农业生产和农业管理中合理利用土地资源提供了科学说明。

3. 土壤的生态地植物结构和特征

土壤和植被相辅相成，紧密相关。土壤提供了地面植物进行光合作用所需要的水、肥、气、热和各种植物赖以生存的环境条件，从而为人类提供大部分初级生产力及由此而得到的次级生产力，而植物本身也参加着土壤中的生物地化循环。土壤和以土壤为基质的植物种群，形成多种多样的生态环境，构成了生物圈中的重要一环。

（1）土壤的生态地植物的地势构成

植物的类型往往是由它赖以生存的土壤的类型决定的，这一特征在地势上也有表现。也就是说，不同的植物也是按土壤的地势的高低分布的。

在农家看来，由植物和土壤的结合而构成的生态系统，是按照地势的高低分布的。在不同的地势情况下，会出现不同的生态地植物系统。接着，农家列举了荷、菱、水葱、蒲、芦苇、芄兰、蒌蒿、扫帚草、艾蒿、薜荔、益母草、白茅等十二种植物来说明这个问题。只有叶的荷比菱的生长地域低，菱比水葱的生长地域低，水葱比蒲的生长地域低，蒲比芦苇的生长地域低，芦苇比芄兰的生长地域低，芄兰比蒌蒿的生长地域低，蒌蒿比扫帚草的生长地域低，扫帚草比艾蒿的生长地域低，艾蒿比薜荔的生长地域低，薜荔比益母草的生长地域低，益母草比白茅的生长地域低。可见，这些植物是分为十二个等次的，由于它们的等次不同，它们所依附的土壤也是不同的。

在此基础上，农家将土壤的这一生态地植物结构概述为：土壤和植物构成的生态系统，具有一种按地势高低排列的结构。与土壤地势高低的差异相伴随的是，植物和土壤构成的生态系统也是各不相同的。不同的植物要求有不同的土壤环镜，因而它们在土壤上的分布也有一定的等级结构。[①]可见，农家已经能够站在生态学的高度来看待土壤问题了，将植物和土壤的关系看成一种具有内在关联的整体。上述论断极具植物生态学和土壤生态学意义。

（2）土壤的生态地植物的生产力构成

由于土壤在物理结构和生化性能上存在着特殊性，所以形成了不同类型和等级的土壤，它们在生产力上存在着高低之别，这种情况对植物的分布也产生着直接的制约和影响。

农家从土壤的生产力（肥力）的角度对全国的土壤进行了划分，将它们区分为三等十八类九十种。每一种土壤都有其固定的特征，而土壤的种类又是有等次的，因此，分布于土壤上的植物的性能是存在着差异的。植物依据土壤肥力而产生性能的差异，对人们的农业生产方式产生着重大的影响，因为人们只能根据上述情况来安排农业生产。上等土壤三类三十种，土壤的生产力程度最高，分布的草木资源最为丰富，因此，上等土壤的农业结构也最为合理、有序，种植的粮

① “凡草土之道，各有谷造（注：即次第，等级），或高或下，各有草土。”“凡彼草物，有十二衰（注：即等级），各有所归。”（《管子·地员》）

食作物品质好、产量多；草类资源还可以药用，木类资源还为形成园圃业提供了基础。这种环境下的水资源分布丰富，而且水质良好。生活在这样良好生态环境中的人，在人种特征上也具有很强的优越性。随着土壤肥力的递减，草木资源在中下等土壤间的分布开始减少，农作物的品质也逐渐退化，农业生产力在逐步降低。我们仅通过表5–4所示的上等地的情况就可以看出上述关系：

表5–4　　土壤的生态地植物的生产构成情况表

土名	农业生产		自然资源			人
	种植业	园圃业	草	木	水	
五粟	大重、细重（二谷物品种），白茎白花。适宜种植各种谷物	桑柘茂盛，泽多鱼，牧牛羊	香草可药用，为民喜爱。宜生草类9种	适宜各种树木生长，树木茂盛，树干直长颀美。宜生木类5种	泉黄白	容颜俊美
五沃	大苗、细苗（二谷物品种），穗黑秆长	果树颀美、长大，泽多鱼，牧牛羊	草木畴生。宜生草类4种	适宜各种树木生长，条目长直。宜生木类10种	泉白青	体格健壮
五位	大苇无、细苇无（二谷物品种），红秆白穗	桃、桑，果实大	群药可防止人民患疾病，宜生草类17种	树木茂盛。宜生木类6种，林中鸟兽安居，多麋鹿	泉青黑	性廉、少事、少食
五蘟	大垒葛、小垒葛（二稻品种），赤茎黄花，谷实裂开，其叶如菀	蓄植果木				

续前表

土名	农业生产		自然资源			人
	种植业	园圃业	草	木	水	
五壤	大水肠、细水肠（二稻品种），赤茎黄花，水旱均宜	蓄植果木				
五浮	大隐忍、细隐忍（二谷物品种），黑茎黑花，各地均宜	蓄植果木				

在此基础上，《管子·地员》将土壤的这一生态地植物结构概述为“九州之土，为九十物。每州有常，而物有次”。而后代农学家也多是沿着这个方向来揭示农作物与土壤的生态关系的，他们看到具有不同肥力的土壤适宜种植不同的农作物，而这就是农业生产中所讲的“因地之宜”的含义。①从土壤的生产力的角度来看待植物和土壤的关系，这说明农家对土壤生态结构和功能的认识更为深入了。

农家关于土壤的生态地植物结构的特征的思想，成为在农业生产和农业管理中贯彻“因地之宜”思想的科学基础。

这样，农家通过对土壤的分类和等级、土壤的地理构成和特征、土壤的生态地植物构成和特征的揭示，较为详尽地从生态角度说明了“因地之宜”的含义和规定。而这些其实就是生态系统的空间特性的反映，“生物与环境的关系在空间上反映的主要形式之一是分布配置和生活型。自然环境的地势、气候、水分、岩石、底土、土壤、植被、

① “黄白土宜禾，黑坟宜麦与黍，赤土宜菽，污泉宜稻，所谓因地之宜也。”（王祯：《农书·农桑通诀·播种》）

动物、微生物等一系列因素综合作用，相辅相成，形成整体。生物的分布是环境因子综合作用限制的结果，也是生物适应的结果”[①]。农家的说明虽然没有达到这样的科学说明程度，但确实为人们合理利用、开发和管理土地资源提供了生态学上的说明，从而进一步使生态学成为为农业生产和管理服务、为人类谋幸福的科学。

二、作为农业管理原则的“因地之宜”

土地是中国传统社会主要的（甚至可以说是唯一的）生产资料，如何合理而有效地管理土地资源是直接关系到国计民生的大事，因此，从国家水平上来加强土地管理，不但成为农业管理的主要（在某种意义上可以说是唯一）任务，而且是中国传统社会的行政管理的主要任务。究竟应该如何管理土地资源，各家各派都提出了不同的学说，而农家要求在土地管理中也要贯彻“因地之宜”的原则，将“因地之宜”看作农业管理的基本原则。

1.“均地分力”的土地制度说

土地是农业生产的对象和基础，而农业是中国传统社会的财富的唯一来源，因此，只有从国家水平上来控制土地，才能有效地行使农业管理的职能。农家主张“均地分力”的土地制度说。

① 普通生物学专题汇编：下册．北京：北京大学出版社，1981：272.

（1）“均地分力”说形成的背景和根据

战国时代，我国的土地所有制关系处于矛盾的状况之中，成为制约社会生产力发展的严重障碍。一方面，旧有的井田制已开始瓦解；另一方面，新的土地所有制关系还未确立。这样，人们围绕建立什么样的土地所有制，不但进行着激烈的政治斗争，而且也进行着尖锐的思想斗争。

孟子力主维持、恢复井田制，井田制是他心目中的理想的土地所有制，他还提出了种种办法企图完善这一制度。井田制是我国原始社会解体至秦汉之前的一种土地所有制。在西周，全部土地（包括依附于土地之上的奴隶）归最高奴隶主头子——天子所有。天子将自己所辖土地以外的土地分封给诸侯，诸侯又将自己所辖土地以外的土地分封给卿大夫。所分封土地面积的大小，按照礼的规定，应该和贵族的等级地位相称。各级奴隶主对分封到的土地享有世世代代的实际占有权，但天子拥有所有权，不得自由买卖、转让和随意开垦土地。当时，土地被划分为类似井字形的方块田，所以称为“井田”。井田既是分封时的计量单位，又是奴隶主强制奴隶劳动的计量单位。到了战国时代，井田制已成为生产力发展的桎梏。但孟子出于自己的政治理想，认为井田制是唯一适合于“仁政”的土地制度，对井田制的合理性进行了论证。孟子认为，实行“仁政”，必须从清理和恢复井田的疆界做起。疆界不正，井田就不均，俸禄的分配也就不公平，因此，暴君污吏一定要毁坏井田的疆界。井田的疆界如果正了，分封土地、制定俸禄就可以毫不费力地确定了，这样，就能实行“仁政”。①同时，孟子还对井田制的具体构成作了说明：一平方里为一井，一井九百亩，当中一百亩是公田，周围人家都各有私田一百亩；八家共同耕种公田，将公田的出产全部交给土地所

① “夫仁政，必自经界始。”（《孟子·滕文公章句上》）

有者；只有公田上的农事完了，才敢干私田上的农活，用来养活劳动者及其家属。这样划分井田也体现出一种公平（仁政）的原则：八家离公田的距离是相等的，上公田干活所用时间和路程是一致的。孟子认为井田是用来区别野人的地方[①]，这就暴露出了他的阶级局限性。同时，孟子还提出了种种方案，欲图完善井田制，这就是：围绕五亩住宅，种桑、养畜、治田，形成一个自成系统的生态结构。[②]

而事实上，随着铁制农具的运用，农业生产力获得了空前的发展，井田制的弊病已暴露无遗。孟子本人也看到了这种矛盾：一方面，土地还控制在天子的手中，只有天子有权赏赐土地；另一方面，则有买卖田宅的现象。一方面，国君有田宅拿来分配和安顿外来的客氓（如滕文公安顿从楚国来的许行、从宋国来的陈氏兄弟）；另一方面，暴君污吏本身在破坏着井田制，他们越出井田的疆界而侵吞属于"集体"所有的土地。在这种情况下，要求土地私有化已成为大势所趋，一些进步的思想家都在为推动土地私有化而呼喊、努力着。荀子要求"分田而耕"（《荀子·王霸》），要求统治者将土地转让给农民经营。商鞅要求"制土分民"（《商君书·徕民》），要求统治者毫无保留地分土、分社、分集体，并将之变成了现实。在这种情况下，农家提出了"均地分力"的主张，要求土地私有化（《管子·乘马》）。

可见，农家提出的"均地分力"说是有其深刻的社会背景的。

---

① "方里而井，井九百亩，其中为公田。八家皆私百亩，同养公田。公事毕，然后敢治私事，所以别野人也。"（《孟子·滕文公章句上》）

② "王欲行之，则盍反其本矣。五亩之宅，树之以桑，五十者可以衣帛矣。鸡豚狗彘之畜，无失其时，七十者可以食肉矣。百亩之田，勿夺其时，八口之家可以无饥矣。"（《孟子·梁惠王章句上》）

（2）“均地分力”说的内容和意义

面对井田制的矛盾，如何实现土地私有化，成为当时摆在进步思想家面前的一个重大课题。各家对之的看法不尽相同。

农家首先对井田制的矛盾作了揭露，以此作为自己提出“均地分力”说的前提。农家看到，井田制已成为社会生产力发展的桎梏，再也不能激发起劳动者的生产积极性了。现在许多人共同耕种公田，耕作进度就很慢，因为大家都在消极怠工，想办法藏匿自己的力气。①结果是造成了公田出产不高，甚至出现了禾苗全被野草湮没的情况。在许多国家出现了野草包围农田、田里作物丰收而没有人去收割的现象，老百姓都不愿意在公田里出力，逃亡现象屡屡出现，甚至出现了“民溃现象”，农民在对外战争中乘机溃散逃亡，不战而败。在井田制下，土地是不准进行买卖的，而这时，一些劳力强的家庭在份地之外开垦出了一些耕地，新开垦出的土地属劳动者私有，无租税负担，可以自由买卖，因此，农家提出了“人之开田而耕者几何家”（《管子·问》）的问题。所有这一切现象都说明，井田制已是日暮途穷，该寿终正寝了。

农家不但看到了由“众地”（公田）到“分地”（私有）的客观趋势，而且看出土地私有化在提高生产力、激发劳动者的生产积极性方面具有重大的作用。农家指出，土地私有能够激发劳动者的生产积极性。劳动者起早贪黑，披星戴月，全家老少一齐尽力于耕作，不怕苦，不怕累，甚至不知疲倦，将农时紧紧抓在了手中，“不违农时”成为可能。不仅如此，地利因素也得到了充分利用。②这是因为，分地以

① “今以众地者，公作则迟，有所匿其力也”，“主亦有地，臣主同地，则臣有所匿其邪矣，主无所避其累也”（《吕氏春秋·审分览·审分》）。

② “均地分力”，“是故夜寝早起，父子兄弟不忘其功，为而不倦，民不惮劳苦”，“地利不可竭，民力不可殚”（《管子·乘马》）。

后，农民的生产积极性得到了激发，他们会毫不吝惜地使出自己的全身力气。[①]所有这一切现象都说明，土地私有化（分地）已是旭日东升，该为它接生了。

农家认为，落实土地私有的一项关键措施是要实行“分”的政策。他们将“分”作为落实土地私有化的措施提了出来，而“分”可能有两层含义：一是“与之分货”中的“分”，也就是将土地所有权和经营权适当分离。统治阶级拥有土地所有权，但不再直接经营；农民虽无土地所有权，但拥有土地经营权，可以自由地安排农业生产。这样，才能使老百姓觉得“公平”或“公正”。[②]二是“审其分”中的“分”，也就是要实行分成地租制。农民耕种地主的土地，但并不是要将土地的所有出产都交给地主，而是按一定的比例交租，这样，才可以调动起农民的生产积极性。[③]到底这个比例是多少，农家没有提出具体的分成办法。根据《汉书·食货志》的记载，战国晚期实行的是“见税十五”的政策，即农民要把自己劳动成果的一半交给地主。由此看来，当时地主对农民的剥削还是很严重的，但与井田制或徭役地租比起来，这还是一个了不起的进步。当然，这种土地私有化并不意味着天子丧失了土地的绝对所有权——他往往以国家的名义占有所有的土地。农家所倡导的二“分”法，其实也就是将地租和赋税合为一体的一种方式，正如马克思指出的，“同直接生产者直接相对立的，如果不是私有土地的所有者，而是像在亚洲那样，是既作为土地所有者同时又作为主权者的国家，那么，地租和赋税就会合为一体”[④]，这可能是中国传统社会生产方式的一个特点。

---

① “分地则速，无所匿迟也”（《吕氏春秋·审分览·审分》）。

② “与之分货，则民知得正矣”（《管子·乘马》）。

③ “审其分，则民尽力矣”（《管子·乘马》）。

④ 马克思恩格斯文集：第7卷，北京：人民出版社，2009：894.

这样，在土地私有化的历史过程中，农家和法家都成为历史发展的排头兵，在某种意义上，他们所起的作用几乎是一致的。商鞅倡导“名田宅”的土地私有政策，并通过变法将之固定了下来。农家倡导“分”的土地私有政策，通过影响秦始皇（尤其是吕不韦）也将之变成了现实。公元前216年，秦始皇下令“使黔首自实田”，这就以法律的形式承认了土地私有。这里“黔首”也就是老百姓，“使黔首自实田”就是命令占有土地的老百姓向国家自报占有土地的数额，国家以法律的形式承认土地的私有。当农民的土地私有权受到侵害时，国家将采取措施保护他们的利益，而重要的一条就是保证土地的疆界不变，禁止人们以非法的手段侵占他人的土地。假如说是商鞅揭开了中国历史上的新的一幕的话，农家则将这出戏开始推向高潮。

由上可见，农家所倡导的“均地分力”的土地制度说，也就是一种运用行政手段来充分利用“土宜”的管理方法，并不是要真正实现那种“耕者有其田”的农民理想。

2.“任土作贡”的赋税制度说

赋税是国家为实现行政管理职能，凭借行政、法律手段，获取国家财政收入的一种重要形式。在中国古代，赋税是指国家的强制征课。本来，赋与税是两码事，赋指君主对臣属本身征发的军役和军用品，税指君主对臣属土地征发的财物。后来，赋税逐渐合一，狭义的赋税专指地税和丁税（人头税），广义的赋税还包括山泽税和关市税等。农家要求统治者根据“土宜”来征收赋税。这包括以下几种情况：

（1）根据土壤地势的高低来征收赋税

土壤在地势上存在着高低之别，因而，赋税也应根据这一情况来征收。

“禹别九州”“任土作贡”就是《尚书·禹贡》的全部要害所在。《尚书·禹贡》区别“土宜”，对全国九州的土壤情况进行辨析、识别，其目的就在于为制定“贡”提供生态学上的标准，也就是使人看到“贡”赋的大小是有客观根据的。“贡”是我国最早的一种赋税制度，“贡”法为：上级奴隶主向下级奴隶主授田，下级奴隶主以五十亩为单位向上级奴隶主献纳物品。“贡”法根据连续几年的收成，定出一个平均数，以后无论丰收或歉收，都把这个平均数的十分之一作为农业税的定额，征收规定数量的粮食。但是，随着实践的发展，这一赋税制度的弊病逐渐暴露了出来，这就是：丰收的年头，谷米狼藉满地，多征取一点不算苛刻，却不多征取；歉收的年头，打下的粮食抵不上施肥的费用，却一定要收满定额。因而，“贡”成为一种很不完善的赋税制度。[①]在这种情况下，“任土作贡”就具有了合理性。

《尚书·禹贡》根据全国的山脉分布和河流走向，将全国划分为九州，根据土壤的肥力将这九州的土地分为九等，赋税的等级也分为九等，但田赋等级和土地等级不是一一对应的关系。例如，雍州的土地为上上，是第一等，田赋却是中下，为第六级；扬州的土地为下下，为第九等，田赋却是下上，为第七级；冀州的田赋是上上，为第一级，土地却是中中，为第五等；兖州的田赋是下下，为第九级，土地却是中下，为第六等。为什么“任土作贡”却又出现了这种不对应现象呢？原来，《尚书·禹贡》是根据地势的高低来区分田赋的等级的，地势高的地区不易遭受水灾，因此，田赋等级就要相对高一些；地势低的地区易受水祸，因此，田赋等级就要相对低一些。再参照土

① “夏后氏五十而贡”，“贡者，校数岁之中以为常”，“乐岁，粒米狼戾，多取之而不为虐，则寡取之；凶年，粪其田而不足，则必取盈焉”，治地“莫不善于贡”（《孟子·滕文公章句上》）。

壤的肥力，这样，就将全国的赋税定为九级。可见，《尚书·禹贡》是将“因地之宜”作为征收赋税的一项原则提出来的，要求人们根据地势的高低来定贡赋的级差，同时又要考虑到土壤的肥力。[①]我们将《尚书·禹贡》的这一做法用表5–5表示（见下页）。

（2）根据土地的其他情况来征收赋税

除了地势之外，土壤（农田）还存在着肥瘠、远近的差异，因而在征收赋税时，还必须考虑到土壤的生产力、距离等因素。

土壤（农田）在生产力上各不相同，有的土壤肥力较强，地里出产较多，有的土壤肥力较弱，地里出产较少，因此，在征收赋税时要考虑到土壤的生产力因素。一般来讲，肥田应多征收赋税，瘠田应少征收赋税，这才能体现出公平的原则。假如不问田之肥瘠，税负一样多的话，那么，这种表面上的“公平”其实是一种最不公平的办法。农家在记述孟春之月的农政时指出，君主要在这个月宣布农事政令，内容包括：命令管农业的官员住在东郊，整治田地的疆界，仔细校正田间的小路，认真辨析、识别各种地势，确定各种土质、地形适合种植什么作物，各种粮食应该在什么地方种植，用这些办法来劝民务农。宣布完田地里的事情之后，就应根据土地的“土宜”（主要是生产力）情况来确定税负，这样才能使老百姓心中有数。[②]这种办法其实也就是管仲倡导和实施的“相地而衰征”的办法。“相地”就是考察土地的生产力，“衰征”就是按一定的级差来征税，“相地而衰征”就是根据土地的肥瘠状况及其产出来按一定的比例征收税赋。

---

① “九州之土，物产各异，任其土地所有，以定贡赋之差，既任其所有，亦因其肥瘠多少不同，制为差品”（《尚书·禹贡》，孔颖达疏）。

② “命田舍东郊，皆修封疆，审端径术，善相丘陵阪险原隰，土地所宜，五谷所殖，以教道民，以躬亲之。田事既饬，先定准直，农乃不惑”（《吕氏春秋·孟春季·孟春》）。

表5–5

土地等级与田赋等级对应情况表

（《尚书·禹贡》“地利”情况一览表）

州名	地理区划		土壤情况		农业资源分布				农业管理	
	方位	相当于今日的地区	土壤	考证土类	农作物	果木	经济林木	金属矿产	土地等级	田赋等级
冀州	壶口（山名）至梁山及其支脉	河北西部、北部，山西，河南北部等地	白壤	盐渍土					中中（5）	上上（1）
兖州	济水与黄河之间	山东西部和北部、河南东南部等地	黑坟	灰粽壤			木、漆、桑		中下（6）	下下（9）
青州	渤海和泰山之间	山东东部等地	白坟、海滨广斥	灰壤、海滨盐渍土	葛、大麻		松、山桑		上下（3）	中上（4）
徐州	黄河、泰山及淮河之间	山东南部、江苏北部、安徽北部等地	赤埴坟	棕壤			木、桐、桑		上中（2）	中中（5）

续前表

州名	地理区划		土壤情况		农业资源分布				农业管理	
	方位	相当于今日的地区	土壤	考证土类	农作物	果木	经济林木	金属矿产	土地等级	田赋等级
扬州	淮河和黄河之间	江苏、浙江、安徽南部、江西等地	涂泥	湿土	麻类	橘柚	小竹、大竹	铜	下下（9）	下上（7）
荆州	荆山与衡山的南面	湖北、湖南等地	涂泥	湿土	麻类	橘柚	柘、桧、柏等		下中（8）	上中（3）
豫州	荆山与黄河之间	河南、湖北北部等地	壤、下土坟垆	石灰性冲积土	麻类		漆		中上（4）	上中（2）
梁州	华山南部到怒江之间	陕西南部、四川等地	青黎	无石灰性冲积土				铁	下上（7）	下中（8）
雍州	黑水到西河之间	陕西北部、甘肃等地	黄壤	淡栗钙土					上上（1）	中下（6）

土地（土壤）在地理位置上存在着远近的区别。离城镇或住所近的土地，一方面便于耕作，另一方面也缩短了运输农产品及其他生产资料的路途，因而，生产成本要低一些；离城镇或住所远的土地，一方面不便于耕作，另一方面也增加了运输的路程，因而，生产成本相对要高一些。所以，在征收赋税时要考虑到土地的地理位置的差异。一般来讲，近的地方应多收一些赋税，远的地方的税负则应轻一些，这样，才能体现出赋税的公平原则。假如不问土地之远近，远地、近地交一样的赋税，那么，这种表面上的“公平”其实是一种最不公平的办法。农家在记述季秋之月的农政时提出：季秋之月，农事已基本完毕，要开始征收赋税了。这时，天子就要会合诸侯，召集百县大夫，向他们说明征税轻重的原则。贡赋的数量，要以土地的远近和出产作为依据。赋税是用来满足祭天地、祖先方面的需要，不许有私吞赋税的现象发生。[①]

这样，农家就扩展了作为征收赋税原则的“因地之宜”的内涵。

可见，农家将“土宜”作为征收赋税时要考虑的一个重要因素，要求统治者根据土地的肥瘠、高低、远近等一系列因素和农田的产出来征收赋税，将“因地之宜”也作为征收赋税的一项原则或制度提了出来。这反映出农家在社会历史观上有其进步性的一面，将“因地之宜”作为征收赋税的原则和制度，这其实是主张一种适度剥削论，要求统治者不能太巧取豪夺，应该给农民留一条活路，使农民有能够维持再生产的条件，这与农家民本主义的思想是相一致的。另外，将“因地之宜”作为征收赋税的原则和制度，这与瓦解井田制、促进土地私有化的历史趋势相一致，也与当时各国相继进行的赋税制度改革和变法相合拍，农家关于征收赋税的“土宜”原则有助于确立

① “与诸侯所税于民，轻重之法，贡职之数，以远近土地所宜为度，以给郊庙之事，无有所私。”（《吕氏春秋·季秋纪·季秋》）

土地私有化，既可以为变法鸣锣开道，又可以巩固变法成果。这样，“土宜”就从一个简单的自然观问题转化为了一个重要的社会历史问题。

3.“地为政本”的土地管理说

鉴于土地在农业生产和国家财政收入中的重要性，除了要将土地控制在国家手中之外，还必须将土地管理作为一种专门的行政管理职能固定下来。

（1）专门土地管理机构的设置

封建国家的各级政府都具有土地管理的职能，大小官吏都拥有土地管理的职权，但要将土地真正控制在国家手中，充分发挥“土宜”在农业生产中的作用，从而为国家提供充足的财政来源，还必须设置专门的土地管理机构，责成专人进行土地管理。

农家主张，在农业管理的过程中，应贯彻“因地之宜”的原则，各级官吏要根据天子颁布的农业政令整治田地的疆界，修复田间的道路，而且要辨析、识别“土宜”，要根据土壤的高低、肥瘠、远近来合理安排农事，要根据不同“土宜”来确定种植不同的农作物，并以此来劝民务农。但是，光有这一点还是远远不够的，还必须确立“由田”（治田）这一官职在“王者序官”中的地位。

在农家看来，由田同虞师、司空、乡师和工师一样，是国家行政体制中不可或缺的官职。由田的基本职责是：考察土地的高下，分清各地的自然地理条件，区分丘陵、阪险、原隰等不同地形；辨析土地的生产力，搞清土壤肥瘠的不同；识别土地的出产和适宜种植的作物，使人们在利用土地和进行农业生产时心中有数；根据上述情况来教民种植，让老百姓晓得“土宜”因素在农业生产中的作用；根据一年四季的变化，合理利用和保护土地资源，禁止浪费和破坏土地资源的行业。由此来保证农业生产能够有序地进行。[①]可见，农家确定由田在行政体制中的地位，要求在“王者序官”中确定由田的位置，一方面突出了土地管理在行政管理中的地位，另一方面又突出了由田在管理土地资源中的地位和作用。由田管理土地资源主要是通过运用行政和法律的手段，但这是以技术手段来支持的，考察土地的高下、辨析土地的肥瘠、识别土地的出产等职能都包含着一系列的技术成分在内。因而，又可以将由田看成古代的土壤科学研究机构人员。这就是说，由田本身具有双重的职能，既负责土地资源的行政管理，又承担着土地资源的技术管理职能。

注重从国家行政体制的角度管理土地资源，强化土地管理机构在国家行政体制中的地位和作用，这是中国传统文化的一个特点。而《周礼》曾提出一套详尽的土地管理机构设置意见（见表5–6），这些对于我们今天在“房地产热”下管理土地资源也有借鉴意义。

表5–6　　《周礼》设想的土地管理机构情况表

名称	职责范围	编制情况
大司徒	（1）运用土地资源图调查核实国家土地资源，核实城镇数目，划定疆界，设立社稷场所并植树，植树应视土地情况进行。（2）按照土地类型区分各种类型土地的物产资源状况。（3）按照土地类型及其物产情况，规划民宅，劝民从事农、林、牧等业的生产	卿1人
司书	掌管邦中版图，调查各地物产，统计田野、人口、六畜、山林、川泽的数目等	上士2人，中士4人，府2人，史4人，徒8人

① “相高下，视肥垸，观地宜，明诏期，前后农夫，以时均修焉，使五谷桑麻皆安其处，由田之事也。”（《管子·立政》）

续前表

名称	职责范围	编制情况
原师	掌管天下地名，调查区分各地土地类型及其物产情况，择其宜者封邑	中士4人，下士8人，府4人，史8人，胥8人，徒80人
土方氏	掌管土圭之法，规划民宅，根据土地情况来制定土地使用情况	上士5人，下士10人，府2人，史5人，胥5人，徒50人
职方氏	掌管邦外各地的自然地理和人文情况，如财用、九谷、六畜及人口等	中大夫4人，下大夫8人，中士16人，府4人，史16人，胥16人，徒160人
掌固	负责修固城防、沟池、树渠等事，调配和管理护城、护沟、护渠人员，凡适宜的地方都要植树，要善于利用自然条件	上士2人，下士8人，府2人，史4人，胥4人，徒40人
载师	根据土壤情况来安排土地的国事和经济用处等	上士2人，中士4人，府2人，史4人，胥6人，徒60人
遂人	根据土壤所适宜种植的作物来教民稼穑等	中大夫2人

（2）土地资源的规划利用

在从国家水平上管理土地资源的过程中，有一个如何有计划而又合理地利用土地资源的问题，这就是土地的规划问题。农家强调，“因地之宜”也是土地规划中应该贯彻的一项原则。

1）农用土地的规划原则。土地和土壤是两个不同的概念，要使土地变成土壤，人们必须对其进行垦荒，垦荒是增加农业用地、促进农业生产、增加国家财政收入的一种重要方式。①但人们垦荒不能毫无原则，应按照一定的要求来进行。这些要求除了政治和社会的因素外，还必须考虑自然因素的影响，应根据“土宜”来进行：一是开垦农田

① “实圹虚，垦田畴，修墙屋，则国家富。”（《管子·五辅》）

要选择向阳的地方，这样农作物才能较好地获得光照、温度、热度等生态因子，这就是要考虑“天时”的影响。[①]二是开垦农田要选择土地肥沃的地方，这样农作物才能得到充足的养分，这就是要考虑“地利”的影响。[②]三是开垦农田要选择水资源丰富的地方，这样农作物才能得到足够的水分，这就是要考虑地下水和地表水的分布情况，水也是“地利”的一个构成因子。[③]这样，开垦农田要考虑到一系列因素的影响，要统筹安排。个体的农民只能开垦小片的土地，而大规模的土地开发和利用只能由国家来组织，这样，就不得不全面贯彻上述原则。事实上，由国家来组织屯田，是封建国家加强边防、增加收入的一项重要措施。

2）城镇用地的规划原则。城镇是封建国家的政治、文化中心，如何选择城镇的地址、合理利用土地，这是土地管理中应该注意的一个重要问题。除了要考虑政治、军事和文化因素外，还必须考虑“地利”因素：一是建设城镇要选择土地肥沃的地方，这样，城镇周围就有了可靠的物质基础。[④]二是建设城镇要选择水资源丰富的地方。选择高的地方要保证有充足的用水；选择近水的低下之地时，一方面容易获得水源，另一方面又可就近流水设防。这样，不但解决了城镇的用水问题，而且解决了城镇的安全问题。[⑤]

可见，土地规划也要贯彻“因地之宜”的原则，“土宜”（地利）

① “相其阴阳，观其流泉”，“度其隰原，彻田为粮”（《诗经·大雅·公刘》）。

② “周原膴膴，堇荼如饴。爰始爰谋，爰契我龟。日止日时，筑室于兹。”（《诗经·大雅·绵》）

③ “相其阴阳，观其流泉”，“度其隰原，彻田为粮”（《诗经·大雅·公刘》）。

④ “圣人之处国者，必于不倾之地，而择地形之肥饶者，乡山，左右经水若泽”，“以其天材、地之所生，利养其人，以育六畜”（《管子·度地》）。

⑤ “凡立国都，非于大山之下，必于广川之上，高毋近旱而水用足，下毋近水而沟防省，因天材，就地利，故城郭不必中规矩，道路不必中准绳。”（《管子·乘马》）

应成为利用土地资源的一个基本依据。计划用地，这是中国传统文化的一个特点。

（3）土地资源的保护问题

保护土地是保护农业自然资源的重要组成部分，也是保护人类生存的基础。只有将保护土地上升到基本国策的高度，才可能有效地保护土地。因而，应将保护土地资源看成土地管理的一个内在构成部分。

我国夏商周三代就已形成了一系列保护土地资源的重要措施，传说中的“神农之禁”有“谨修地利”的规定。[①]可见，注重保护土地资源是神农学派的重要传统。农家继承了这一传统，提出了一系列保护土地资源的措施，而贯穿其中的有两项基本原则：一是要按照“时”的需要来保护土地资源。农家看到，“土”（地）是随着“时”的变化而变化的，“地”本身也有一个季节节律。但与保护生物资源的“时”不同，这里禁止在夏冬两季大兴土功。这是因为：夏季为地气正旺的时候，为农作物的生长季节，兴土功既会破坏地气，也会妨碍农作物的生长；冬季为地闭紧的时候，兴土功会使地气上泄，破坏土地的持续使用价值。这里，农家没有搞清楚土壤的物理结构和生化性能，就用地气来说明这一问题。二是要按照民本主义的社会历史观来保护土地资源。农家看到，滥用土地，大兴土功，一方面会破坏农业生产，从而使广大民众丧失生存的基础；另一方面会破坏土地资源，造成地气上泄，使民众流离失所。这里，关键的问题是要将“用”和“护”统一起来。我们用表5–7将农家提出的保护、利用土地资源的措施表示如下：

① 《全上古三代秦汉三国六朝文》卷六之《六韬·虎韬》。

表5-7　　保护、利用土地资源一览表

月份	土地变化	保护措施	利用情况
孟春	天气下降 地气上腾 天地和同 草木繁动		整治田地疆界，校正田间小道，区分土地地形，辨识土壤性质，以此来确定各种地形、土质适合种植什么作物，以及各种作物应在什么地方种植
仲春	蛰虫咸动	祭祀土地神	
季春	生者毕出 萌者尽达		可以进行一些与农事密切相关的土功，禁堤防，开通道路等
孟夏	继长增高 无有坏隳	禁止大兴土木	
仲夏	阴阳争	祈祀山川百原	
季夏	土润溽暑 大雨时行	禁止大兴土木	增加土地投入，用草木灰，既有利于杀死杂草，又可以肥沃农田、改良土壤
孟秋	天地始肃 不可以赢	禁止割让土地	可以进行一定的与收藏密切相关的土功，修利堤防，修宫室，补城郭等
仲秋	阳气日衰 阴气日盛		可以进行与收藏密切相关的土功，筑城郭，建都邑，穿窦穴（地窖），修困仓等
季秋	天地收藏 地气下降		根据土地的远近、优劣来制定赋税比重
孟冬	地始冻 地气下降	谨盖藏，不可以兴土功，否则，冰闭不密，地气发泄，则会造成天灾人祸	
仲冬	地始坼（裂）	禁止土功，禁止开发盖藏，不得地气发泄，否则会有天灾人祸	可以筑图圄（监牢），以顺应天地闭藏的节律
季冬	冰已入（冰融于土）	供祀山林名川和土地神	

资料来源：据《吕氏春秋》“十二纪”编制。

在注重保护土地资源的同时，农家也十分关注水土保持。水土保持，主要是为解决土壤的冲刷和流失问题。当人们认识到土壤的冲刷和流失问题的严重性时，才会有水土保持工作。传说的“禹平水土”，可能就反映了先人已意识到土壤的流失问题。而我们祖先发明的“梯田”也具有水土保持的功能。农家对这个问题则有比较清楚的认识。他们指出，利用山地改造梯田，关键问题是要筑好堰堤，有缺口时要加紧修好，有泄水的地方也要加紧塞好，或者加厚堰堤，切不可大意；否则的话，大水就会顺流而下，将土地割成渠沟，造成水土流失。因此，筑实堤就成为保持水土的一项重要措施。①

注重保护土地资源，这是中国传统文化的一个特点，由此，我们形成了“惜土如金”的价值观念。农家在这一思想和价值观念的形成过程中也作出了自己的贡献。在保护土地资源成为全球问题的背景下，这一思想和价值观念的生态保护意义更为凸显，“每个城市、地区或国家应发展一种在个别的社会结构范围内行之有效的土地利用理论。我们必须把生态学原则结合到一项健全的土地利用政策中去。爱护土地的观念应基于土地最广泛的价值，而不是看它的狭隘的经济利益”②。

农家就是这样将土地这个生态学问题转化为管理问题、将“因地之宜”看成农业管理的基本原则的。他们在强调土地的生态和经济价值的同时，也看出了土地的政治价值③，并由此建构起了一套土地资源管理办法。这样，“因地之宜”的思想就得到了深化。

① “山地得力在堰，缺处宜早修，水口宜急塞，或加填叠。一则不致冲缺，二则雨水落淤，名为‘天下粪’。若水大不可遏防者，则以石叠其水道，使勿刮地成渠，若高堰，则用石和沙灰垒之，或用三合土，如筑墙状，架板打之。”（蒲松龄：《农桑经》）

② 格林伍德，等．人类环境和自然系统．北京：化学工业出版社，1982：81.

③ “地者，政之本也。”（《管子·乘马》）

三、作为生态农业原则的“因地之宜”

土地是一种脆弱、有限的自然资源，随着人类对土地需要的日益膨胀以及不适当地利用土地，已出现了土地退化、可耕地面积减少等问题。作为解决这一问题的一个重要办法，人们必须走生态农业的路子，这样既能维持和扩大土地的使用价值，又不破坏土地的生态价值。这就要求人们在农业生产中要合理利用土地资源。而农家关于在农业生产中合理利用土地资源的思想——“因地之宜”，颇具生态农业的意义。

1. 农业生产过程与“因地之宜”

由于农家对土地资源的生态差异性有着比较清楚的认识，因而他们强调，在整个农业生产过程中，都要贯彻“因地之宜”的原则。也就是说，在农业生产的每道工序上，都要根据土壤的生态特性，采取不同的技术措施，以达到既保护土地资源又保证农业丰收的功效。

（1）播种过程中的“因地之宜”原则

春播是农业生产的第一道工序。春播除了要考虑“天时”的影响外，还必须考虑“地利”因素：一是，针对不同的土壤要选择种植不同的农作物，使农作物与土性相适应，这样，既使土性得到了发挥，也使农作物获得了合适的条件。如王祯《农书·播种》中讲，黄白土适宜种植谷物，黑坟适宜种植麦和黍，赤土适宜种植豆类，汗泉适宜种植水稻。而这就是“因地之宜”的含义。二是，要根据土地资源的状况来选择适宜的播种时间，“天时”和“地利”两个因素都应得到合理的利用。如贾思勰在《齐民要术·种谷》中讲，播种的一般原则是“良田宜种晚，薄田宜种早”。当然，这不是说良田播种越晚越好，播种的日期适当提前一些也无害，因为良田地力强，可以为作物发芽、出苗提供充足的养分。而薄地却一定要早种，种晚了，作物就很少有机会充分吸收养分，而薄田地力又不强，因此，种晚很难丰收。三是，播种时的下子量也要根据“地利”因素来确定，这就是要考虑土地有多大的肥力，究竟能负担多少种子。一般来讲，良田的下子量应多一些，因为良田的地力强；而薄地的下子量要少一些，因为薄地的地力弱。如贾思勰在《齐民要术·种谷》中讲，一亩好田，下子量为五升，而一亩薄地，下子量为三升。这样，“因地之宜”就成为播种过程中的一项基本原则。

（2）田间管理过程中的“因地之宜”原则

农作物出苗之后，田间管理就成为农业生产过程中的重要一环了。人们在照顾农作物的过程中，也要考虑“地利”的因素：一是农作物长出来之后，要进行间苗、锄草等工作，合理的密植才能使农作物得到充分的光照、雨水和养分，过疏、过密都不利于农作物的成长。一般来讲，良田的密度应高一些，薄地的密度要低一些。[1]为什么这样讲呢？正如《吕氏春秋·士容论·辩土》中所讲的，在肥沃的土地上种植过稀的话，就会使庄稼疯长，秕子就会多；在贫瘠的土地上种植过密的话，庄稼就会挤在一起，禾苗就会死得多。因此，根据

① “美田欲稠，薄田欲稀”（崔寔：《四民月令》）。

土地情况合理密植，这是保证农业丰收的一个重要因素。间苗的一般原则是要扶持先出土的壮苗，去掉后出土的弱苗；不懂农事的人却相反——去掉壮苗而留下弱苗，结果收不到粮食，而只能收到秕子。同时，田里还应留适当的株距和行距。禾苗弱小时，以独生为宜，这样可充分吸收地力；长起来后，应使它们生长在一起，这样就不容易倒伏。二是农作物长出来之后，要追肥。追肥可以起到两方面的效果，一是可以维持地力，二是可以为农作物提供充分的养料，而追肥也要考虑“地利”因素。为什么这样讲呢？正如清代农学家杨双山及其弟子们在《知本提纲》中所讲的那样，所谓“土宜”也正如人的气脉一样：土壤存在着肥沃和贫瘠的差异，因此，应根据土地情况来施肥，这正如医生为病人对症下药一样；用粪如用药，切不可马虎大意，病人用错药会致死，庄稼用错粪会歉收。一般来讲，阴湿之地适宜用火粪，这样可以用火粪之阳补阴湿之地所不足的阳；黄壤宜用渣粪，这样，可以用渣粪的疏松性缓解黄壤的板结性；沙土宜用草粪和泥粪，这样，可以用草粪和泥粪的团状性来弥补沙土的松散性；水田适宜用皮毛、蹄角和骨蛤粪，这样，可以用这些粪的干燥性来对冲水田的阴湿性。总之，只有在整个田间管理中都贯彻“因地之宜”的原则，农业生产才会获得丰收。

（3）耕地过程中的“因地之宜”原则

耕地是整个农业生产过程中的一道重要工序。春耕可以松土，便于播种和农作物成长。秋耕可以灭茬、保墒。整个耕作都有一定的技术要求，其中包括要考虑“地利”的因素。一是耕作要考虑到地势高低的差别，耕高地有耕高地的要求，耕低地有耕低地的要求，其中重要的一点是要把握好耕地的尺度。一般来讲，耕高地应该深一点，这样可以接通土壤的生气；耕低地应该浅一些，这样可以让土壤接近太阳的阳气。另外，耕地还得将地势与用水统一起来。高处的土地一般干燥、缺水，因此，土地耕后要把地面耙平，这样才可以保墒。低湿的土地多水，因此，耕之前要把积水排干，这样才便于耕作。二是耕作要考虑到土壤肥瘠的不同，耕良田有耕良田的要求，耕薄田有耕薄田的要求，其中重要的一点是要从黑色坚硬土壤的田块开始，因为这种土壤水分少，土干层厚，早耕可以使土壤提前变软，使土性缓和下来；一定要把柔润土壤的田块后耕，因为这种田块本身地力就强，迟一点儿也来得及耕。要根据不同的土性，采用不同的耕作时间表，水分饱和的土地要缓耕，坚硬的土地要立即耕，柔润的土地要推迟耕。① 这就是要使强的变弱，使弱的变强，使二者相互补充、转化。只有土壤性能适中，才有利于农作物的生长。可见，“因地之宜”也是耕地的一项基本原则。

对于整个农业生产过程来说，“因地之宜”决不是外界强加于它的，而是有其内在根据的，只有将“因地之宜”的原则贯穿于整个农业生产过程，才能保证农业丰收。

2. 农田结构与“因地之宜”

农业生产应重视和研究作物的平面布局，合理安排农田结构。农作物散乱地种植在地里，既不利于作物的生长，也不便于田间管理；只有将地整平，使农田结构合理，农作物成行作垄，整齐地排列起来，才可以使农作物获得充足的光照、水分和养料，人们也才便于进行田间管理。合理安排农田结构，是获得农业丰收的一个关键，而这

① “凡耕之道，必始于垆，为其寡泽而后枯；必后其靹，为其唯厚而及；饱者荏之，坚者耕之，泽其靹而后之；上田则被其处，下田则尽其污。”（《吕氏春秋·士容论·辩土》）

也要按“因地之宜”的原则进行。农家对这个问题也有清楚的认识，他们对农业生产提出的十项要求中就包括了合理利用和安排农田的问题：你能把洼地改造成高地吗？你能把干燥的土壤除掉而代之以湿润的土地吗？你能使土地适合耕种并能用垄沟排水吗？你能使土地保持湿润并使墒情不散失吗？你能使田里的杂草不滋生蔓延吗？你能使你的田地吹遍和风吗？[1]这其中就包含着根据“土宜”因素合理安排农田结构的思想。在总结劳动人民实践的过程中，农家提出了如下几种极富辩证思维特点的农田结构：

（1）亩甽（畎）法

亩甽法是先秦农田结构的一种重要形式。《吕氏春秋》中的《任地》和《辩土》两篇对之有较为详尽的记载。

亩甽法包括对土地利用的两种方式，一种叫“上田弃亩”，一种叫“下田弃甽”。亩就是垄背，甽就是垄沟。上田是指地势高而干旱的土地，下田指地势低而易涝之田。亩甽法的整个技术要求是：在整块农田上通过耕耙整饬，在田间做成垄和沟。如果是地势高而干旱的土地，就把庄稼种在沟里；如果是地势低而易涝的土地，就把庄稼种在垄上。这样，亩甽法就很好地体现出了“因地之宜”的特点：高旱地一般干燥多风，阳光照射的强度要大一些，把庄稼种在垄沟内，既有利于保墒，可以使作物充分利用沟内的雨水——雨水降落在沟内也不易挥发；也有利于抗风，垄背可以起到阻挡风沙的作用，沟内的风要相对小一些。这样，高田种沟不种垄就满足了这样两项技术要求：把干燥的土地除掉而代之以湿润的土地，使土地保持湿润而墒情不散

---

① “后稷曰：子能以洼为突乎？子能藏其恶而揖之以阴乎？子能使吾土靖而甽浴土乎？子能使保湿安地而处乎？子能使雚夷毋淫乎？子能使子之野尽为泠风乎？”（《吕氏春秋·士容论·任地》）

失。低洼地阴湿易涝，把庄稼种在垄背上，这样就降低了土壤阴湿的程度，农作物在垄背上既可以免于水涝，提高了抗涝能力，又有利于通风透光，垄沟又可以将田里的积水排出去。这样，低地种垄不种沟，就达到了这样三项技术要求：把洼地改造成高地，土地适合耕种并能用垄沟排水，田地吹遍了和风。

亩畎法对垄、沟提出的具体技术要求是："亩欲广以平，畎欲小以深"（《吕氏春秋·士容论·辩土》）。所谓"亩欲广以平"说的是，合乎规格的垄，应该是垄台宽而平，这样，可以保证垄背有一定的苗数，农作物也容易生长发育良好。所谓"畎欲小以深"说的是，合乎规格的沟，应该是垄沟窄而深。大体说来，垄和沟各宽一尺、深一尺，这样垄与沟所占土地面积是相等的，无论是种垄还是种沟，农作物种植面积都占田地面积的一半。但是，垄有坡度，垄背和沟底只有八九寸。根据这一要求，在实行亩畎法的土地上耕作所用的农具也有一定的长度要求。例如，耜的长度为六尺，这样便于测定田垄的宽窄（当时六尺为一步，垄背五尺宽，因而便用六尺之耜）；它的刃宽八寸，这样可以做出标准的作物行距；它的刃宽六寸，这样便于间苗。这样，根据地势的高低要求有垄和沟的区别，根据垄和沟的区别又要求有大、小农具的区别，地势、垄沟、农具三者就成为一体化的东西，而其基本的依据是地势的高低。这就说明，"因地之宜"有着广泛而深刻的内容。在这个过程中，应该反对两种不合规矩的垄形：一种是沟大垄小的结构 。在这样的垄上种庄稼，长出的禾苗只有窄窄的一行，就像马鬃，严重地浪费了耕地，这就叫作"地窃"——地把苗侵吞了。另一种是高而尖的垄形。这样的垄对于农作物的生长极为不利：不保墒，易颓塌；不抗风，易倒伏；不保苗，冷热不匀，多祸多灾。这就从反面说明了"亩欲广以平，畎欲小以深"技术要求的重要性。

可见，亩甽法突出的是农田结构中的高与低、旱与涝、阴与阳等因素，看到了这些因素之间的依赖和过渡的可能性，试图通过人的努力将它们统一起来，以实现诸因素的平衡和协调。

（2）代田法

代田法是由西汉中期搜粟都尉赵过倡导和推广的一种作物栽培法，由于这一方法对耕地有特殊的技术要求，因此，也可将之视为一种农田结构。

代田法是根据北方地区春季干旱、多风的特点提出来的一种有效的作物栽培法。它的基本的技术要求：一是在一亩宽幅为六尺的土地上，沿竖直方向开三条沟，做三条垄。沟宽深各一尺，垄宽亦是一尺，三沟三垄合起来恰好六尺。将种子播在沟内，这样可以起到防风抗倒伏和保墒抗旱的作用。这一点与亩甽法有相似之处。二是等禾苗长出来之后，定时进行中耕锄草，同时逐渐将垄上的细土培到禾苗的根部，这样可以防止幼苗倒伏，同时又有利于禾苗吸收水分。随着中耕锄草次数的增多，垄上的土逐渐被填到沟内，垄、沟相平，这可以帮助禾苗向深处扎根。这是因为，植株长高后，亩垄对植株所起的挡风作用在逐渐减弱，垄沟的保墒蓄水作用也不再能满足植株对水的需要。三是代田法的垄沟是逐年轮换的，今年做垄的地方明年开沟，今年开沟的地方明年做垄，垄沟互换位置，这样就可以实现土地轮番利用与休整的结合，使每部分耕地都能劳息相均、用养兼顾，从而满足了“息者欲劳，劳者欲息”（《吕氏春秋·士容论·任地》）的技术要求。这样既可以达到恢复地力的目的，又避免了休整期间土地浪费的现象 。由于垄沟逐年互换位置，因此，这一方法被称为“代田法” 。四是代田法对耕作和田器都有特殊的要求，由于要开地作沟，因此，它很重视耕作，运用了耦犁和耧车，耦犁是用来耕地做沟的，而耧车是用来播种的。代田法实际上实行的是一种等距条播法，后几点又是与亩甽法不同的地方。

为了推广代田法，赵过还采取了一些切实可行的技术推广方法，主要有三个步骤：一是作为推广的先决条件，赵过在离宫的田地上进行试验，结果实行代田法后的田地确实比其他田地多收一斛以上。这样，通过实地试验的方法，代田法被证实确实比当时使用的其他耕作方法优越。二是注意培养技术推广的带头人，选择县令和乡村中的“三老”等行政人员、有经验的老农和壮劳力等农业生产骨干作为培养对象，通过对他们进行技术培训，使他们掌握代田法的基本技术要求和操作规则。赵过本人还亲自参加过对这些骨干分子的培训工作。三是由上述骨干分子逐步将新技术推广出去，以公田和“命家田”（受爵命家之田）作为重点推广对象。通过这些努力，代田法终于在一些地区得到了推广。

可见，代田法最为关注的是农业生产中的抗旱与保苗、用地和养地、耕作和工具的矛盾，其中将“用”和“养”巧妙地结合了起来，不但保证了土地的持续利用价值，而且为农业丰收提供了保障。赵过推行代田法的措施，颇符合科学的认识路线，将试验和推广、点和面、骨干分子和群众看成辩证统一的关系，执行的是一条从实践到认识（试验—经验）、再从认识到实践（经验—推广）的路线。

（3）区田法

区田法（又称为区种法），是由西汉晚期的农学家氾胜之推广的一种栽培技术。它的特点是，将农田分成若干宽幅或方形小区，在区内综合运用深耕细作、合理密植、施肥灌水、加强管理等项措施，夺取高产丰收。因此，也可将之视为一种农田结构。

区田法也是适应北方地区的特点而出现的一种耕作栽培方法。

在地利和人力的使用上，区田法保留了亩甽法和代田法的优点，同时又有很大发展。这主要表现在：一是要求深挖作区。区田法要求在土壤耕作上深耕作区（坑），区内深耕，不耕区外的土地，以充分发掘区内土地的增产潜力。农作物就在这样的区内种植，因此，这一方法被称为区田法。将农作物种在区内，有防止水分和营养物质流失的作用，又便于集中使用人力和物力。深挖作区在全面整地的基础上进行，区深自一尺至三尺不等，要根据地形（长狭还是短宽）、农作物来确定。二是要求集中施肥。区田不一定要求好地，但是必须注重施肥。[1]区田法的特点是将有限的肥料集中施在区内，这样既可以避免浪费肥料，又能起到集中发挥肥效的作用。三是要求点播密植。宽幅点播区种谷、黍、麦、豆等农作物，其行株距都有一定的规格，如种粟的话，行、株距均为5寸，这就呈现出等距穴点播的形式。方形点播区，区的大小、区的距离、每区内株数也都有一定的规格，如种麦或粟的话，就下子20粒，这样就呈现出等距穴点播密植的状态。通过点播密植的方法，农作物在田间的分布就整齐划一，既有合理的群体密度，又保留了个体的适当生活空间，这样就保证农作物有良好的通风透光条件，从而使农业丰产有了保证。四是要求及时灌溉锄草。区田法的一个重要特点是便于抗旱保产，遇到天旱时，人们可以对区内集中灌溉，这样既解除了旱情，又可以避免浪费水资源的现象。同时，要求人们重视随时松土锄草，贯彻“锄早、锄小、锄了”的方针，有草即锄，次数不厌其多；区内不好锄的，就用手拔。

可见，区田法集中了中国农业集约经营的特点，要求人们将有限的人力、物力、水力投到集中的田块上，以夺得农业丰收。它突出了农田的点与面、作物的疏与密、投入的有限和管理的无限等方面的矛

① “区田以粪气为美，非必须良田也。”（《氾胜之书》）

盾，要求从解决这些矛盾入手来保证农业丰收。

（4）亲田法

亲田法是明代耿荫楼根据山东青州地区地广人稀、种广收微、灾害频繁的情况提出的一种土地经营法。它也体现出了人们合理安排农田结构的思路。

亲田法的基本做法是：假定有田百亩，耕作时，将其中的二十亩作为重点，在耕耙、中耕、锄草、施肥、灌溉以及虫害防治上加以突出照顾，而对其余八十亩按一般方法经营管理。因此，这种“偏亲偏爱”的方法被称为“亲田法”。次年，对另外的二十亩同样给予加倍照顾。后年，再对另外二十亩精耕细作。这样，五年就可以使一百亩地都得到特殊照顾。当然，每年加倍精耕细作的土地不一定非要二十亩，应根据自己的劳动力、肥料来源、灌溉等条件来合理调置，或多或少均可；也不一定要五年轮换一次，三年、四年都可以。从土地中分出适当部分的农田作为“亲田”，对其投入比其他田块多的人力和物力，这样就可以取得三个方面的成效：一是在正常年景，整个田块的总产量要比平均使用力量时要高，因为亲田二十亩的收成会高出其他农田数倍。二是可以集中抗灾保产。如遇到水旱虫灾时，就集中全力抢救这二十亩，即使其余八十亩荒歉了，这二十亩照样可以获得丰收。这样就避免了“捡芝麻丢西瓜”的现象，能将损失降到最低限度。例如，“遇蝗虫发生，合家之人守此二十亩之地，易于捕救，亦可灭蝗”（耿荫楼：《国脉民天》）。三是可以起到分年改良土壤、增进地力的作用。长期粗放耕作，往往会使地力衰竭；如果采用亲田法，由于轮亲那一年精耕细作和增施肥料，就可以改变这部分土地的物理性质，增加土地的肥力，这样，经过三五年之后，一番亲轮下来，全部土地都会得到改良。所以，亲田法对于地广人稀、种广收微、灾害频繁的地区，极具使用价值。

可见，亲田法突出了土地的整体与部分、劳作重点与一般、劳作的有限与土地的无限的矛盾，欲求以突出部分作为人力劳作的重点，以有限的人力获得农业丰收，这样，就可以使整体与部分、重点与一般、有限与无限统一起来，使土地资源获得持续的使用价值、农业生产获得持续的丰收。

上述四种方法都体现了在安排农田结构上的“因地之宜”的原则，这样，作为农业生产原则的“因地之宜”的内容进一步得到了丰富，而且这些方法都极具生态价值和理论思维意义。

3. 农具的使用与“因地之宜”

“工欲善其事，必先利其器。”农具是使农业生产得以顺利而有效进行、夺取农业丰收的重要保证，但人们使用农具也得贯彻“因地之宜”的原则。一是农具尺寸大小要根据土地情况来定。在平原地区，要使用一些尺寸大的农具，这样可以提高劳动效率；在高山地区，要使用尺寸小的农具，这样便于操作。例如，贾思勰曾讲，长辕犁在平地可以很好地发挥作用，但到了山涧之地就不行了，因为它不便于操作，回转时很费劲。二是农具分量的轻重要根据土地情况来定。例如，清代农学家杨双山在讲耕地时指出：山地干燥而少阴，应该用重犁，这样可以接通地阴；低下湿泽之地水盛而少阳，应该用轻锄，这样可以使它就近接近天之阳气。只有将农具与“地利”很好地统筹起来，才可以收到事半功倍的效果。

通过对农业生产过程中的“地利”因素、农田结构划分的“地利”依据、农具使用的“地利”根据的说明，农家将“因地之宜”作为农业生产的又一项基本原则，说明农业生产的方方面面都要考虑

"地利"的因素。这样，农家所讲的农业其实也就是生态农业，"因地之宜"就作为生态农业的一项基本原则被确定下来了。

四、"因地之宜"的价值和意义

中国农家的土地意识具有丰富而深刻的内容。土地意识是中国农家思想的有机组成部分，是农家生态意识、管理思想和农学思想在土地问题上的集中体现。

1. "因地之宜"的科学价值和理论思维意义

作为农家土地意识内容的"因地之宜"是生态意识、管理思想和农学思想的有机统一，既具有科学价值，又具有理论思维意义。

从科学价值上看，农家的土地意识以保证农业生产和农业丰收为目标，对土地的结构和功能作了系统性的"黑箱式"的研究，尤其是深入研究了植物和土壤的生态关联，在此基础上，就如何在农业管理中合理管理土地资源、如何在农业生产中有效地利用土地资源，作出了科学说明，将作为生态学问题的"因地之宜"作为农业管理和农业生产的科学根据。这样，不但为作为农业生产和农业科学基础的土壤科学提供了生态学上的根据和支持，而且使中国的农业土壤学空前提高到了土壤生态学的水平；不但为中国的土地管理提供了农业科学上的根据和说明，而且使作为行政管理一项职能的中国土地管理空前提高到了生态管理的水平，极具自然保护的意义；不但为中国的农业生产提供了土壤学、地理学、生态学上的指导和原则，而且使中国农业生产空前提高到了生态农业的水平，使中国的土地资源获得了持续的使用价值，农业生产获得了持续发展的后劲。当然，这些都只是从发生学的意义上讲的。要建设当代中国的农业科学、土壤科学、地理科学、生态科学，要发展当代中国的土地管理和保护事业，要在当代中国推广生态农业，还必须参照当代科学技术发展的成就和世界先进的土地管理与生态农业的经验，在传统和现实、中国和世界的结合点上大做文章。

从理论思维上讲，中国农家的土地意识也极具辩证思维的意义。具体来讲：

第一，中国农家所讲的“因地之宜”具有条件性的特征。农家所理解的土地（土宜，地利）是作为农业生产和农业管理的一个前提和根据提出来的，要求人们在农业管理和农业生产中充分考虑“地利”的因素，将“因地之宜”的原则贯穿于农业管理和农业生产的整个过程，而土地（土宜，地利）是一种客观存在的自然条件，是一个具有生态结构和功能的整体。同时，农家进一步在形而上学的意义上提出，土地是万物的本原、一切生命的根源、一切品质的产生背景。[①]因而，这根本不是什么“地理环境决定论”，而是承认了自然地理条件在人类社会发展中的重大作用。历史唯物主义则明确指出：“全部人类历史的第一个前提无疑是有生命的个人的存在。因此，第一个需要确认的事实就是这些个人的肉体组织以及由此产生的个人对其他自然的关系。当然，我们在这里既不能深入研究人们自身的生理特性，也不

① “地者，万物之本原，诸生之根菀也，美恶贤不肖愚俊之所生也。”（《管子·水地》）

能深入研究人们所处的各种自然条件——地质条件、山岳水文地理条件、气候条件以及其他条件。任何历史记载都应当从这些自然基础以及它们在历史进程中由于人们的活动而发生的变更出发。”[①]当然，农家不能也不可能懂得：劳动加上自然界才是一切财富的源泉。

第二，中国农家所讲的“因地之宜”具有系统性的特征。在农家的视野内，“地”绝不仅仅是一撮土而已，而是一个多因素的复合体，它是由土壤、水分、光照、动植物资源分布、农业生产和人的生命活动等因子构成的一个整体。上述诸因子以土地为依托和基质，构成了一个生态系统。其中重要的一点是，农家承认“地利”和“天时”存在着一种内在的关联，地下运动（土地）是天上运动的反映（天时），天上的运动要通过地下的运动体现出来，生态系统的时间特性和空间特性是统一的，正是天地之间的物质循环（地利）和季节节律（天时）的统一才构成了“天—地—人”这个大生态系统。[②]因而，土地具有层次性、结构性、整体性、开放性等一般系统的特征。

第三，中国农家所讲的“因地之宜”具有具体性的特征。在农家看来，土地具有多维的结构和多向的功能，存在地势、土质等诸多方面的差异，植物和土地的生态关联是成层次排列的。因此，人们面对不同的土地条件，应采用不同的生产和管理方式，在农业生产的整体安排、农业生产环节的设置、技术措施的运用上要“因地之宜”，在土地管理原则的确定、土地管理措施的选择上也要“因地之宜”。说到底，“因地之宜”也就是要具体问题具体分析，它是农业管理、农业生产和农业科学方面的一个方法论问题。

第四，中国农家所讲的“因地之宜”具有辩证性的特征。在农

① 马克思恩格斯文集：第1卷．北京：人民出版社，2009：519.

② “土德实辅四时入出”，“春嬴育，夏养长，秋聚收，冬闭藏”（《管子·四时》）。

家看来，土地本身是一个矛盾复合体，存在着力与柔、息与劳、瘠与肥、急与缓、湿与燥等一系列矛盾，这些矛盾双方不但处于对立的关系之中，而且可以通过人的努力互相转化，最终达致平衡。[①]不仅如此，人和土地的关系也是一种对立统一的关系，在人和土地之间存在着用与养、投入与产出的矛盾，而“因地之宜”最终可以使它们统一起来。总之，在土地问题上，要着重强调矛盾的共处、互补和转化，这样才能保证农业丰收；否则的话，片面强调矛盾双方的对立和斗争，就很可能导致人们无法预料的后果。现代全球性问题（包括土壤退化、土壤侵蚀、水土流失、可耕地面积减少）的形成在方法论上可能与这一点有很大关系。

第五，中国农家所讲的“因地之宜”具有人道性的特征。农家认识“土宜”是为了保证农业的丰收，而他们将老百姓的命运与农业生产联系起来，将“土宜”和农业生产看成“国脉民天”；他们要求统治者根据“土宜”来确定土地所有制，主张“均地分力”，要求尊重老百姓的起码生活，强调将土地所有权和经营权适当分离对于调动农民生产积极性的重要性；他们要求统治者根据“土宜”来确定赋税等级，反对过重地盘剥老百姓，主张一种适度的剥削论。这些都是农家的民本主义立场在土地问题上的表现，是农家进步性的体现。

农家通过对“地利”具体问题的研究表明自己在“地利”问题上的形而上学态度。由农家的土地意识，我们不由地想起了作为生态伦理学创始人之一的利奥波德倡导的“大地伦理学”（Land Ethics）。农家的土地意识与他们所倡导的“土地道德”存在着异曲同工之妙，这恐怕是农家土地意识在全球问题背景下表现出来的最大价值。

① “凡耕之大方：力者欲柔，柔者欲力；息者欲劳，劳者欲息；棘者欲肥，肥者欲棘；急者欲缓，缓者欲急；湿者欲燥，燥者欲湿。”（《吕氏春秋·士容论·任地》）

2. “因地之宜”的历史和阶级的局限性

在看到农家土地意识的价值和意义的同时，我们也应指出它的局限性。这主要表现在：

第一，尽管农家视野中的土地具有客观性的特征，但在解释土地的结构和功能的同时，农家的土地意识多有牵强附会之处，颇具阴阳家色彩。《管子・地员》在对土地的结构和功能进行解释时，将五行学说不适当地扩大运用，用五色、五音来配五土，在进行土地分类时，不管什么土都分成五类，这样，“五”在农家那里就成了一个神秘的数字，使人不由地想起了古希腊的毕达格拉斯。而《吕氏春秋》强调，不管年景如何，都要祭土。[①]年景好祭土，是为了报答土地给予了人们丰收；年景不好祭土，是为了祈求土地来年给予人们丰收。在农家保护土地的措施中，就有祭祀土神和山林名川的内容。这些都是农家在理论思维上的局限性的表现。当然，农家将五行说泛化，内中包含着将宇宙一体化的尝试。要祭祀土神，可能也包含着生态学上的考虑和“神道设教”的意图。这些问题都值得进一步作出深入、具体的研究。

第二，在土地所有制和赋税问题上，农家也存在着不彻底性。尽管农家力主“均地分力”，但他们只不过是要求将所有权和经营权适当分离而已，他们不能也不可能提出“耕者有其田”的口号。尽管农家主张赋税要根据“地宜”而适度，但他们只不过是主张一种适度剥削论而已，他们还不能发出“苛政猛于虎”的感叹。这些都是由他们所处的历史环境决定的。上述这些问题是中国各传统思想文化流派都

① “有年瘗土，无年瘗土。”（《吕氏春秋・士容论・任地》）

难以越出的樊篱，农家也不能例外。

不管怎么说，今天，“因地之宜”已成为中华民族固有的思维特质和价值观念，而农家在这一特质和观念的形成过程中发挥过其他各派难以相比的重大作用。

第六章 存乎其人——中国农家的主体意识

从根本上看，处于“天—地—人”这个三维结构中的农业生产依赖于两个条件，一是依赖于自然系统提供的“天时”和“地利”等生态条件，二是依赖于人的努力和对农作物的照顾。时宜、地宜主要是从农作物如何适合一定的生态条件的角度说的，这只是农作物和生态环境关系的一个方面。在农业生产中还存在着另一方面的问题，即如何使自然生态条件变得最适宜于农作物的生长和收获，而这就需要加强人的主观努力。农业生产和农业管理中的主体性问题就是这样被提出来的。主体性问题的核心就是如何突出和加强人的主观能动性。

一、“存乎其人”的生态学含义和规定

中华民族是一个主体意识很强的民族，我们的祖先很早就发现了人自身的力量和价值，这种情况不仅反映在人们的理论思维和审美意识之中，同时也反映在人们对农业生产活动的认识之中。早在神农和后稷的神话中，早在大禹治水的神话中，我们的祖先就赞叹人的力量和价值，强调人对大自然的改造和征服。小小的精卫敢于填海，孤立的夸父敢于逐日，那么，农业生产就更不在话下了。农家的主体意识就是在这样的思想文化环境中发育、成长起来的。[1]他们从人和自然的关系（生态关系）出发，揭示出了人在农业生产中的主体性。

1. 人力与天时的辩证关系

天时是农业生产的重要生态条件，为农作物的成长提供了光照、温度、热度和水分等，但是，离开人的主观努力，农作物还是不可能获得丰收。只有将天时和人力有机地结合起来，才能保证农业丰收。因此，能否正确看待和处理人力与天时的关系，就成为一个值得深思的问题。

---

① 先秦思想文化十分重视人的主体作用。周公强调“敬德保民”，子产认为“天道远，人道迩”（《左传》昭公十八年），孔子则直接提出“人能弘道，非道弘人”（《论语·卫灵公》）。这些思想肯定会对农家的主体意识产生影响。

人力与天时的辩证关系具有复杂的结构，主要表现为：

第一，天时是人力发挥作用的前提和条件。季节的更迭、冷暖的变化和阴晴的交替，都是一种自然而然的现象。天时不与人商量就在发挥着它的作用，万物都是按照自然界的时间节律生存和发展。天时是农作物生长的客观的生态条件，尽管后稷发明了农业，但在天寒地冻的条件下，他也是不可能种植农作物的。只有在一定的"时宜"条件下，人力的劳作才会收到一定的成效。离开天时的前提，人的劳作只会劳而无功。因此，人要想获得农业丰收，必须顺应天时，紧紧抓住农时。人力只有在天时提供的前提下（条件下）才能发挥作用。

第二，天时和人力的结合是农业丰收的保证。尽管天时为农作物生长提供了阳光和雨露，但离开人的努力，也是不会有好的收成的。草木迎春气而生，迎秋气而落，这是自然而然的事情，是自然界本来存在的现象；但是，农作物在春天生芽、出苗，在秋天成熟、结子，这却是人对自然现象的模拟和效仿。因此，苍天为农作物提供了"时宜"。假若人不尽力于耕作，也是不会收获丰富的粮食的。[1]同样的自然条件，春风和煦，春雨绵绵，但是到了秋天之后，有的人粮谷满仓，有的人却多种少收甚至颗粒无收，为什么会出现这种现象呢？这是由于，有的人能够紧紧抓住天时，勤奋耕作，有的人却贪吃懒做，坐失良机。可见，人力也是一个很重要的问题。

第三，"知时"是人力和天时相结合的中介。天时的客观性和人力的能动性，是人力和天时关系的两种基本结构，只有将客观规律和主观能动性统一起来，才可能保证农业丰收，而"知时"是这种统一的基础。人们只有对天时有了比较清楚的认识之后，才可能在天时提供的条件下充分发挥人的作用。在对天时盲目无知的情况下行事，必

① 贾思勰在《齐民要术·序》中，引他人的话说："天为之时，而我不农，谷亦不可得而取之。"

然是劳而无功，得不偿失，这正如入泉伐木、登山求鱼，只能空手而归；这正像迎风洒水、逆坡推球，只能穷忙一阵儿。因此，事情的难易不在小大，而在于“知时”。[①]只有在“知时”的情况下，人力的作用才会事半功倍。

因此，在天时面前，人力不是被动的，但这种能动性的发挥是以“知时”为前提条件的。

2. 人力与地利的辩证关系

地利也是农业生产的一个重要生态因子，为农作物的生长提供了场所、载体、养分、水分等，但是，离开人的主观努力，不但农作物很难丰收，而且土地根本就不可能变成土壤。只有将地利和人力有机地统一起来，才能保证农业丰收。人力与地利的关系处于复杂的结构当中，主要表现为：

第一，地利是发挥人力作用的条件和对象。人类进行农业生产只能在土地提供的“地利”条件下进行，离开土地来进行农业生产是根本不可能的，正是大地那种包容万物的胸怀才使农作物和人本身有了安身立命之处。巧妇难为无米之炊，而土地正是人们进行农业生产的“米”，人力作用的发挥正是在“地利”条件下进行的，同时，地利又成为人力的对象。地利决定着人力作用的方式（自然条件不同，农业生产方式也不同）、功效（自然条件不同，农业收成也不同），甚至人力作用本身也是由地利条件决定的（在不同的自然条件下，人的体格等方面的自然状况是各不相同的）。

第二，人力是增强、改进和提高地力的动力和主体。在农业生产

① “事之难易，不在小大，务在知时。”（《吕氏春秋·孝行览·首时》）“故知时者，可立以为长。”（《管子·牧民》）

过程中，随着土地的连续利用，土地本身会衰竭，土地的生产力存在着一种递减趋势，“土宜”逐渐会成为“土敝”。但是，农业土壤本身的形成就是人力作用的结果，离开人力作用，土地很难转化为适宜种植农作物的土壤。在农业生产过程中，人可以通过自己的努力，不仅不会使土壤的生产力衰竭，反而还能维持、增强、改进甚至可以提高地力。人们或加进新土，或施肥，或让它休养，通过这些人力作用，“地力常新壮”，成为生生不息的生命之流。①土壤由于人的作用而活了起来。

第三，地利和人力的有机结合是保证农业丰收的条件。地利为农作物提供的只是死条件。在自然状况下，农作物通过自身的生化性能来吸收地力是一个缓慢的过程，农作物只能缓慢地利用作为一个被动者的地利。人力则是农作物的活条件，并能使地利这个死条件变活。通过人力作用，地利能够为农作物快速、有效地利用，这样就加速了农作物的生长过程，提高了农作物的质量。因此，农作物离开了土地就不可能生长，土地离开了人力就不可能发挥作用，人不用力就不可能获得丰收，天下的一切财富都来源于人力。②假如一切听从地利的安排，一切都自然而然，那么，怎么能够保证农业丰收呢？

第四，“知土”是人力和地利相结合的中介。地利的客观性和人力的能动性，是人力和地利关系的两种基本结构，但二者之间可以转化和过渡，而“知土”就是实现人力和地利有机结合的中介。只有人们对“地利”有了比较清楚的认识和把握，人们才有可能利用土地中对农作物和人有利的东西，真正使土地变成“土宜”和“地利”；只有

① “或谓土敝则草木不长，气衰则生物不遂，凡田土种三五年，其力已乏。斯语殆不然也，是未深思也。若能时加新沃之土壤，以粪治之，则益精熟肥美，其力常新壮矣，抑何敝何衰之有？”（陈旉：《农书·粪田之宜》）

② “谷非地不生，地非民不动，民非作力毋以致财。天下所生，生于用力。”（《管子·八观》）

在“知土”的前提条件下，人们才可以避免土地对农作物和人不利的方面。只有这样，农业生产才能有效地进行。人们知道某土适宜种植某作物，种植该作物就会获得丰收，这样就达到了事半功倍的效果；人们知道某土不宜种植某作物，不种植该作物就可以避免劳而无功的后果。这只是问题的一个方面。另一方面，当人们发现某土不宜种植某作物时，还可以深入研究其原因，在这种“知土”的情况下，人们还可以通过一系列技术措施使“土敝”变成“土宜”，从而为引进优质高产的农作物提供适宜的条件。因而，人们不能借口“风土不宜”而拒绝引进新品种。“风土不宜”其实只是一些懒人的借口。①

因此，在先在的地利面前，人不是被动的，但人力这种能动性的发挥是以“知土”为前提条件的。

3. 人的生态主体性

从人力与天时、人力与地利的辩证关系中可以看出，人在和自然的关系中居于主体地位，人是农业生产的主体，这就是人的生态主体性的基本规定。那么，人的主体性是如何建构起来的呢？

第一，“人力”是将人和动物区别开来的标志。人和动物一样，都有吃喝等一系列生命需要，渴而欲饮，饥而欲食，这不仅是人人皆有的天性，也是人与动物相同的地方。人和动物的这种生命需要在他们自身之内是不会得到满足的，必须将这种需要外在化，与外界环境进行物料、能量和信息的交换。因此，如同动物和自然的关系一样，人和自然

① “若谓土地所宜，一定不易，此则必无之理。立论若斯，固后世惰窳之吏，游闲之民，输不事事者之口实耳。”“凡地方所无，皆是昔无此种；或有之，而偶绝。果若尽力树艺，殆无不可宜者。就令不宜，或是天时未合，人力未至耳。”（《农政全书·农本·诸家杂论下》）

的关系本质上也是一种生态关系。但是，人与动物满足需要的方式是不同的，动物只是利用自然界提供的现成产品，人则能将自然界中的潜在产品变成能为人利用的现成产品。人之初，都是过着茹毛饮血的生活，而到了神农那里，用天之时，分地之利，制作耒耜，教民农作，这样农业生产就将人从动物中提升出来了，耕稼劳作是人满足自己生命需要的基本方式。这就是说，人是通过自己的“力”来满足自己的需要的，农业生产是人与自然进行物质交换的主要形式。尽管天时提供了农作物生长所需的“时宜”，农作物在阳光、雨露下生长，但人要获得农业丰收、人要吃饱饭，还得靠自己努力，人吃的其实是自己的“力”。[①]尽管土地提供了农作物生长所需的“地宜”，农作物要生长在土地上，但是，离开人力，农作物就不可能茂盛。[②]人还得从土中刨食。可见，人力将人从动物中提升了出来，是人满足自己需要的基本方式，是农业生产得以进行的基本条件。这样，人就在“天—地—人”这个大生态系统内获得了主体地位。因此，可以说“食以农为本，农以力为功”（马一龙：《农说》）。

第二，“人知”是发挥人力作用的前提和保障。尽管人力可以显示出人的优越性，可以夺得农业丰收，但是，人力只有在不失时的情况下才可能满足人们的衣食需要，人力只有在不逆“地宜”的情况下才可能获得丰收。离开天时和地利提供的便利条件，对天时、地利毫无把握，那么，即使你忙忙碌碌地大干一年，也往往劳而无功。这样，“知”就被突出了出来。“知”是“力”发挥作用的前提和保障，假如“知”不能驾驭“力”或“力”不服从“知”，就不会获得丰收。那么，人应该“知”什么呢？这就是要“知时”“知土”。而“知时”也就是认识天时的结构和功能，要通过“二十八宿周天之度”“二十四

① “天界所生，人食其力。”（马一龙：《农说》）

② “物产于地，人得为食，力不致者，资生不茂矣。”（马一龙：《农说》）

气之推移”“七十二物候迁变”来把握自然界的季节更迭、冷暖交替和阴晴变化，只有这样，才能合理安排农业生产，使春播、夏耘、秋收、冬藏依序而进，农业丰收才成为可能。“知时”也就是要“审时”，而“审时”包括了观察、观测、审视、审辨等一系列复杂的认识活动。“知土”也就是要认识地利的结构和功能，要搞清楚土地的高低、远近、肥瘠、宜弊等一系列自然生态情况，要根据“土宜”来安排种植不同的农作物，要根据“土宜”来运用不同的田间管理办法，要根据“土宜”来采取不同的农业技术措施，要根据“土宜”来实施不同的管理方法，这样才能保证农业丰收。而“知土”包含着一系列复杂的认识活动，包括“相”“视”“观”等诸多环节，“相”也就是要区分土地的高下，“视”也就是要辨析土地的肥瘠，“观”也就是要识别土地上的植物状况。人们只有在有了“知”的情况下，才可以因天时，就地利，用其所宜，避其不宜，以“知”逾“力”，那时人力才“足以胜天”[①]。这样，人的生态主体性的地位就被确定下来了。

第三，“人盗”是人的生态主体性的综合体现。“人力”从实践方面肯定了人是农业生产的主体，“人知”从认识方面肯定了人是农业生产的主体。但是，人的体力和智力是统一的，人的实践和认识也是统一的，因此，必须将“力”和“知”统一起来，以“知”逾“力”，以“力”济“知”，这样才可能真正确定人的主体地位，这样才真正能使农业生产顺利、高效地进行。这就要求人们“盗天地之时利”[②]。

---

① “力不失时，则食不困；知时不先，终岁仆仆尔。故知时为上，知土次之。知其所宜，用其不可弃；知其所宜，避其不可为，力足以胜天矣。知不逾力者，虽劳无功。”（马一龙：《农说》）

② “在耕稼盗天地之时利，可不知耶？传曰：不先时而起，不后时而缩。故农事必知天地时宜，则生之、蓄之、长之、育之、成之、熟之，无不遂矣。”（陈敷：《农书·天时之宜》）

而“盗”不是想怎么“盗”就怎么“盗”的，其中重要的一点就是要“顺天时”“量地利”，也就是要根据人对自然事物的认识，用自己的计谋利用其他自然事物去抵御自然力量，人从自然事物的相互争斗中渔利。因此，“盗亦有道”。这个“道”也就是要求人们巧用“天时”“地利”，要用力少而收获多，而这就要求人们构筑各种具体的生态农业模式，利用物物相生或物物相克的关系来促进丰收。

可见，正像在大千世界中，天、地、人三者鼎足而立，构成一个大生态系统一样，在农业生产中，天、地、人三者都是不可缺少的。天下时、地生利、人尽力，只有这样，农业生产才可有序进行，农业丰收才成为可能。在农业生产中，天时、地利都以“人”为中心和目标，人能够主动地认识和干预自然过程，从而达到快速、高效地获得农业丰收的目的，“夫稼，为之者人也，生之者地也，养之者天也”（《吕氏春秋·士容论·审时》）。这样，人的生态主体性就被确立起来了。

农家将“存乎其人”与“顺天之时”“因地之宜”并列，将“存乎其人”作为农业生产和农业管理的第三项基本原则，其主要的根据就是，人在“天—地—人”这个三维整体中具有能动性，人在农业生产中能够巧用天时、地利，这就从生态学的角度规定了“存乎其人”的内容和根据。这样，“存乎其人”就不是虚妄之说，而成为具有实实在在科学根据的东西。近年来，有一种观点认为，“人定胜天”是造成现代全球性问题的根源，进而对“人定胜天”的理论价值进行了否定。其实，现代全球性问题的形成是多种因素造成的复合结果，“人定胜天”本身也存在着诸多的理论环节，不能对二者采用一一对应的等同态度。从中国理论思维的发展来看，“人定胜天”可能要比“天人合一”更为合理和更有价值。“人定胜天”是隶属于“天—地—人”这个生态系统的，也强调天、地、人三者的协调和平衡。

因此，无论从科学来看，还是从理论思维水平来看，农家突出“存乎其人”的重要性，提出“力足以胜天”的口号，都是一种进步。

二、作为农业管理原则的“存乎其人”

确定人在“天—地—人”生态系统中的主体地位，确认人是农业生产的主体，也就是要确认作为物质资料生产承担者的广大民众的主体地位；在农业生产占主导地位的社会形态中，这就是要确认农民在社会生活中的主体地位。确认农民在社会生活中的主体地位，并不是要强调主权在民或农民是国家的主人，而是突出在社会管理中应如何调动农民的生产劳动积极性的问题，强调激发农民的生产劳动积极性来提高农业生产，从而为国家的长治久安提供保证。①在封建时代，真正的“主体”只能是“天子”或“国君”。说农民是“主体”，只是要求将“存乎其人”作为一项管理原则，将民本主义的思想和人的主体性结合起来管理农业生产。

1.“顺民心”与“存乎其人”

在农业管理中要贯彻“存乎其人”的要求，首先要求各级统治者能够“顺民心”。农家已约略地感觉到了社会历史发展规律的客观强

① 贾思勰引《淮南子》的话说，“食者，民之本；民者，国之本；国者，君之本”（《齐民要术·种谷第三》）。

制性，因此，他们将“顺民心”作为其民本主义思想的第一个规定，将能否“顺民心”看作关系到国家生死存亡的一个重大问题，这就是要以民之“佚乐”为佚乐、以民之“富贵”为富贵、以民之“存安”为存安、以民之“生育”为生育。在农业生产及其管理中，这就是要求统治者能够做到以下几点：

（1）统治者要“知稼穑之艰难”

农业生产是由农民进行的。在自然条件恶劣和农业技术装备不发达的情况下，农民的劳作是很辛苦的。农民付出多而收获少，商人付出少而收获多，大大小小的官吏们却不劳而获，这种极强的反差使农民意识到：农业是一种最苦的职业，农民是天下最苦的人。因此，作为一个统治者，要体察农民的这种辛苦，从历史兴亡的高度来看待“知稼穑之艰难”的问题。只有懂得、了解农民的辛苦，才算是“顺民心”，才可以保证社稷长安而不衰；假如对农民的辛苦采取一种漠然视之的态度，这其实就开始逆民心了，那么国家社稷就岌岌可危了。

“知稼穑之艰难”几乎成为农家的“咏叹调”。农家代表人物对《尚书·无逸》给予了高度关注，在他们的著述中反复引述“君子所，其无逸，先知稼穑之艰难，乃逸，则知小人之依”。他们提出“耕帝籍田”“后妃亲蚕”这两个仪式来强化这一点。徐光启则将这一点发展到了极致，他引用明人冯应京的《国朝重农考》，以朱元璋这个农民皇帝为例，来说明和强调“知稼穑之艰难”的价值和意义。

朱元璋登基第二年，驾幸钟山，他单独一个人从龙冈步行到了淳化门，然后才骑马回宫。他对左右的大臣说：“朕已很长时间不耕稼了，刚才看见农民冒着酷暑耕耘，朕心里觉得很不是滋味，恻隐之心由然而起，不知不觉就走到了这里。”由此，朱元璋提出，农为国本，农民提供了满足人们生活需要的一切物质条件，而又如此辛苦，为司牧者怎么能不悯念他们呢？次年夏天，久旱不雨，朱元璋便选择六月朔日祈雨。四鼓时分，他身着素服，脚穿草鞋，步行走到祈雨的坛址祈雨。他坐在一片草席上，白天曝晒于烈日之下，夜晚俯卧于地。皇太子捧着一个饭钵子与农民同吃。这样，“知稼穑之艰难”就与“神道设教”合一了。而明穆宗十三年春天遇到春旱，穆宗也亲自去祈雨，他指出：天时久旱，尽管是由朕不德造成的，但也与天下的贪官暴吏太多有关，这些人鱼肉百姓，妨碍了天和，从今以后，在选拔、任用官吏上要慎重。[①]穆宗徒步回宫后，不到十天，大雨便从天而降。

农家为什么要宣扬这些神秘主义的东西？关键就在于，他们试图通过这些农民皇帝的形象来打动大大小小的官吏们，用“神道”来强化他们的说教意义，使统治者真正能够“知稼穑之艰难”，以此作为“顺民心”的开始。但是，地主阶级出身的皇帝们是不会真正“知稼穑之艰难”的！

（2）统治者应该谨身节用

大千世界本身是存在着一种节律的。春不可以无限制地长，要由夏来节制它；夏不可以无限制地长，要由秋来节制它；秋不可以无限制地长，要由冬来节制它；冬不可以无限制地长，要由春来节制它。土地是一切财富的源泉，但它并不是任何时候都能有所产出，地生财本身存在一定的时间节律。老百姓是供统治者役使的，但老百姓的气力不是无穷无尽的，他们会疲倦，需要休养生息。劳而欲息，这是人人皆有的本性。因此，处于这个节律世界中的统治者也应该“节”，

① 原话是：“天时亢旱，虽由朕不德，亦因天下有司，多贪暴，为民害，干天和。自今其慎选毋忽。”（《农政全书·农本·国朝重农考》）

要正确地对待自身的物质利益，切不可一味地役使农民以满足自己毫无节制的欲望。这是“顺民心”的一个关键。劳而欲息，这是老百姓最起码的一种生活需求，也是他们内心中最简单的一种愿望，是“民心”所向。一个统治者假如意识不到这一点，只是一味地膨胀自己的欲望，一个劲儿地役使老百姓，用“有时”和“有倦”来供养“无穷”之君，那么必然会丧失民心，使下怨上，甚至可能导致农民揭竿而起，从而使统治者丧失江山社稷。历史上，这类事情举不胜举。桀富有天下而感到用不足，汤只有七十二里的江山而用有余，这不是因为天特别垂爱汤，多赐予了汤豆子谷类，而是因为汤善于节制自己，谨身节用，顺应民心，结果得了天下。桀财富多，但欲望膨胀，只知道役使百姓，搜刮民财，结果丧失了天下。

农家特别欣赏统治者谨身节用的做法。徐光启引冯应京《国朝重农考》指出，能否谨身节用，是关系到社稷江山的一件大事。朱元璋上台后，曾率领文武大臣走访过许多农家，考察农民的衣食住行用等生活和生产情况。还朝后，他对大臣们说：你们知道老百姓很辛苦吗？农民树艺五谷，耕耘稼穑，身不离泥土，手不释耒耜，居草房草席，食粗茶淡饭，辛辛苦苦地供养国家，所以应该让你们知道一下民之疾苦，“取用有节”，不要使老百姓饥寒交迫。[①]统治者取用有节的根本在于节制自己的欲望，不可使自己欲望膨胀；而节制欲望的根本在于加强自身的道德修养，返璞归真。只有统治者加强自身的修养，才可以节欲；只有节用，才可足用；只有足用，可以安民；只有安民，才可以“顺民心”；只有“顺民心”，才可以得天下。

从“顺民心”的角度来规定作为农业管理原理的“存乎其人”，

① “夫农，树艺五谷，身不离泥涂，手不释耒耜，而茅茨草榻，粗衣粝饭，其以供国家经费甚苦，故令汝一知之，欲汝常念农劳，取用有节，使不至于饥寒也。”（《农政全书·农本·国朝重农考》）

这就使“存乎其人”获得了广泛的民众基础，使农业管理能符合历史发展潮流。

2.“忠爱民”与“存乎其人”

在农业管理中要贯彻“存乎其人”的原则，还要求统治者要“忠爱民”，要尊重劳动者的物质生活。只有劳动者的物质生活得到了保障，才可以使他们安心农业生产，才可以调动起他们的生产积极性。而这就要求统治者做到“薄税敛”。作为封建国家财政收入主要来源的赋税是由广大的土地耕种者——农民提供的。如何确定税负，这是一件关系到国家生死存亡的大事。税负过轻，就会减少国家的财政收入；税负过重，又会激化社会矛盾。这是农业管理中必须予以高度重视的一个问题。

农家主张统治者采取“薄税敛”的政策，认为只有这样才可以安稳百姓，使他们安心于农业生产。农家指出，田地尽治而国家贫穷，这是由于统治者追求豪华奢侈的生活：他们装饰舟船车马，大肆建设楼堂馆所，自然会增加国家财政支出，造成入不敷出的局面。为了改变这种局面，国家自然会增加赋税，而增加的赋税必然会向老百姓大量摊派，使他们的投入和产出失衡。这就会导致“民心”丧失，导致老百姓对上产生一种离心力。老百姓与统治者离心离德，必然会造成有令不行、有禁不止的局面。在这种情况下，求国家社稷安稳就是不可能的。因此，赋税问题既是一个经济问题，又是一个社会问题。贤明的统治者应该采用一种适度剥削的形式，将“薄税敛”作为农业管理的一项重要原则确定下来。

如何确定税负的合理比重呢？这涉及一系列因素，“天时”“地利”“人和”等各个方面都要考虑到。一般来讲，确定税负的原则和方法是：一是要考虑到“天时”的因素。年景年年不同，受到“天时”的影响。风调雨顺，农业就会丰收，农民收入也就多，因此可以多征一点；风不调，雨不顺，农业就会歉收，农民收入就要减少，因此应该少征一点。具体的比重应该是：好年景的税负为十分取三，一般年景的税负为十分取二，坏年景的税负为十分取一，灾年应该免税。[①]二是要考虑到“地利”的因素。土地存在着高低、远近、肥瘠的不同，因此，对于不同的土地应采取不同的赋税比重，这样才能体现出公平的原则 。三是要考虑到“人和”的因素。土地的所有权和经营权是两码事，农民只有土地经营权，土地是为大大小小的官吏和地主所有的。为了调节统治集团内部的利益矛盾，税负应与占有土地情况联系起来，占田多则应多交税，占田少则应少交税，不占田则应不交税。[②]四是征税应该制度化。征税应该按照一定的规定进行，主要应与农事节令合拍，在征税的过程中应该避免贪赃枉法现象的发生，对于敢于顶风违规的行为要严惩不贷，这样才能保证国家赋税制度的尊严。《吕氏春秋》“十二纪”由此制定了一个“征收税赋时间表”，要求统治者将之制度化，按照这个表中的内容进行征收工作。我们用表6–1表示如下：

表6–1　征收税赋时间表

征收时间	农事状况	赋税种类	征收原则和方法
孟夏	蚕事已毕	蚕茧税	采桑养蚕的工作结束后，蚕官进献蚕茧，于是开始征收蚕茧税，税额按照桑树的多少征收，尊卑、老少一视同仁，用于供应祭天祭祖的祭服。

① “上年什取三，中年什取二，下年什取一，岁饥不税”（《管子·匡君大匡》）。

② “令宰历卿大夫至于庶民土田之数，而赋之牺牲，以供山林名川之祀。”（《吕氏春秋·季冬纪·季冬》）

续前表

征收时间	农事状况	赋税种类	征收原则和方法
季秋	农事备收	一般的税赋	天子会合诸侯，召集百县大夫，向他们授时令，授意诸侯向百姓征税的原则和贡赋的数量。这一切要以远近和土地产出情况为依据。禁止私吞。
孟冬	水始冰	水泉池泽之赋	命令水虞、渔师征收水泉池塘的赋税，不准有侵夺平民百姓、造成天下人怨恨天子的情况发生。若有不令者，论罪不赦。
季冬	岁将更始	牲畜税	（1）命令太史排列诸侯次序，让他们依次贡赋牺牲，以供对皇天、上帝、社稷的祭祀用。（2）命令同姓的国家供应祖庙所需的牛羊犬豖。
		土地税	命令排列卿大夫直至平民地主的土地、田地的数量清单，并让他们依次贡赋牺牲，以供山林名川之祀用。凡天下九州的人民，没有不贡献自己的力量来祭祀的。

由表6-1可以看出，农家主张的适度剥削论更为适度了，同时将税赋的范围从一般的农业税和土地税扩展到了蚕茧税、山泽税、牲畜税等范围，而这又为增加国家的财政收入提供了保障。其中，运用经济手段（税）来管理自然资源（山泽），这在当今的全球性问题背景下仍然具有价值和意义。

农家将“薄税敛”看成统治者“忠爱民”的重要体现，认为只有这样才可以使上下一心、国家安稳。[①]这样，农家就将“薄税敛”与其民本主义的社会历史观、“存乎其人”的农业管理原则统一了起来，体现出了农家的进步性。主张“薄税敛”，这是中国思想文化诸流派的一个共识，儒家人物都力主“薄税敛”，要求统治者应该采用十分

① “薄税敛，毋苟于民，待以忠爱，而民可使亲。”（《管子·五辅》）

取一（什一税）的赋税制度（主要指农业税和土地税），这也是一切重农思想家的共识。魁奈就指出，“租税不应该过重到破坏程度，应当和国民收入的数额保持均衡，必须随收入的增加而增加”，“为了保护人民不受饥谨和外敌的侵袭，维持君主的光荣和权力，以及国民的繁荣，对于国家说，最必需的财富，第一是耕种经营所要的财富，其次是收入和租税”①。

3.“尽民力”与“存乎其人”

在农业管理中，“尽民力”是贯彻“存乎其人”的一项重要要求。在农业管理中要贯彻“存乎其人”的要求，也就是要求统治者“尽民力”，确定民（农民）的主体地位。这不但是肯定农民是农业生产的主体，是国家财富收入的主要来源，而且是确定农民是国家徭役和兵役的主要服役者，因此，统治者应该“重用民”，让民来提供财力、劳力和兵力。②

农家强调，“尽民力”的核心是役使老百姓致力于发展农业生产，发展生产是“尽民力”的主旨。作为一个统治者，应该看到：食为民之本，民为国之本，国为君之本，因此，应该上因天时、下尽地利、中用人力。只有这样，才能使老百姓专心于农业生产，才能使五谷茂盛、丰产。在农业生产中“尽民力”，包括教民养殖六畜、按照时令种树、维护和保护农业用地、种植桑麻等十分广泛的内容，也就是要确立一种“大农业结构”：宜农则农，宜林则林，宜牧则牧，要

① 魁奈．农业国经济管理的一般原则//王亚南．资产阶级古典政治经济学选辑．北京：商务印书馆，1979：229，231．

② “欲为天下者，必重用其国。欲为其国者，必重用其民。欲为其民者，必重尽民力。”（《管子·权修》）

根据土地资源状况来确定农业结构；要根据不同的节令，进行符合时宜的生产，春伐枯槁，夏取果瓜，秋蓄蔬食，一切应依时序而进行。各级农业管理者的主要职责就是要劝民务农，督民生产，只有这样，国家才能财源茂盛、国库充盈。

徭役和兵役是服从和服务于农时的，国家应该动用民力来大兴土木工程和大修水利工程，也应该动用民力来充军，但必须确定适宜的徭役和兵役的频率，这是"尽民力"时应该注意的一个问题。农家强调省徭役和兵役的好处，要求统治者采取省徭役和兵役的政策，尤其强调不能以"事"（徭役和兵役）来夺"时"，将以"事"夺"时"的行为看成国家的大祸。在具体管理过程中，应采取两项措施：一是不能在农忙时节动用民力大兴土木、大修水利，不能以徭役来夺取农时。否则，会严重破坏农业生产力，尤其是会挫伤农民的生产积极性，正如《诗经·国风·王风·兔爰》所咏的那样，"兔儿自由自在，野鸡落进网里。听说我们上代，甭为官府当差；打我来到世上，到处都有迫害。睡吧，永远睡吧，从此不把口开！"[①]因此，国家应该在农闲时节动用民力。国家也不能在冬季动用民力，应该让老百姓在冬季休养生息，这样才能与冬季闭藏的时令相适应。二是不能以兵事来妨碍农时。兵事也会破坏农业生产力，挫伤农民的生产积极性，正如《诗经·国风·王风·君子于役》所咏的那样，"丈夫当兵去远方，谁知还有几年当，哪天哪月回家乡？"[②]在国家积蓄了一定的军事力量之后，应该想办法来让兵自食其力，不能养兵而害农，兵不能坐食于农。而"屯田"是解决这个问题的一个好办法。"屯田"也就是由国家组织兵力一边垦荒自食其力、一边守卫边防的一种方法，这样可以减

---

① 原文为："有兔爰爰，雉离于罗。我生之初，尚无为；我生之后，逢此百罹。尚寐无吪！"白话译文为余冠英先生今译。

② 原文为："君子于役，不知其期，曷至哉？"白话译文为余冠英先生今译。

轻农民的负担，也可以缓和国家财政紧张的状况。农家认为，这才是明辨事物本真的明智之举。

农家将“尽民力”纳入了“存乎其人”之中，一方面可以使统治者倾向于重农，发展农业生产力；另一方面却成为贪官污吏横征暴敛的借口。因此，他们又提出种种措施，企图弥补“尽民力”的漏洞。

将民本主义和人的主体性思想结合起来，以此作为农业管理的一项基本原则，这是农家思想的一个特色。除了上述三个方面外，这一原则本身还有十分丰富的内容。从一般社会管理的角度来看，它包括“厚生”（发展农业生产）、“输财”（整治道路）、“遗利”（兴修水利）、“宽政”（薄征轻敛）、“匡急”（社会抚恤）、“振穷”（社会救济）等诸多方面（《管子·五辅》）。农家将之作为农业管理基本职能和农业管理者行政道德修养的基本内容。这些都体现了农家思想的民主精华。

三、作为生态农业原则的“存乎其人”

确定人的生态主体性，就是要充分发挥人在农业生产中的主观能动性，使农业生产从简单地依赖和利用天时、地利等自然生态条件，变为主动、积极地干预自然界的物质变换，扩大和延长生态系统中的食物链，通过这种“力足以胜天”的方式，达到夺取农业丰收的目的。

1. 盗用“天时”的复种技术

寒去暑来，随着自然界的季节变化，农作物的生长也呈现出一种季节节律。在一般的条件下，北方只能一岁一收，南方只能一岁二收，这是人们被动利用“天时”的农业生产方式。但是，各种农作物具有不同的播种期和生长期，对光照、湿度、热度和温度等生态因子的要求是不同的，因此，人们可以在同一块农田上错开时间种植不同的农作物，以达到“一岁数收”的目的[①]，这就是复种技术。农家通过对复种技术的探讨和推广，使人的生态主体性在“天时”面前高扬了起来。

复种技术是从间作和套种技术中发展起来的一种栽培技术。早于欧洲人两千年前，我们的祖先就开始运用复种技术进行农业生产了。最早的复种技术仅限于蔬菜栽培方面，因为蔬菜的生长期一般较短，便于复种。例如，贾思勰曾谈到在麻地中撒芜菁子和在葱地中种胡荽的复种技术。后来，复种技术发展到种植领域，主要是在谷物地中复种蔬菜。例如，元代发展了区田技术，将农田划分成棋盘状，在这些区里，正月种春大麦，二、三月种山药、芋子，三、四、五月种谷、大豆、小豆、豇豆等，八月里种大小二麦。从收获次数来看，在北方地区，最简单的一种方式是“一岁三收”。例如，清代理学家、农学家杨双山曾提出这样一种“一岁三收”的复种技术：冬月预先在一亩白地上上油渣一百五六十斤，将地治熟；春二月种大蓝，四月种小蓝于大蓝中间，同时上油渣一百五六十斤；五月挑去大蓝，再上同等数量的油渣；六月剪去小蓝，同时种植粟谷。秋收之后，不用上粪，精

① “一岁数收”和“人定胜天”是紧密相关的。主张“人定胜天”的荀子提出，“今是土之生五谷也，人善治之，则亩数盆，一岁而再获之”（《荀子·富国》）。

犁即可，然后种植小麦。第二年，麦收后种小蓝；小蓝收后种粟谷；粟谷收后，耕过农田，便等第二年再种大蓝。这样便达到了一岁三收的成效，而且没有损耗地力。“二岁十三收”则是较为复杂的复种方式。复种指数的增加对耕地和施肥都提出了新的要求，如在进行“二岁十三收”的种植时，首先要纵横耕地九遍，每遍上粪一车。与复种技术相配套，我们祖先还由此发展出了移植技术。例如，在稻麦两熟轮作地区，晚稻到十一月上旬才开始收割，小麦又无法套种到稻田里，于是，当地农民就发明了小麦移植技术，中秋节前将小麦种在高地上，稻子收割完毕后，移麦秧于稻田，这样就克服了收稻迟于种麦造成的困难。

复种技术的采用和推广，破除了“天时”的神秘性，使“力足以胜天”的主体性在人和“天时”之间确立了起来。人的主体性表现在：通过巧妙利用农作物的生长期，将有限的“天时”变成了无限的“农时”；通过在一块农田上巧妙种植不同的农作物，用农田利用的无限性弥补了“天时”的有限性。这样，“天时”在人的手中变成了可长可短的东西，而主旨在于延长“天时”。这种巧妙利用生态季节节律来安排农业生产的方法，其实就是农家的生态农学思想的体现，因此，复种技术其实是一种生态农业的生产方式，具有合理利用地力、抗御自然灾害等多方面的功能。

2. 盗用“地利”的垦田技术

将土地转化为土壤，这是人的生态主体性在“地利”问题上的主要体现，也是农业生产得以进行的第一步。但是，人口与土地的矛盾一直是困扰农业生产的一大矛盾：在人口稀少的情况下，存在着人少地广的矛盾；在人口增多的情况下，又存在着人多地狭的矛盾。这些问题只能通过发展生产来解决。随着社会的发展，人多地狭的矛盾日益成为主要矛盾，这样，如何扩大耕地面积的问题就被提了出来。在长期的生产实践过程中，我们的祖先发展出了多种垦田技术，农家对之进行了理论化和系统化的总结。大体说来，主要有以下几种：

（1）与水争田的圩田

圩田（又称为围田）是开垦和利用低洼土地，尤其是河滩地的一种方式。在春秋时代的吴越地区，人们已开始围田。到了南宋，圩田技术已发展到了高峰。具体做法是：在低洼地、沼泽地、陂塘、湖泊、河道边滩地上，用修筑堤岸的办法将地围起来，开辟为农田；堤内围田，堤外围水。

圩田技术是我国劳动人民在和洪涝自然灾害斗争的过程中产生和发展起来的。起初，人们只是利用湖畔或江边的滩地进行垦殖。人们在枯水季节种植一季庄稼，赶在汛期到来之前收获。随着人多地少矛盾的突出，围垦田地逐渐连片集中，并向广大沼泽地区扩展，围田与蓄洪、排涝的矛盾日益突出。为了解决这一问题，围田必须与有计划地开挖浦塘并举，必须使洪涝有出路。这样便出现了类似河网化的圩田系统。在圩田系统内，散布着纵横交错的渠道，形成了五、七里一纵浦，七、十里一横塘的结构，纵浦和横塘之间修筑了堤岸，浦塘深阔，堤岸高厚，这样，洪水只能在浦塘之间迂回辗转而出。高地和低地之间还设有斗门、堰闸，分级分区进行控制。这样，高地不受旱，低地不怕涝，确保了生产安全。徐光启用诗将圩田的构筑方式、结构和功能作了如下概括：“度地置围田，相兼水陆全。万夫兴力役，千顷入周旋。俯纳环城地，穹悬覆幕天。中藏仙洞秘，外绕月宫圆。蟠亘参淮甸，纡回际海壖。官民皆纪号，远近不相缘。守望将同井，宽平却类川。隰桑宜叶沃，堤柳要根骈。交往无多迳，高居各一廛。偶因成土著，元不畏民编。生业团乡社，嚣尘隔市廛。沟渠通灌溉，塍埂互连延。俱乐耕耘便，犹防水旱偏。翻车能沃槁，瀽穴可抽泉。拥绿秧锄后，均黄刈获前。总治新税籍，素表屡丰年。黍稌及亿秭，仓箱累万千。折偿依市直，输纳带逋悬。岁计仍余羡，牙商许懋迁。补添他郡食，贩入外江船。课最司农绩，治优都水权。”（《农政全书·田制》）可见，圩田确实体现了人在“地利”面前的主体性，为发展农业生产提供了物质条件，同时具有社会、经济、生态诸多方面的功能。

但是，人的主体性的发挥具有双重效应：人们在改造和利用自然的过程中，可以增强自然界的生态功能，也可以削弱自然的生态功能。圩田也是这样，一方面，它从水面争夺了相当的田地，扩大了农作物的种植面积，保障了人民生活；另一方面，水面却日益缩小，泄洪能力降低，从而使水祸加重。南宋时期的太湖流域，由于豪宗巨族的广包强占，圩田间的浦塘系统遭到破坏，使得“有丰年，无水患”的太湖流域出现了“千里一白”的水患局面。在洞庭湖流域，由于人们广包强占水面，打破了“历代以来，有河患无江患”的格局，使得长江大水连年不断。为解决这一问题，在十一世纪，曾形成了两种方案：第一种方案是全面规划，从整体整治，结合治水营田，修筑浦塘、堤岸、堰闸等；第二种方案是疏排洪涝，废田还湖。在中央集权体制下，这两种方案都涉及一系列重大利益的调整问题，不可能付诸实施，尤其是在生态意识还未确立的古代，后一种方案更会遭到人们的激烈反对。我国的国情与荷兰不同。荷兰面对大海，岛内土地狭窄而且不宜耕种，因此，他们围海造田有不得以而为之的原因：既可以解决人们的吃饭问题，又可以防止海潮的袭击。我国圩田的开发和利用，起初具有合理性和可行性，而且能发挥社会、经济、排涝等多方面的作用；但是，我们是在内陆水域围湖造田，随着水面的缩小，容易形成水患。

今天，我们应按照生态科学的原理和生态农业的经验，逐步实施废田还湖的方案，以牺牲短期和局部利益来换取长远和全局利益。在废田还湖的同时，我们应逐步建立起湖泊农田生态系统，在深水处养鱼，在浅水处种菱，在水边种植芦苇，在水面养鸭，实行多种经营，这样既可以弥补废田后的损失，又可获得还湖的益处。

圩田的开发和利用，体现了人在“地利”面前的主体性。同时，它又告诉人们：主体意识必须受到生态意识约束，才能充分发挥它的效用；只有将主体意识和生态意识统一起来，才可能保证农业生产持续发展。

在与水争地的过程中，我国劳动人民还发明了其他许多垦田方式，主要有架田、涂田等。架田是在水面上架设木筏铺泥而成的一种农田，所铺的泥一般都是茭根盘结的葑泥，因此，又称为葑田。除了木架铺泥的架田外，还有一种用芦苇或竹篾编成的架田，这种田不铺泥，只用来种蔬菜。涂田是直接利用海涂耕作的一种方式，包括筑堤挡水、开沟排盐、蓄淡灌溉等三种措施。利用海涂种植，比一般农田可多获利十倍以上。

（2）与山争地的梯田

梯田是妥善利用丘陵坡地的一种耕种方式，它的起源可以追溯到汉代。“梯田”的名称始见于宋人的书里，但在当时已是一派繁荣的景象了。在宋人的笔下，从山脚到山顶，放眼望去，农田层层而上，满目尽是。修梯田的具体做法是：在山区、丘陵区坡地上平土筑坝，依山而上，修成许多高低不等、形状不规则的半月形田块，上下相接，像梯子一样。

梯田是利用丘陵坡地的一种方式，但并不是唯一方式，而是比较高级的方式。它是逐步发展而来的。我国开垦利用山陵坡地的历史很久，但是，由于粗放经营，春种秋收，产量高低全凭天时。这样下来，一块地种了三五年后，地力就衰竭，只好抛荒，另行开辟新田。更为严重的是，这种原始的垦山种植活动使天然植被遭到严重的破坏，并导致水土流失。比如，宋代之前，四明山地区山清水秀，森林茂密，植被丰富，偶遇暴雨湍流，沙土流失不多，淤积也少，这是因为有植被的保护；但到了宋代，由于人们竞相砍伐山林，植被遭到破坏，水土失去了植被的保护，致使流沙急下，淤塞河流，舟楫不通，田亩难以灌溉（魏岘：《四明它山水利备览》）。以粗放方式垦山种植只能带来这样的生态恶果。梯田便是针对既要垦山种植又要防止水土流失这种矛盾创造发明出来的。

从具体操作来看，梯田的修筑技术包括这么几个重点：一是在山多地少的地方，采用“层磴横削”的方法，修成阶梯状的田块，即可进行耕作。“层磴”就是将山坡地修起一层层阶梯；“横削”是将每层阶梯横削成平面。这种梯田，也就是水平梯田。二是如果有土有石，要“叠石相次，包土成田”。也就是说，要先用石块修成田唇，再平土成田。三是上有水源，可自流灌溉，种植水稻；若无水源，就只能种植粟、麦，但这样丰收就没有保证。四是在有可能的条件下，可以设法储存降水。在起伏的山垅之间修筑起堤防，用来储存雨水，这样可以解决用水问题。这种梯田由于田面平整，雨水可以逐渐地为土地吸收，得到了较大限度的利用，从而可以减轻甚至避免水土流失，这就为夺取农业丰收创造了适宜的生态条件。王祯曾用诗歌的形式，对梯田的建筑方式、耕种方法作了这样的描述：

“世间田制多等夷，有田世外谁名题。非水非陆何所兮，危巅峻麓无田蹊。层磴横削高为梯，举手扪之足始跻。伛偻前向防颠挤，佃作有具仍兼携。随宜垦斸或东西，知时种早无噬脐。稚苗亟耨同高低，十九畏旱思云霓。凌冒风日面且黧，四体臞瘁肌若刲。冀有薄获

胜稗稊，力田至此嗟欲啼。”（王祯：《农书》）

梯田具有保持水土、保证收成的双重功效，体现了人在山地面前的主体性。但开发和利用梯田也存在一个因地制宜的问题，不顾自然地理条件盲目开垦梯田或随意废弃梯田，都会造成生态灾难，我们在这个问题上有过沉痛的历史经验教训。

盗用“地利”的垦田技术又一次确证了人的生态主体性，为农业生产提供了合适的土壤生态条件。但是，由于土地是一种多结构的生态系统，它与外界环境处于复杂的物质变换过程之中，因此，在土地面前弘扬人的主体性，必须要有一种生态意识，要对问题全盘考虑。生态意识对于“地利”因素和人的主体性来讲，不是外界强加于人之上的，而是出于人内在的要求。

3. 巧用“物宜”的施肥技术

“庄稼一枝花，全靠肥当家”，这一农谚形象、生动地反映了我国劳动人民对肥料在农业生产中的重要作用的科学认识。农家早就意识到了这个问题，他们虽然没有形成关于农业生产中物能循环的确切的生态学概念，但看到了事物之间具有一种相生的生态关联，发现人们可以利用物物相生的这种生态关联来维持和提高地力、增加农作物产量，充分肯定了人在巩固和加强农业生产的物能循环过程中的主体作用，并将之作为自己的一个关注中心。

（1）施肥的生态学根据

在农业发展的早期，人们只是消极地利用自然界的物能循环，还没有主动地采用施肥技术。后来，人们之所以要采用施肥技术，其原因在于：一是，人们发现施肥具有维持和提高地力的作用。在一块地上连续种植几年后，这块地上的农作物产量会大为减少。为什么会出现这种现象呢？农家用“地力”这个概念来解释这个问题。他们认为，随着土地的连续利用，地力被农作物逐渐吸收完毕，因此，地力会出现衰竭现象，地力衰竭之后，农作物的产量自然会下降。但是，通过人的努力，土地的生产力可以得到维持，甚至可以提高，关键就是要向土地投入肥料。由此，农家形成了“地可使肥，又可使棘”（《吕氏春秋·士容论·任地》）的科学认识。二是，人们发现肥料还具有改良土壤性能的作用。肥料含有多种有机质，因而可以帮助改善土壤的物理结构和生化性能，从而使土质大为提高，有利于作物根系的生长。农家指出，季夏时分，土润溽暑，大雨时行，若将田地杂草锄掉，将它们晒干烧掉后，可以起到“粪田畴”“美土疆”（《吕氏春秋·季夏纪·季夏》）的作用。而这里的“美”也就是改良土质的意思。因此，农家很重视“土化之法”（施肥改良土壤技术）。后来，农家认识到，只有基肥才能起到改良土壤的作用。三是，人们发现肥料具有滋苗的作用，可使农作物强壮茂盛。农作物生长到一定程度后，单凭土地自身的肥力就很难维持它的生长了，而施肥可以使农作物出苗齐整、植株茂盛。四是，人们发现施肥可以增强农作物抗御自然灾害的能力。施肥之后，农作物苗壮齐整，不易招惹害虫，同时具有抗倒伏、抗风寒、抗涝、抗旱等多种品质。因而，对于农业生产来说，施肥不是可有可无的事情，通过这种人为的方式加强农作物的物能循环，能为夺取农业丰收提供合适的生态条件。

（2）**肥料的种类和制作**

我国劳动人民和农家代表人物是从物物相生的角度来看待肥料和施肥技术的，因此，与西方不同，我国的肥料来源十分广泛，大体上可以分为以下几类：一是大粪，即人粪尿。农家认为，大粪力壮，种田甚美。二是牲畜粪，包括厩肥、鸟兽粪、蚕矢（蚕沙）等。农家指出，要根据农作物具体情况来施用这一类肥料，如种韭菜宜用鸡粪。三是绿肥，包括苗粪和草粪两类。苗粪指栽培的绿色作物，除了常用的苜蓿和豆类外，还包括菜子和麻类 。草粪指野生的树叶、草类等枯枝败叶。四是渣粪，包括菜子饼、芝麻饼、豆饼和棉子饼等农产品加工后的剩余物。五是骨蛤灰粪，包括一切禽兽的骨头、蹄角、骨灰和骨粉，以及蚌蛤壳等。六是皮毛粪，包括鸟兽皮、汤焗之水、猪毛皮渣等。七是生活废弃物粪，包括米泔、洗鱼水、稻麦糠等。八是土粪，包括熏土、坑土、墙土、硝土、草木灰等。九是泥粪，包括阴沟、渠港、河底青泥污水。十是石灰、硫磺、砒、黑矾等矿物肥料。可见，前七类基本上是有机肥，后三类基本上是无机肥。从这些肥源可以看出，物物相生的生态关联法则得到了最大程度的利用。

从肥料的制作来看，也有十分复杂的方法。单就制造堆肥的技术而言，也是多种多样的，大体上有以下几类：

一是踏粪法：将灰、烂草、腐柴垫于厩中，让圈养动物践踏；每日垫三寸厚，加上动物的便溺，经一宿践踏后出圈堆积，日复一日，这样就可弥补动物类肥料的不足。二是窖粪法：每家置粪厕一所，用砖将四周砌起来，将粪藏于窖中，并将捡拾来的粪投于其中。三是蒸粪法：每家置茅草屋一间，将扫除之土、燃烧之灰、簸扬之糠秕、断枝败叶投入其中，然后加盖，用气蒸熏糜烂这些东西。四是酿粪法：在厨房外深凿一池，仔细砌好，将舂谷后的谷壳、泔水投入其中，沤久自然腐烂。五是煨粪法：干粪积成堆后，用草火煨之。六是煮粪法：用牛骨汁煮牛粪，煮出清汁，然后浸种。另外，劳动人民在长期的实践过程中，还发明了其他不少的制作肥料的方法，农家都对之进行了系统化的总结。

（3）施肥的方法和原则

农田施肥是一项复杂的系统工程，与农作物种类、土壤、气候、时令以及肥料种类和数量等都有密切关系。这就要求人们在施肥时要采用科学的施肥方法，贯彻科学的施肥原则。

从施肥方法看，肥料有基肥、种肥和追肥三种形式。《氾胜之书》中已明确提出了这三种施肥方法，后代对此有所损益。基肥是在农作物播种之前，通过在大田漫撒而施用肥料的一种方法。基肥具有双重功效，既可以帮助和土、增强土壤的保墒能力，又可以比较长期地满足农作物对养分的需要。随着牛耕的推广，这成为最基本的施肥方法。我国古代又将基肥称为“垫底”“坐兜”“胎肥”，由此可以看出基肥的主要作用在于保底。种肥是将种子和粪拌在一起下种的一种施肥方法。《氾胜之书》中谈到了三种下种肥的方法：一是针对“薄田不能粪”的具体情况，将种子和未经处理的蚕矢拌在一起下种；二是用雪水浸泡蚕矢五六日，待其发酵后，碾碎拌种；三是用酢浆和蚕矢一起浸种，夜半浸种，凌晨时和白露一齐种下。施用种肥是专为种子发芽提供养料的，同时也具有抗御病虫害的作用。追肥是指在农作物生长期间进行施肥的一种方法。谷类作物在幼穗分化时期对肥水的需要最多、最切，这个时候，若能妥善追肥，就为丰收奠定了基础。因此，我国古代将追肥称为“接力”“托腰”，这就明确地指出了追肥的作用。追肥不是一次即可完成，而应分次施用。另外，古代发明的用骨灰蘸秧根的方法，也是一种追肥方法。将这三种方法结合起来使用，会收到更好的效果。

从施肥原则看，施肥应考虑到“天时”“地利”和农作物三个因素，由此形成了施肥“三宜”的原则。施肥“三宜”指的是：一是施肥要考虑到“时宜”，在不同的季节要施用不同的肥料。北方地区，春季干燥，气湿尚低，宜用腐熟的人粪尿等速性肥料；夏季高温多雨，肥料养分容易淋失或矿化，宜用草、泥、绿肥等。南方地区，三到九月，温度高，雨水多，水田施肥腐烂快，但养分容易淋失，宜多用垃圾；十到来年二月，温度偏低，雨水较少，水田就要用肥效较速的人粪尿。二是施肥要考虑到“地宜”，要根据不同的土壤性质采用不同的肥料。三是施肥要考虑到“物宜”，不同的农作物要求施用不同的肥料。例如，水稻宜用骨粪、皮毛粪，麦粟宜用黑豆粪、苗粪，蔬菜宜用人粪、油渣粪，这些都是根据作物的不同性质，通过试验而总结出来的，如此施肥，可以起到事半功倍的效果。

这样看来，施肥方法也要体现主体意识、系统意识和生态意识相统一的原则。

在中国农业的发展过程中，农业生态系统的物能循环有了巨大扩展，虽然只局限于土壤与植物、土壤与动物的循环，但其中包含的中间环节越来越多，肥料将不同的营养级联系在了一起，使农副产品的种类和利用方式越来越多样化，食物链逐步延长。一般来讲，要发展农业生产，必定会使土地的生产力衰竭。但是，中国不仅没有产生这种地力与产量相互制约的矛盾，致使农业崩溃，甚至相反，竟然在连续种植几千年的情况下，形成了农业越发展，土壤越肥沃，土壤与农业产量相互促进的良性局面。之所以能够形成这种良性局面，就在于我们建立和扩大了农业生态系统的物能循环流，通过施肥技术将人的主体意识、系统意识和生态系统统筹了起来。

在西方石油农业日益暴露出其弊病和局限的情况下，这种自然的和有机的施肥技术日益显示出超时代、超国界的巨大价值。早在20世纪初，美国土壤物理学家富兰克林·H. 金就在《四千年农夫——中国、朝鲜和日本的永续农业》一书中，提到过我国农民利用各种有机肥料保持地力的技术。20世纪30年代，英国农学家A. 霍华德认为，中国农民把一切有机体残体和废物、垃圾制成堆肥，投入农田，是长期维持大量农业人口生活而地力不衰的关键所在。他将这一经验上升到了理论的高度，写成了《农业圣约书》一书。当前，有不少人丢弃了我们老祖宗的这一具有重大的生态和经济价值的施肥技术，步西方人石油农业的后尘，大量使用化肥，结果致使土地板结、地力衰弱，以一时的丰收换回了难以估量的损失。事实告诉我们，生态意识、系统意识对于农业生产决不是可有可无的东西，而是有实实在在的根据、明明白白的价值。只有在生态意识和系统意识指导下，我们才可能找到有机农业和石油农业的契合点，从而真正建立起适合生态农业的现代大农业，使中国农业真正获得持续发展的后劲。

4. 巧夺天工的农业机械

人要在生产中消费自然力，就需要一种“人的手的创造物”——生产工具或劳动工具。农具（农业机械）不仅仅是一种生产工具或劳动工具，它既是人的主体性在农业生产中得以发挥作用的物质前提和基础，又是人的生态主体性的物化成果。在中国传统文化中，用“器”来称呼一切机械和工具。儒家将“器”看成“形而下者”，主张“君子不器”（《论语·为政》）；道家反对使用农业机械，主张“使有什伯之器而不用”（《老子》八十章）；与儒道两家的看法相反，农家则十分注重农业机械在农业生产中的重大作用，主张“欲善其事，先利其器”，看到“调习器械”能起到“务令快利”的作用（贾思勰：《齐民要术·杂说》）。在这种思想的指导下，农家根据我国农业发展的实际，大力推广和运用农业机械，并对农业机械的构造和原理进行了研究，由此推动了中国农业的发展，使人的主体性通过农具真正弘扬了起来。

（1）**耕地农具——铁犁**

犁是一种由耒耜发展而来的耕地农具。我国在战国时代便有了铁犁，汉代已达到了定型化的水平，唐代达到了系统化的水平，宋代则在多样化上下了不少功夫。

根据新中国成立后出土的汉代铁犁等文物，我们发现铁犁在汉代达到了定型化的水平。汉犁有铁制和木制两部分，当时的耕犁是铁制的犁铧，已经有犁壁的装置；木质部分由犁辕、犁梢（柄）、犁底（床）、犁箭、犁横等部件组成。欧洲的耕犁直到11世纪才有犁壁的记载，而我国至迟在汉代就有了犁壁的装置。没有犁壁装置的耕犁起不到碎土、松土、起垄、作亩的作用，还得辅之以锄、铲等农具才行。有了犁壁，就能翻土碎土。犁壁有一定的方向，向一侧翻土，既可以把杂草埋在下面作肥料，又能起到杀虫的作用。除了先进的犁壁装置外，汉犁还有能调节耕地深浅的犁箭的装置。汉犁有双辕和单辕两类，基本上是二牛抬杠式的。

到了唐代，我国的铁犁达到了系统化的水平。当时的犁是曲辕犁，共由十一个部件构成，铁制部分有犁镵和犁壁两部分，木制部分有犁底、压镵、策额、犁箭、犁辕、犁梢、犁评、犁建、犁槃等九个部件。每个部件都有特定的功能和合理的开式。犁壁在犁镵之上，它们是一个曲面的复合装置，用来起土翻土。犁镵长一尺四寸，宽六寸。犁壁长宽各约一尺，略呈椭圆形。犁底长四尺，宽四寸；压镵宽四寸，长二尺。策额是捍卫犁壁的，宽四寸，长一尺六寸。犁箭和犁评是调节犁地深浅的装置，可以使犁头深入浅出。犁箭即犁柱，高二尺；犁评长一尺三寸。犁梢是用来掌握耕地的宽度的，全长四尺五寸。犁辕是一根有适当弯曲度的长木杠，长九尺。辕头还有可以转动的犁槃，是一根长三尺、略呈弯曲的木棒。整个唐犁结构完整、精巧，使用起来轻便、易控，效率高，和现代的犁基本相同。不仅如此，唐代农学家陆龟蒙还专门撰写了一部记述犁的结构和功能的农业机械专著——《耒耜经》，全文虽然只有短短的几百字，内容却相当完备，这标志着我国农学研究开始将农业机械研究纳入自己的关注视野。

宋代以后，我国的耕犁向多样化的方向发展，出现了一些专门的耕犁，如水田用犁镵、旱地用犁铧、草莽用犁镑、荒地用犁刀等。当时，我国的耕犁一度达到世界领先水平。

（2）播种机的始祖——耧

耧是用来播种的农业机械。我国在战国时代就有了播种机械。汉武帝时，赵过在一脚耧、二脚耧的基础上，创造发明了能同时播种三行的三脚耧。汉武帝曾经下令在全国推广这种先进的播种机。

耧由耧架、耧斗、耧腿等几部分组成。耧架木制，供人扶、牛牵；耧斗为承种木箱，分大小两格，大格放种，小格与播种节门相通，用来匀送种子；耧腿是三只开线的铁镵，后部中间是空的，两腿之间的距离是一垄。播种时，一头牛拉耧，一人牵牛，一人扶耧，一边走一边摇，种子自动地从耧斗中流出，分三股经耧腿，再经耧铧的下方播入土中。在耧后边的木框上，用两根绳子悬挂一根方形木棒，横放在播种的垄上，随着耧前进，自动把土耙平，把种子覆盖在土下，这样一次就完成了开沟、下种、覆盖三道工序。另外，再用砘将土压实，使种子和土紧密地附着在一起，有利于种子发芽生长。利用这种耧，一天就能播种一顷地，大大提高了播种效率。

耧已具备了现代播种机的开沟、下种、覆盖、压实四种功能中的前三种，将前三道工序连在一起，由同一机械来完成，因此，它实际上是现代播种机的始祖。

（3）水泵的原型——龙骨水车

龙骨水车（又叫翻车）是一种用来提水灌溉的农业机械，是由东汉灵帝时的毕岚所创造的。

龙骨水车主要由木链、水槽、刮板等部件组成。车身用木板作槽，长二丈，宽四寸到七寸不等，高约一尺；车中间架设行道板一条，和槽取同样的宽度，但比槽板两端各短一尺，用来安置大小轮轴；在行道板上下，通周用一节一节的木链连接起来，很像龙的骨架，因此，这种水车被称为龙骨水车。提水时，用人力、畜力或水力带动下边的龙骨板叶沿木槽向上移动，把水刮上岸来，流入农田。龙骨板叶绕过上端大轴，又在龙骨道板上向下移动，绕过下端的轴，重新刮水。这种过程循环不已，水就从低处源源不断地被车上岸来。

龙骨水车这种链轮传动、翻板提升的工作原理，与现代电动水泵有异曲同工之妙，实际上是水泵的原型。

在中华民族五千年的光辉灿烂的历史长河中，我国劳动人民充分发挥自己的聪明才智，创造了许许多多的各式各样的实用、轻便的农具，在大自然面前充分展示出自己的“理性的狡狯”，像徐光启这样的一大批农家和农学家用笔录和绘图的方式把它们记录了下来，从而使这种器物文明得以保留下来。

5. 力尽人治的生态农业模式

“大鱼吃小鱼，小鱼吃虾米，虾米吃烂泥”，这一俗语形象、生动地反映出一切生态系统中诸因子之间存在着一种普遍的关系——食物链，即生态系统中各因子之间存在着一种取食和重复取食的关系，通过这种关系，物能循环在整个系统内得以完成。现代生态农业的各种模式就是在农业系统中自觉运用食物链的关系原理构筑起来的。虽然在农家思想中没有形成确切的、科学的“食物链”的生态学概念，但农家人物注意到了食物链关系在自然界存在的广泛性和在农业生产中利用这一关系的有效性，提出了不少极具价值的生态农业模式，由此表达了他们对人在农业生产中的主体性的肯定。

（1）以生产者为主体结构的生态农业模式

从物能循环水平来看，一切绿色植物（包括农作物在内）都是生态系统的生产者，它们可以利用太阳的热能把无机物转化为其他生物所需的能量。各种生产者之间也具有一种相生相克的关系，人们可以利用生产者之间的相生相克关系来进行农业生产，由此就构筑起了以生产者为主体的各种生态农业模式。

1）“瓜—豆”模式。这一模式是由贾思勰在《齐民要术·种谷》中提出来的。瓜、豆都为农作物，为人类提供食物。但是，瓜、豆二者的性能不同，瓜性弱，豆性强，人们种瓜时可以将瓜、豆种于同一个坑内，利用性强的豆类来扶助性弱的瓜类。具体做法是：挖一个斗大的坑，将四枚瓜子、三粒大豆同种于土堆的向阳面，这样，瓜芽可以借助豆芽的势力出土；瓜生数叶之后，就掐去豆苗，这样，豆苗就不会和瓜苗抢夺养分，还会为瓜苗提供养分，因为豆断必然出汁，豆汁就可以滋润瓜苗。这样，豆就为瓜提供了起土、壮苗两方面的帮助，瓜借助豆的这种相生作用就可茁壮成长。

2）“草—芝麻—谷”模式。这是明代邝璠在《便民图纂》中记述的一种模式。这一模式是利用芝麻的垦草作用来为种植谷物提供适宜条件的。荒田开垦以后，草多，不宜种植谷物，需要除尽野草；犁过地之后，先种与草类有相制关系的芝麻一年，这样就可以使草木之根败烂；第二年种谷物时，就无荒草之害了。

3）“麻—桑”模式。这是陈敷在《农书·种桑之法》中提出来的一种模式。这是一种将苎麻种于桑园之中，因种麻施肥而同时肥桑的一种方法。麻、桑都为人提供衣料来源。桑成树之前，株与株之间都留有空余，可以种植其他作物，而将苎麻种于桑园之中，可以收到一举数收的效果。麻和桑的根系不同，桑根深，麻根浅，种麻于桑间对二者都无妨碍。人们种麻就得施肥，而肥麻的同时也就肥了桑，因此，在桑成树之前，人们种麻越多（年头），桑也就越茂盛。只此一项，既可以解决纳赋税的问题，同时又解决了全家人的穿衣问题。

这些模式都是利用植物与植物之间的相生相克的关系。

（2）以生产者和消费者的复合结构为主体结构的生态农业模式

在生态系统中，动物是消费者，要靠植物提供的能量生存。生产者和消费者之间既有相克的一面（动物要食用植物），也有相生的一面（动物粪便可以为植物提供养料），它们之间由此构筑起了一个物能循环圈。人们可以将这种关系运用到农业生产中。

1）“草—鱼—稻”模式。这是唐代刘恂在《岭表录异》中记述的一种模式，是一种利用鱼的垦草作用为稻提供适宜条件的方法。草、稻均为生产者，但人们不可能将稻直接种于刚开垦出来的水田中，因为新田草多，不宜稻子生长。人们开垦出新的水田后，等春雨时田中聚满水，然后买鱼苗撒于田内。一二年之后，鱼儿长大，并将田内的草根食尽。这样，水田就成为了熟田，适宜种植稻子。这种田不会生稗草，可以免除人们的除草之苦，人们还收到了鱼利。这是一种用消费者（鱼）为生产者（稻）服务的方式。

2）“桑—羊—稻”模式。这是由明末《沈氏农书》记述的一种模式。这一模式主要是为了解决稻田的肥料来源问题。我国南方地区人多地狭，农田肥源不足，又不宜大规模放牧牲畜，“桑—羊—稻”模式就是为解决这一矛盾提出来的。这就是靠桑叶来饲养湖羊，用湖羊的粪便来肥稻田，由此便形成了一种合理的物能循环。

3）“水—桑—牛—稻”模式。这是由陈敷在《农书·地势之宜》中提出的一种模式，主要是用来解决高地种水稻的水源问题。在高地种水稻，关键的技术问题是要解决好稻田的用水问题。经过对地势勘测后，可以在高处水会合的地方凿陂塘来蓄水，大约十亩地上应划出二三亩用以凿陂塘蓄水。这样，堤岸是否坚实就转化为主要矛盾了。为了解决这一矛盾，人们可以在堤上种桑、养牛，这样就可以取得一举数得的效果：桑下系牛，牛得凉荫，可以遂性成长，又有水草可食；堤得牛之践踏而坚实，而桑也具有护堤的作用；桑种在堤上，可以得到牛的粪水的滋润，从而茁壮成长；稻可以得水，旱涝均宜，农业丰收有了保障。

农家不但注重利用生物的食物链关系来为农业生产服务，而且具有一种大农业意识，要求人们兼顾种、养、加或农、林、牧、副、渔各个方面，将这种大农业看成国家富裕的基础①，而这种大农业也是一种生态农业模式。

通过上述五个方面的考察可以看出，农家强调在农业生产和农业技术诸方面发挥人的主观能动性，将“存乎其人”作为农业生产的一项基本原则；而且强调人的这种主体性就体现在，人能够利用自然事物之间的相生相克的生态关联来指导农业生产，农业生产要尽可能利用自然事物之间的这种相生相克的生态关联来夺取农业丰收。因此，“存乎其人”同时也就是农家提出的一项生态农业原则。

① “山泽救于火，草木植成，国之富也。沟渎遂于隘，鄣水安其藏，国之富也。桑麻植于野，五谷宜其地，国之富也。六畜育于家，瓜瓠荤菜百果备具，国之富也。工事无刻镂，女事无文章，国之富也。”（《管子·立政》）

四、“存乎其人”的价值和意义

主体意识是农家思想的一个重要组成部分。在小农经济占主导地位的社会历史条件下，能够确定人在农业生产中的主体地位，进而将“存乎其人”作为农业管理和生态农业的原则，并在此基础上提出“力足以胜天”的口号，这无论在科学上还是在理论思维水平上，都是了不起的进步。

1.“存乎其人”的科学价值和理论思维意义

作为农家主体意识的“存乎其人”，从人的生态主体性角度，提出了农业管理和农业生产的原则，将三者看成一个整体，因此，既有科学价值，又有理论思维意义。

从科学角度看，农家肯定人的生态主体性，就是要求人要充分发挥自己在农业生产中的主观能动性，要求人们巧用“天时”“地利”“物宜”等生态条件，充分发挥自己的聪明才智，在套种、垦田、施肥、农具、资源利用等诸多方面下功夫，形成一系列富有创见的技术措施。这些农业技术不但体现了人的聪明才智和主观能动性，而且具有农业栽培学、农业土壤学、肥料科学、农业机械学、生态农学等诸多方面的价值，将生态学的原理贯穿到了每一个农业生产技术部门中，用生态学将它们统一起来，从而为中国现代农业达到科学的生态农业水平提供了历史准备和良好的条件。

从理论思维角度看，“存乎其人”的思想将人的主体性凸显了出来，但农家并没有盲目地看待人的主体性，而是将人的主体性的发挥看成要受一定条件的约束、要凭借一定的中介、要考虑多方面后果的一个系统过程。具体来讲：

第一，中国农家所理解的“存乎其人”具有条件性的特点。农家强调“力足以胜天”的价值和意义，和唯物主义哲学家荀子一样，将人的主体性突出了出来；但农家强调的主体性不是主观盲动性，他们看到人的主观能动性的发挥要受一系列条件制约，在农业生产中，也就是要考虑到“天时”“地利”“物宜”等诸多条件，切不可盲目行动。他们看到人的主体性作用的发挥可能带来一些不良的社会和生态后果，要求用生态意识和系统意识来约束主体意识，要求人们将它们作为一个整体来看待。这些看法都有其合理性，这就是要求人们正确处理客观规律和主观能动性的关系。在全球性问题背景下，重申这一点尤为重要，正如马克思注意到的一位科学家所说的那样，“不以伟大的自然规律为依据的人类计划，只会带来灾难”[1]。我们必须在坚持唯物主义的前提下发挥人的主体性。

第二，中国农家所理解的“存乎其人”具有能动性的特点。农家看到，人在农业生产的各个环节、在农业技术的各个领域都具有主观能动性。人不但能够利用事物之间的关系来为自己服务，利用自然事物抵御自然力量的侵害，而且能够创造出自然界本来没有的东西。农家强调人的“盗”，强调人的“智”，强调人创造的“器”。他们对“风土不宜论”进行了批判，提出了“地力常新”的观点，从而使能动性在唯物主义那里并没有丧失掉“诗意的微笑”，从唯心主义手里

① 马克思恩格斯全集：第 31 卷．北京：人民出版社，1972：251．

夺回了能动性。

第三，中国农家所理解的“存乎其人”具有中介性的特点。农家虽然不懂得“一切”“都是经过中介，连成一体，通过过渡而联系的”[①]，但他们知道从“天时”变成“时宜”、从土地变成“地利”是需要一个中介的，而“知时”和“知土”就是这样的中介。在构筑各种生态农业模式的过程中，他们也注意到了事物之间关系的中介性，利用物物相生或相克的关系来夺取农业丰收，用B事物将A事物和C事物联系了起来。

第四，中国农家所理解的“存乎其人”具有系统性的特点。农家将人的主体性本身看成隶属于“天—地—人”这个大生态系统的，而主体性本身是由条件、中介、目的、活动等要素构成的整体，主体性要受系统意识的统摄。而在农业生产中发挥人的能动性时，都要体现这一要求，力求一物多用、一功多能。各种生态农业模式其实也就是将不同的要素统一起来，来发挥它们的整体效应，要考虑经济、社会、生态等多方面的后果。

第五，中国农家所理解的“存乎其人”具有人道性的特点。农家提出了“力足以胜天”的口号，这不但确立起了人在自然面前的主体性，而且有助于打破神学束缚，使人性的光辉超越神的灵光而耀眼。同时，他们同情劳动人民的艰辛和劳作，要求统治阶级谨身节用，维护劳动人民的物质利益，将民本主义的社会历史观和“存乎其人”的主体思想统一了起来，并要求将它们作为农业管理的原则。

这些就是农家“存乎其人”思想的精华。

① 列宁全集：第55卷．北京：人民出版社，1990：85.

2. "存乎其人"的历史和阶级的局限性

在看到农家主体意识的价值和意义的同时，我们也要看到它的局限性。这主要表现在：

第一，尽管农家从人和自然的关系角度来看待人的主体性，但他们对此缺乏严格的科学界定，对人这一超级有机因子的结构和功能没有作出过多的科学规定。与此相关的是，他们对一些极有价值的生态农业技术问题没有作出科学的说明。这种"黑箱方法"有其价值，但也限制了科学的进一步发展，使得中国的生态农业只停留在发生学的水平。

第二，尽管农家将"人力"和"人智"看成人的主体性的两个基本规定，但他们根本不可能站在科学实践论的角度来看待人的主体性，事实上，人在劳动中"不仅使自然物发生形式变化，同时他还在自然物中实现自己的目的，这个目的是他所知道的，是作为规律决定着他的活动的方式和方法的，他必须使他的意志服从这个目的。但是这种服从不是孤立的行为"[①]。

第三，尽管农家将"存乎其人"和民本主义统一起来，主张适度剥削论，但是，他们根本不敢提出反对剥削的口号，"平等劳动说"只是昙花一现。而事实上，在中国传统社会中，"农民用自己的工具去耕种地主、贵族和皇室的土地，并将收获的四成、五成、六成、七成甚至八成以上，奉献给地主、贵族和皇室享用"。地主阶级还"强迫农民从事无偿的劳役，去养活一大群的国家官吏和主要地是为了镇压农民之用的军队"，"地主阶级这样残酷的剥削和压迫所造成的农民的极

---

① 马克思恩格斯全集：第23卷．北京：人民出版社，1972：202.

端的穷苦和落后，就是中国社会几千年在经济上和社会生活上停滞不前的基本原因”[1]。

这些都是由农家所处的历史和阶级环境所决定的。

---

① 毛泽东选集：第 2 卷．北京：人民出版社，1991：624.

第七章

御旱济时
——中国农家的灾害意识

我国是一个农业大国，经济发展和人民生活对自然条件的依赖性很大。一般来讲，风调雨顺时，农业生产就会获得丰收，人民衣食有了保障，人心才安定，社会才安稳；一旦遇到水旱虫灾，粮食歉收，饥馑就会流行，与此相应，人民流离失所，社会就会陷于一片混乱之中。因而，灾害问题是制约和影响农业生产、人民生活、社会秩序的一个重要因素。它既是一个自然问题，也是一个生产问题；既是一个经济问题，也是一个社会问题。如何认识灾害的成因和发生规律，如何采取有效的措施来防灾、减灾和救灾，这是中华民族早就思考和探索的问题，“杞人忧天”不可能是无稽之谈。农家秉承了这一传统，将“御旱济时”[①]作为自己的使命和职责，提出了一系列富有创见和极有成效的防灾、减灾和救灾措施，这就是我们所讲的农家的灾害意识。

---

① 《务本新书》（古代农书，作者不详）

一、“御旱济时”的生态学含义和规定

只有正确认识灾害的成因和发生规律，才可能制定出切实可行的防灾、减灾和救灾措施。灾害的发生，决不仅仅是一个纯自然问题，只有把自然运动、人类活动、生态环境和天气气候等诸多因素联系起来进行研究，才有可能找出灾害的发生之谜，这就有必要从“天—地—人”大生态系统的角度来认识灾害问题。

1. 灾害的定义和成因

认识灾害的定义和成因，这是认识灾害发生规律的第一步，在这个问题上存在很多争议。

（1）灾害的定义

中国古代所讲的灾、害、荒、饥、馑等概念的集合约略相当于我们现在所讲的灾害。所谓“灾”，一般指的是天灾，是人力无法抵抗的各种自然灾害，由自然界的冷暖、阴晴等因素的不规律、不协调状况造成，是与“时”密切相关的一个问题。①而“害”指的是不规律、不协调的“天时”对农业生产造成的威胁和危害。四时的协调和节制是农业丰收的保证，农业歉收的原因则在于四时的无节制和不协调的

① “天反时为灾”（《左传》宣公十五年）。

活动。[1]“荒”指的是农业歉收或果实不熟的情况，是由天灾引起的果菜不收、五谷不登的人民饥寒交迫的困苦生活状况。[2]“饥馑”则具体指粮食的歉收情况，谷不熟为饥，菜不熟为馑，饥馑发生，则会饿殍遍野，民不聊生。[3]因此，将“灾”和“害”或“灾”和“荒”连用，“灾害”或“灾荒”是指由于自然界的破坏力超过了人们所能承受的限度而造成的损失或损害社会物质生活的情况。

（2）灾害的成因

在生产力和科学技术不够发达的古代，人们不可能对灾害的成因有一个比较科学的认识，他们将灾害或看成“天帝”对人的惩罚，或看成不德之人妨害了天和，以这种神秘的“天人感应”论来解释灾害的成因。但是，随着劳动人民实践水平的提高，人们对自然规律逐步有了把握，这就为人们正确认识灾害的成因提供了条件。春秋中叶的伯宗认为，“天反时为灾，地反物为妖，民反德为乱”（《左传》宣公十五年），这就较为准确地找到了灾害的成因。但是，他又认为“乱则妖灾生”（《左传》宣公十五年），认为是老百姓的犯上作乱造成了自然灾害，宣传一种神秘的“天人感应”论。

农家继承了前一方面的传统，《管子·四时》和《管子·幼官》以及《吕氏春秋》“十二纪”都坚持从“天”和“时”的关系角度来看待灾害成因。例如，《管子》中讲，霜冻是由春时行秋政引起的，水灾是由春时行夏政或夏时行秋政引起的，旱灾是由冬时行秋政引起的，风灾是由夏时行冬政引起的，等等。《吕氏春秋》则更为详尽地从每一个月的具体情况来寻找灾害的成因（如表7-1所

① “三时不害而民和年丰”（《左传》桓公六年）。
② “四谷不升谓之荒”（《韩诗外传》卷八），又“果不熟为荒”（《尔雅·释天》）。
③ “谷不熟为饥，蔬不熟为馑”（《尔雅·释天》）。

示），对灾害的成因形成了一种系统的认识。可见，农家是从自然界本身的运动角度来看待灾害的成因的，这就坚持了灾害问题上的唯物主义路线。这不但为他们提出切实可行的防灾、减灾和救灾措施提供了正确的前提，而且也极具理论思维意义，有助于人们战胜神学迷信。

表7–1　　　　灾害成因情况一览表

月	行夏令	行秋令	行冬令
孟春	风雨不时，草木早槁	疾风暴雨，杂草并兴	水潦霜雪，首种不入
仲春	大旱早暖，虫螟为害	大水、寒气同来	阳气不胜，麦乃不熟
季春	时雨不降，山陵不收	天多沉阴，淫雨早降	寒气时发，草木皆肃
月	**行秋令**	**行冬令**	**行春令**
孟夏	苦雨数来，五谷不滋	草木早枯，大水败城	风虫并来，秀草不实
仲夏	草木零落，果实早熟	雹霰伤谷，道路不通	五谷晚熟，虫害饥馑
季夏	水潦为灾，禾稼不熟	寒气不时，鹰隼早鸷	谷实解落，国多风咳
月	**行冬令**	**行春令**	**行夏令**
孟秋	阴气大胜，介虫败谷	阳气复还，五谷不实	国多火灾，寒热不节
仲秋	风灾数起，草木早死	秋雨不降，草木生荣	蛰虫多旱，五谷复生
季秋	土地分裂	暖风来至	国多大水，冬藏殃败
月	**行春令**	**行夏令**	**行秋令**
孟冬	冻闭不密，地气发泄	多风不寒，蛰虫复出	雪霜不时
仲冬	虫螟为败，水泉减竭	国多大旱，气雾冥冥	天时雨汁，瓜瓠不成
季冬	胎夭多伤	水灾无雪，冰冻消释	白露早降，介虫为妖

但是，从行时令或行时政的角度来看待灾害的成因，恐怕也有

“天人感应”之嫌。或者，农家已经意识到了人的不适当的活动可能会引发自然灾害，因此才需要调节人和自然的关系。

2. 灾害的表现和类型

由于自然地理条件和环境状况的差异，灾害的表现形式和类型特征存在着特殊性。只有对灾害的表现和类型有了比较清楚的把握，了解了特殊对象的特殊矛盾，人们才有可能找到防灾、减灾和救灾的有效措施。因而，对灾害的表现和类型进行划分，决不是概念上的游戏，而是认识灾害发生规律的内在构成部分。

农家从灾害对农业生产和人民生活的破坏和损害程度角度划分灾害的表现和类型。《管子》提出了“五害”的概念，将灾害划分为五种类型，这就是水、旱、风雾雹霜、厉、虫；除“厉”指疾病外，其余都是自然灾害。为什么要将“厉”与这些自然灾害并列？可能也是考虑到了自然灾害的并发或后发效应，因为大灾之后往往会有大疫发生。在这五害当中，水害对人的危害最大。[①]《吕氏春秋》“十二纪”提到了水、旱、风、雹雪霜、虫、火六种灾害，对这些灾害的具体表现形式都有详细的记载（见表7–2）。而徐光启提出了“三凶”的概念，这三凶就是水、旱、蝗；他对蝗给予了特殊的关注，专门撰写了《除蝗疏》一文。[②]综合农家的各种论述，我们将灾害的表现类型略述于下：

---

① “故善为国者，必先除其五害”，“水，一害也；旱，一害也；风雾雹霜，一害也；厉，一害也；虫，一害也。此谓五害。五害之属，水最为大”（《管子·度地》）。

② “国家不务畜积，不备凶饥，人事之失也。凶饥之因有三：曰水、曰旱、曰蝗。”（《除蝗疏》，见《农政全书》）

表7-2 自然灾害表现和类型情况表

灾害类型	发生时令	表现形式
水灾	孟春行冬令	水潦为败
	仲春行秋令	国多大水，寒气总至
	季春行秋令	天多沉阴，淫雨早降
	孟夏行秋令	苦雨数来，五谷不滋
	孟夏行冬令	草木早枯，后乃大水
	季夏行秋令	丘隰（低湿之地）水潦，禾稼不熟
	季秋行夏令	国多大水，冬藏殃败
	仲冬行秋令	天时雨汁，瓜瓠不成
	季冬行夏令	水潦败国，冰冻消释
旱灾	孟春行夏令	风雨不时，草木早槁
	仲春行夏令	暖气早来，国乃大旱
	季春行夏令	时雨不降，山陵不收
	孟秋行春令	阳气复还，其国乃旱
	仲秋行春令	秋雨不降，草木生荣
	仲秋行夏令	其国多旱，蛰虫不藏
	仲冬行夏令	气雾冥冥，其国乃旱
	仲冬行春令	虫螟为败，水泉减竭
风灾	孟春行秋令	疾风暴雨数至，藜莠蓬蒿并兴
	孟夏行春令	暴风来格，秀草不实
	仲秋行冬令	收雷先行，风灾数起
	孟冬行夏令	国多暴风，方冬不寒

续前表

灾害类型	发生时令	表现形式
雹雪霜灾	孟春行冬令	水潦为败，霜雪大挚
	仲夏行冬令	雹霰伤谷，道路不通
	季夏行秋令	寒气不时，鹰隼早鸷
	孟冬行秋令	雪霜不时，土地侵削
虫灾	仲春行夏令	暖气早来，虫螟为害
	孟夏行春令	虫蝗为败，秀草不实
	仲夏行春令	百螣时起，其国乃饥
	孟秋行冬令	阴气大胜，介虫败谷
	仲秋行夏令	蛰虫不藏，五谷复生
	孟冬行夏令	方冬不寒，蛰虫复出
	季冬行秋令	白露早降，介虫为妖
火灾	孟秋行夏令	国多火灾，寒热不节

第一，水灾。水是农业生态系统的重要因子。在无水利建设或水利设施失修的情况下，暴雨往往会引起江河决堤，使水成为危害农业生产和人民生活的破坏力量。抗洪救灾是上古时代人们尽力解决的一个重大灾害问题，传说中的“大禹治水”的故事就说明了这一点。《诗经》中有专门讲农田排水问题的篇章，而《尚书·禹贡》是专门为治水服务的。农家注重水灾，因为水灾对农业生产和人民生活的危害极大，会造成“五谷不滋”“禾稼不熟”“瓜瓠不成”等饥馑问题，使“灾”转化为“荒”。

第二，旱灾。在自然农业状况下，雨水是农业用水的重要来源，当降雨量没有达到满足农作物生长需要的程度时，就会出现旱灾。因而，求雨抗旱成为人们生产和生活中的一件大事。在卜辞中就有关于旱灾的记载，例如，有一条卜辞是这样讲的：庚戌日占卜，问上帝会有旱灾发生吗？[1]《诗经·大雅·云汉》一诗是专门记述旱灾发生后的可怕景象的：赤日炎炎，万里无云，无草无水，江河枯干；而人只能望天兴叹，望云穿眼。人们在无力抗御自然力量的情况下，只好希望借助神灵的力量来解除旱灾了。在卜辞中，有很多条目是与求雨有关的。但靠占卜求问这种迷信的方式并不能解除旱灾，事实迫使人们按照事实的本来面目来认识旱灾的成因，并以此来寻找适当而有效的防治对策，例如，区田法等栽培技术就是针对北方地区多旱情况提出来的。农家对旱灾的危害性有清楚的认识，看到旱灾会造成“草木旱槁”“山陵不收”等灾荒问题。

第三，风灾。风是一个重要的气象因子，农作物的正常成长需要一定的通风条件，但风速过大亦可以为灾。在卜辞中就有关于风灾的记录，例如，一条卜辞中讲：丙午日占卜，卜师亘（卜师人名）占得今日将有风为灾。[2]风灾可以造成“秀草不实”等生态恶果，但人们又可以通过一定的农业技术措施来抵御风灾。例如，运用亩甽法将作物种在垄沟里，垄背就可以起到阻挡风沙的作用；徐光启大力倡导种植甘薯，其中一个很重要的原因是风不能对甘薯造成危害，因为甘薯的枝叶蔓地而生。

第四，雹雪霜灾。雹雪霜灾也是一种重要的气象灾害，会对农业生产造成“雹霰伤谷”等危害，但是，人们可以通过一些有效的农业技术措施来抵御这类自然灾害。例如，在霜降之前，人们可以通过烟火熏的办法来防止霜冻；凌晨时分，两人在农田上对拉一条绳子，轻轻地划过谷穗，将穗上的露水划掉，这样就可以防止霜冻伤谷；等等。劳动人民的这些宝贵经验，在农家著作中得到了保存和升华。

---

① “庚戌卜，贞帝其降旱？”（《殷虚书契》）
② “丙午卜，亘贞今日风。”（《殷虚书契》）

第五，虫灾。虫灾是对农业生产和人民生活危害极大的一种生物灾害。气象和地理灾害可以导致虫灾的发生，天久旱不雨或大雨停后的大旱是产生虫灾的重要生态条件。古人似乎已认识到了生物灾害与气象—地理灾害的关联性，例如，《诗经·大雅·瞻印》中将“蟊贼蟊疾”（虫灾）与“昊天”联系了起来，发出了这样的抱怨：老天爷呀，你为什么这样缺德？降下了这样的害虫，让它们为非作歹！同时，古人对虫灾的类型也有所认识，将虫灾划分为“螟”“螣”“蟊”“贼”四种类型，要求“去其螟螣，及其蟊贼，无害我田稚”（《诗经·小雅·大田》）。这里，“螟”指食心的虫，“螣”指食叶的虫，“蟊”指食根的虫，“贼”指食节的虫。虽然这里没有从昆虫分类学的角度来认识虫灾的类型，但不能由此断定这种认识就是落后的，这实际上是从昆虫生态学的角度来认识虫灾的类型的，“生态分类，这是功能的分类，而不是真正物种的分类”①。虫灾对农业生产造成的危害极大，会造成“秀草不实”“介虫败谷”等恶果，最终会导致“其国乃饥”的灾荒现象。因此，如何有效地防止、抵御和消灭虫灾，成为农业生产和人民生活中的一件大事。在这个问题上，也存在着两种不同的世界观倾向：一种倾向认为，害虫也有精神和灵魂，要通过念咒、祷告等方式来使害虫丧失灵魂；一种倾向认为，害虫只不过是一种自然事物，人们可以利用它与其他事物的相克关系来解除虫灾，如利用草火熏的办法就可以杀死害虫。②这两种倾向最终导致了唐代的“灾蝗”和“修德”之争。而农家主张对虫灾的发生规律和为害方式进行研究，从而提出了一系列切实可行的灭虫措施。

① 奥德姆．生态学基础．北京：人民教育出版社，1981：10-11.

② “翦氏掌除蠹物，以功禜攻之，以莽草熏之，凡庶蛊之事。”（《周礼·秋官司寇·司隶/庭氏》）

至于火灾，尽管也有因自然因素引发者，但人为因素者居多，兹不赘述。

农家基本上注意到了现代灾害科学所讲的灾害的基本种类。现代灾害科学将灾害划分为气象灾害、大地灾害和生物灾害三大类，农家只是没有注意到大地灾害中的地震灾害，但他们对作为大地灾害的水土流失也很关注。

可见，农家将“御旱济时”作为自己的使命，是有坚实的生态学基础的。他们对灾害的成因和类型的认识，达到了较高的科学水平，而且颇具生态学意义。正因为灾害是农业生产和人民生活的大敌，因此才需要“御旱济时”，大力去防灾、减灾和救灾。

二、作为农业管理原则的“御旱济时”

由于灾害会对农业生产和人民生活造成危害，而农业管理又是中央集权国家行政管理的主要职能，因此，制定、落实和实施防灾、减灾和救灾的社会经济对策，自然也成为了中央集权国家管理农业的一个内在构成部分。农家指出，将灾害纳入农业管理（行政管理）的范畴，注重制定、落实和实施防灾、减灾和救灾的社会经济对策，对于保护和促进农业生产、维护整个社会稳定，都具有重大的意义。[1]他们

① “故善为国者，必先除其五害，人乃终身无患害而孝慈焉。”“五害已除，人乃可治。”（《管子·度地》）又“修饥馑，救灾害，振罢露，则国家定”（《管子·五辅》）。

由此提出了一系列富有创见和切实可行的防灾、减灾和救灾的社会经济对策。

1. 减灾的社会经济对策原则

第一，应将发展农业生产放在国家行政管理的首位，只有农业生产发展了，才能防备天灾人祸。这是因为，农业生产可以为防灾、减灾和救灾提供物质保证。没有一定的农业基础，人们就不可能有效地抵御自然灾害。在农家看来，从社会经济的角度来进行减灾工作，关键的问题就是要兴利除害。兴利，也就是要创造一切有利于农业生产的条件，其中包括适当的社会条件和适宜的自然条件。只有这样，才能收获足够的粮食；粮食储备多了，国家就富裕；国家富裕了，就有了抵御自然灾害的社会经济能力。除害，也就是要清除一切妨碍农业生产的东西，既包括轻农的社会环境，也包括不利于农业生产的自然条件，特别是要清除自然灾害。[①]而这就是农家将减灾工作纳入农业管理的缘由。假如不能将农业生产摆在首要位置，有地不耕，有草不锄，有粮不收，那么，即使没有自然灾害，也会造成饥馑和灾荒。在这种国贫民饥的国家中，一旦遇到水旱灾害，必然造成老百姓流离失所、饿殍遍野的现象，国家就岌岌可危了。这种做法其实是将“人祸”转化成了“天灾”，从某种意义上可以说，这种不重视农业生产的“人祸”是比水旱等“天灾”更为可怕的灾害。农家由此提出，不重视农业生产的国君其实是寄生虫，通过考察一个国家的农业生产状

① “夫富国多粟生于农。”“所谓兴利者，利农事也；所谓除害者，禁害农事也。”（《管子·治国》）

况就可以知道它的抵御自然灾害的能力。[1]因此，面对自然灾害，应该强调预防为主；而强调预防，应该突出农业生产在抵御自然灾害中的重大支撑作用。这样，农家的灾害意识又成为其重农思想的基础和补充。

第二，有备无患是预防灾害的有效措施。这里的“备”包含广泛的内容，其中包括要求各级行政管理人员树立灾害意识[2]，这也成为国家行政体制建设中应该注意的一个问题。农家要求统治阶级向古代的圣贤学习，不耻身之贱，而愧道之不行；不忧命之长短，而忧百姓之穷。要像大禹那样，为了解除人民群众的水涝之苦，而不顾个人劳苦，三过家门而不入；要像商汤那样，为了解除人民群众的干旱之苦，而不顾个人健康，亲自向苍天祈雨，以自身为祭；要像神农那样，为了解除人民群众的饥饿之苦，不顾个人安危，发明农业，制作农具，一日中毒七十次而不悔。农家认为，一个统治者具备了高度的灾害意识，能防患于未然，就可以与天地并立，达到至高无上的思想和道德境界。[3]那么，统治者的灾害意识表现在哪几个方面呢？这就是：一要务时而寄政，将发展农业生产摆在首位；二要作教而寄武，根据教化而习武；三要作祀而寄德，设祭以显德。这三者是统治者合于天地的德行。这样做了，就可以节制“气贼”，而“气贼”指的就是春凋、夏雪、秋荣、冬雷等自然灾害。由此，各级行政管理人员都要照此而行，真正做到先天下之忧而忧、后天下之乐而乐。

第三，实施减灾的社会经济对策，应坚持尽早的原则，切不可拖

① “有地君国，而不务耕耘，寄生之君也。故曰：行其田野，视其耕耘，计其农事，而饥饱之国可知也。”（《管子·八观》）

② 徐光启引吕祖谦的话说，“大抵荒政，统而论之，先王有预备之政，上也”（《农政全书·荒政·备荒总论》）。

③ “故五害之属，伤杀之类，祸福同矣。知备此五者，人君天地矣。”（《管子·度地》）

延救灾的时机。农家强调指出，“救灾恤患，尤当在早”[①]。一旦发生自然灾害，应立即着手从国家层面来减除灾害。只有抓住救灾的适当时机，才可能有效地减灾，收到事半功倍的效果；若耽误了救灾的时机，则会使灾害加重，而且很可能由“天灾”引发出“人祸”。这是因为，灾害刚发生时，灾民还有一定的抵御能力，受灾面积也小，这样，救济起来就容易一些，既省物又省力，而且使灾民都能得到照顾；一旦耽误了救灾的时机，灾民就会处于饥寒交迫之中，受灾面积就会扩大，这样，就增加了救灾工作的难度，既费物又费力，往往会顾此失彼，就有可能使“盗寇”滋生。

因此，一旦发生自然灾害，地方官吏要立即上报灾情，同时要组织救灾工作；若地方官吏遇灾而隐匿不报，粉饰太平，就应严惩不贷。这方面有过沉痛的历史教训，宋朝的“熙宁之灾”就是这样。“熙宁之灾”本来源于天旱米贵，但一些贪官枉法，据灾而不立即上报，私开官仓而自己从中渔利，结果造成富人囤积居奇，穷人无所得食。等到朝廷知道后，虽然拨来了一百二十三万石谷米来救济这些灾民，但为时已晚，饥馑之后便是疫疾流行，结果使灾民死亡无数，造成了城郭萧条、田野荒芜的人间惨象。

第四，实施减灾的社会经济对策，应从整体利益和长远利益出发，切不可因小失大、因近失远。在减灾工作中强调从整体利益出发，也就是要实行“一方有难，八方支援”的政策，一地发生灾害时，邻边的地方要积极配合做好减灾工作，在物力、财力和人力上给予帮助和支持；遇有重大灾害和险情时，各地区和各部门要通力协作，要服从统一的调遣；当灾民流落于本地时，应想办法积极妥善地予以安置，切不可为了本地区的利益而将灾民拒之门外；发现邻居家

① 徐光启引苏轼之语，见《农政全书·荒政·备荒总论》。

的地里发生了虫害时，要及时通知邻里，切不可幸灾乐祸——对这种行为要严惩不贷，因为虫害一旦蔓延，受害的不仅是邻里一家，大家都要跟着遭殃。城门失火，殃及池鱼。在减灾工作中强调从长远利益出发，也就是要将消极救灾变为积极救灾，关键的问题不在于解决灾民的一时衣食问题，而是应想办法使他们能够通过发展生产的方式来自救，国家应支持和扶植他们的生产自救行为，给予他们财物上的帮助，这就是徐光启引曾巩《救灾记》提到的“深思远虑”“为公家计”的问题（《农政全书·荒政·备荒考上》）：当时河北发生了地震水灾，有人建议散财救灾，曾巩认为这种方法付出多而收益小，只能解决一时的问题，而且会顾此失彼，不如由国家向灾民贷钱、贷粮，资助他们恢复生产能力，通过发展生产来让灾民自救，农民得到粮食后可以解决吃饭问题，得到钱后可以解决住房、穿衣问题，这样，他们就能马上恢复生产。曾巩算了一笔账：当时灾民约二十万户，如果散财的话，要花费五百万石粟米，但只能解决十个月的问题；而采用贷款发展生产的自救办法，则只需两个月的照顾，花费粟米一百万石，就可换得解决今后问题的结果。

第五，国家应加强对救灾工作的领导，要使救灾工作有法可依。从天子到地方的各级官吏都要过问救灾工作，而救灾工作要有章可循，要防止贪官乘机聚敛民财或将救济物资据为己有——发现这种大发不义之财的贪官要严肃处理。同时，灾害发生以后，往往会有一些歹人跳出来为非作歹，因此，应采用切实可行的措施来制裁这些歹人。农家赞同将“防盗贼”列入荒政中的传统，赞同实施“保甲制”来“弭盗救荒”①。平时，“保甲制”可以防止坏人为非作歹；灾时，“保甲制”可以使救灾工作依序进行。上面按里甲数下发救灾物，这

① 《农政全书·荒政·备荒考上》引冯应京《皇明经世实用编》所载内容。

样就可以避免巧取豪夺的现象。另外，救灾时采取的一些具体方法都要有法律的严格保障，国家应明文定出散粥、放财、平抑物价的办法，并要派人下去进行督查，一旦发现有枉法者，要严肃处理。《周礼》则设计出了一套救灾工作的管理机构（见表7-3），要求统治者切实从行政管理上加强救灾的领导工作。

表7-3　　救灾工作管理机构一览表

名称	职责范围	编制情况
保章氏	根据气象变化，预测水旱灾害	中士2人，下士4人，府2人，史4人，徒8人
庶氏	掌管减除虫灾，包括用草火熏虫的方法	下士1人，徒4人
宫正	预防宫中火灾	上士2人，中士4人，下士8人，府2人，史4人，胥4人，徒40人
司爟	按照时令掌管火令，不得烧毁草木资源	下士2人，徒6人
司烜氏	掌管军中火令	下士6人，徒12人
小宗伯	遇有天地大灾，向上下神祇祈祷	中大夫2人
大祝	遇有天灾，进行祈祷	下大夫2人，上士4人
小祝	遇有天灾，祈祷福祥。顺丰年，逆时雨，宁风旱，等等	中士8人，下士16人，府2人，史4人，胥4人，徒40人
司市	遇有灾难时，通过市场调济余缺，等等	下大夫2人，上士4人，中士8人，下士16人，府4人，史8人，胥12人，徒120人
士师	遇有灾难时，运用移民、通财等经济手段来减灾、救灾	下大夫4人

可见，救灾工作确实是一个社会问题，国家应将之纳入自己的行

政管理职能中，将救灾工作作为农业管理的一项任务，同时要在国家层面制定出救灾工作的总原则，用来指导和规范救灾工作。

2. 减灾的具体社会经济措施

灾害一旦发生，国家应立即着手开始减灾和救灾工作。从社会控制（行政管理）的角度来看，一般来讲，散利、薄征、缓刑、弛力、舍禁、去几、省礼、杀哀、蕃乐、多婚、索鬼神和除盗贼为十二项具体的减灾社会经济措施。[①]但是，对于广大民众来说，较实用的措施有以下几条：

（1）设粥厂

这是一种较普遍采用的、简单易行的救灾办法，主要用来解决灾民的吃饭问题。具体做法是：由国家从国库中调拨粮食或由豪富人家义献粮食，在城镇集市或乡里设置粥摊，由国家派人或由义民主持粥摊，每天向灾民发粥两次。同时，国家要对粥厂严加监督，以防不义之人乘机巧取豪夺。

设粥厂要按一定的规矩进行，才能取得救灾的效果。设立粥厂必须注意以下十个问题，或要采用以下十种办法（措施）：一是采用“示审”法。也就是要清查、核对灾民人数，以防有人冒名替领，从中揩油。为此，保甲法是一种行之有效的办法。二是采用“别等第”法。也就是要核查每户的灾情，根据受灾情况的程度来赈粥。三是采用“定赈期”法。为了防止混乱，按保逐日赈粥，事先要预告灾民得知。四是采用“分食界”法。也就是要按照地域分设粥厂，这样便于

① “《周礼·大司徒》：‘以荒政十有二聚万民’”（《农政全书·荒政·备荒考上》）。

管理。五是采用“立食”法。也就是要维护粥厂秩序，灾民进厂领粥要依序排队，以免发生拥挤、抢食现象。六是采用“立赈”法。这是领取赈粮的一种办法，按保领取，核对人数，严禁灾民流徙。七是采用“备用具”法。这是对炊具和餐具使用的规定，要求炊具由大户人家提供，灾民自备碗筷，同时要加强炊具和餐具的消毒工作，以防瘟疫流行。八是采用“登日历”法。也就是将灾民编户造册，以便管理。九是“禁乱民”。也就是不准灾民三五成群，以防聚众谋反。十是“省冗费”。官方督导、检查救济事宜，力求从简，不得摆架子、铺张浪费。

但是，设粥厂只可以解决一时、一地的问题，并非长远、全局之计，尤其是在城郭中设立粥厂，存在许多弊端。大体说来，一是设粥厂尤其是在城郭中设粥厂，会造成交通上的困难。在小农经济条件下，农民居住都比较分散，“鸡犬之声相闻，民至老死不相往来”，为了领粥，灾民就不得不在路途上跋涉，老弱行动不便，而青壮年必然会弃家就食。二是设粥厂尤其是在城郭中设粥厂，会造成住宿上的困难。灾民白天在粥厂领食，为了免于路途之累，往往会聚集在粥厂周围，在无投宿之地的情况下必然会露宿街头。三是设粥厂尤其是在城郭中设粥厂，会造成疾疫流行。由于灾民聚集在一起，使秽杂、易生疾疫的东西堆集，这就很容易引发疾病。四是设粥厂可能会造出人命事故来。如果有不义之人把持粥厂，以少顶多，为从中渔利，在粥中加入生水，这样，灾民很容易生病；更有甚者，将杂物或白土石灰掺入粥中，这样，灾民很容易致死。因此，设粥厂决非救灾的上策。

（2）加强积蓄

加强积蓄，有一定的物资储备，这是社会从消极减灾转为积极防灾的开始。在农家看来，只有抓好物资储备，才能有效地抵御自然灾害。[1]从根本上看，只有发展农业生产，才能使积蓄成为可能。另外，能否节约也很重要。这就要求开源和节流并重。

具体来看，积蓄有两种方式：

一种积蓄方式是由国家进行物资储备，遇有天灾人祸时，由国家开仓济贫。在农家看来，国家不加强物资储备工作，缺乏防灾的物资基础，这是行政管理人员的失职行为，应该杜绝这种现象。一个国家如果没有九年的物资储备，那么，只能说这个国家财富不足；一个国家如果没有六年的物资储备，那么，只能说这个国家的财政紧张；一个国家如果没有三年的物资储备，那么，只能说这个国家也就不成其为国家了。这就是说，三年耕种，除了满足这三年的正常支出外，还要有足够一年财用的物资储备；九年耕种，除了满足这九年的正常支出外，还要有足够三年财用的物资储备。这样积累下去，过了三十年后，即使有水旱大灾，也不会发生饥馑、灾害现象。这是因为，人们已具有了足够充实的抗灾物资储备。同时，为了国家的长治久安和能够有效地抵御自然灾害，各级统治者都要力行节俭之德，省吃俭用，不能铺张浪费。[2]这就是备荒的基本含义。

另一种积蓄方式是由国家资助民间进行积蓄，遇有天灾人祸时，由老百姓自己救助自己。这就是徐光启记述的由宋代理学家朱熹倡导的"社仓法"。具体做法是：由官府提供一定数量的谷米作为基底，由乡里积蓄经营，遇有灾祸时，农民可向社仓贷粮，秋后除还本米外，再交二斗息米；经营几年之后，即可将官府的本米还于国库，用息米来继续经营；用息米经营时，遇有灾祸，或者将米敛散于民，或用于民向社仓贷米，但这时贷米已不用付息米，还贷时只需交耗米（损耗）三升。这样经营下去，社仓的积蓄就可十倍于本米。老百姓

① "养备动时，则天不能使之病。"（陈敷：《农书·节用之宜》）

② "义有七体"，"绩啬省用，以备饥馑"（《管子·五辅》）。

就具备了自我救灾的能力。除此之外，还可由富豪人家提供本米，到一定年限时，本息照还，这样，民间在此基础上也会有积蓄；或者由农民自己将每年收获的极少部分交公，由乡里统一管理，通过这种积腋成裘的办法，农民就可以互助救济。

积蓄可以为救灾工作提供物质保障，这样，就从消极救灾转为积极防灾，国家的损失也要大大减少，比起只投入无产出的“粥厂”制来说，积蓄方式对统治阶级和富人来说也更为有利。

（3）实施平籴法

平籴（音dí）法，又称为平粜（音tiào）法，是一种通过国家的行政手段管理经济的方法。丰年时，由国家比照市场价格议价收购农民粮食；灾年时，由国家比照市场价格出卖粮食。通过这种平抑物价的方法，可以有效地减灾和救灾。

平籴法是李悝辅佐魏文侯时创立的。平籴法创立的本意在于平抑物价，安定人心。李悝认为，米价太贵会伤害城市平民，米价太贱又会伤害种地的农民，伤民会造成离散现象，伤农会造成国家贫穷；可见，米价太贵或太贱都会对社会造成不利影响。因此，一个贤明的统治者应采取一种平抑物价的办法。具体做法是：上等年景时，将农民的口粮和种子等项支出除外，计一百亩地余粮四百石，官方议价向农民收购粮食三百石，农民自留一百石；中等年景时，官方议价向农民收购粮食二百石（每百亩）；一般年景时，官方议价向农民收购粮食一百石（每百亩）。收购粮食的原则是：应保证农民能够满足生活和生产的支出，物价略高于市价。遇有小灾时，将一般年景时收购的粮食按照略低于市场的价格出售；遇有中灾时，将中等年景时收购的粮食按照略低于市场的价格出售；遇有大灾时，将上等年景时收购的粮食按照略低于市场的价格出售。这样，丰收年景，国家议价收购农民粮食（平籴），保护了农民利益；遇有灾荒，国家议价出售粮食（平粜），保护了市民和灾民的利益，可使他们免于灾难 。通过这种调余补缺的方法，可有效地减灾、救灾。

平籴法在实施之初，收到了较好的社会经济和救灾效果。丰收年景，官府籴粟而积于仓；遇有灾荒，官府则粜粟而直接供应百姓。由于这种方法较为公平，农民就争取多打粮，以便用余粮钱换取官绢；而其他行当的人就争取多积财，以便用余钱换取官粟。这样下来，谷积人足，虽有灾，但灾已很难为害于人。

从社会控制的角度来看，平籴法不失为一种明智之举，显示出统治者高明的统治技巧。

总体来看，运用社会经济对策来防灾、减灾和救灾，有备无患为上策，实施平籴法为次策，加强积蓄为再次策，设粥厂则为下策。[①]这就要求统治者从总体上来运筹，将救灾作为一项日常的农业管理职能来进行。

三、作为生态农业原则的“御旱济时”

自然灾害可以造成对农业生产的危害，但是，农业生产尤其是经过人类合理安排的农业生产，又可以具有抵御自然灾害的能力。所谓

① 徐光启引吕祖谦的话说：“大抵荒政，统而论之，先王有预备之政，上也；修李悝平粜之政，次也；所在蓄积，有可均处，使之流通，移民移粟，又次焉；咸无焉，设糜粥，最下也。”（《农政全书·荒政·备荒总论》）

合理安排农业生产，也就是要自觉利用事物（尤其是生物）之间的相生相克的关系，合理整治和建设农业生产的生态环境，优化农业生产的部门结构，精心安排农作物的种植布局，等等。农家也注意到了这一点，强调运用生态农业的手段来防灾、减灾和救灾。他们认为，区田法是防备旱荒的有效方法，柜田法是防备水荒的得力措施，种植芋桑是防备虫灾的可行措施，综合利用野生生物资源是防备饥荒的必要补充，等等。[①]农家要求人们在防灾、减灾和救灾工作中充分发挥自己的主观能动性，通过发展生态农业来“御旱济时”。

1. 水利工程与“御旱济时”

水旱灾害是威胁我国农业生产的主要灾害，而水利工程是调控影响农业生态系统的主要因子——“水”的一种方法。旱则灌，涝则排，这是水利工程的主要功能，这样，农业生产才会旱涝均收。通过工程方法，人们有可能使水害转化为水利。从大禹治水的神话开始，我们的祖先就在与水旱灾害进行着斗争，农家继承了这一治水的传统，就治水的一些重大问题进行了探讨。都江堰则代表着我国古代水利建设的最高成就。

（1）治水的时宜性原则

生态学季节节律（时宜性原则）是统摄整个农业生产的规律，治水工作也得遵循这一规律，要按照季节节律来进行水利工程建设。

① “其备旱荒之法，则莫如区田。……救水荒之法，莫如柜田。……此皆救水旱永远之计也。备虫荒之法，惟捕之，乃不为之灾。然蝗之所至，凡草木叶靡有遗者，独不食芋桑，与水中菱芡。宜广种此”，“栖于山者有粉葛、蕨萁、蒟蒻（音jǔ ruò）、橡、栗之利。濒于水者，有鱼鳖虾蟹，皆可救饥也”（《农政全书·荒政·备荒考上》）。

随着天时的变化，万物都存在着一种时间节律，土性也会随着季节的变化而变化。由于水利工程要动土功，所以治水工作也要遵循时宜性原则。一般来讲，夏秋冬三季不宜兴修水利工程，春季才适合动土治水。这是由土性的季节节律决定的。一到了春季，天地开始解闭，土地刚解冻，但还未生发阳气，山河干涸，因此，春天极宜治水。用春土筑堤会使堤坝坚固，因为春土会随着季节的变化越发坚实，这样，堤坝就不易冲决。夏土极宜农作物生长，却不利于搞土木工程，治水不但会妨碍农事，而且会徒然花费一半工费而土功无成。秋天潮湿之气日生，土性松软，用松软之土治水，土工就会毫无成效，而且会白花费十分之六的工费。季节到了冬天，天地收闭，土地冻结，用冻土治水，土工就会毫无结果，而且会花费十分之七的工费。同时，治水的时宜性原则也是由水资源本身的季节节律决定的，人们应根据水的季节变化不失时机地搞好水利工程建设（我们根据《吕氏春秋》"十二纪"的记述，将水利建设的这一时宜性原则用表7-4表示）。那么，这样说来，其他季节就可以放松治水工作了吗？情况不是这样。在一年的十二个月中，只有春季才适合动土施工来治水，而其他季节也要抓紧防水的准备工作，对水患不可大意。要经常派治水官吏在冬季巡视堤防，发现问题要及时呈文向都水官报告，等到春季加以修复。河堤若发生毁坏，就派人分散保护，需要修复的就抓紧修复，需要覆盖的就及时覆盖。但取土还是有一个原则：春冬两季在河内取土加高堤坝，这同时还可以疏通河道，又利用了河土的春冬时的土性；夏秋两季在河外取土加高堤坝。而这就叫作有备无患。[①] 治水的时宜性要求将原则性和灵活性统一起来，这样，浊水才不会为害于人。

① "大雨，堤防可衣者衣之；冲水，可据者据之。终岁以毋败为固。此谓备之常时，祸从何来？""岁高其堤，所以不没也。"（《管子·度地》）

按照时宜性原则治水，也就是要求人们将生态学的季节节律运用到水利建设上来，用生态学指导水利建设，因而，这样的水利建设本身是隶属于农业生态系统的，它对危害农业生产的主要灾害因子进行调控，这样，水害就会变为水利。

表7-4　　　　水利建设时间表

（防备水患措施一览表）

月份	水资源状况	水利建设项目（防水患措施）
孟春	鱼上升到贴近水面的浮冰下	
仲春	这个月开始下雨	避免河流水泊干涸，禁止放干池塘的水
季春	季雨将要降临，地下水会上涨	天子命令司空巡视都邑，整修堤防，疏通沟渠，不得有障碍、阻塞
孟夏	严格遵循夏令，甘雨就会十天来一次	
仲夏	面临干旱的危险	
季夏	大雨经常出现	天子命神农巡视水利工程
孟秋		完善堤防，小心堵塞，以防水大成灾
仲秋	水开始干涸	
季秋		
孟冬	水开始结冰	
仲冬	冰更加坚固。日短至时，井水、泉水开始涌动	
季冬	冰正结实，水泽层层结冰	

（2）**治水的系统性原则**

事物之间存在着一种普遍联系，它们之间的相互作用、相互转化和相互推进是不可分割的。这就是一般系统法则。治水工作也要遵循系统性原则，具体来讲：一要考虑水利工程的综合效益，应将社会效益、经济效益和生态效益统筹起来；二要考虑水利工程本身的整体效应，水利工程的各个部分应相互配合，以组成部分（分工程）的协同作用达到整体工程的最优。都江堰可以说是我国水利建设史上的一项伟大的系统工程。都江堰位于四川灌县，是我国古代一项著名的以灌溉为主，兼有分洪、抗旱、航运之利的综合性水利工程，是用来控制灌溉和防洪的枢纽工程，主要由都江鱼嘴、飞沙堰和宝瓶口三项组成（整个工程结构可见图7–1）。它是在秦国的蜀郡守李冰父子的主持下，于两千多年前修建而成的。岷江流经水源丰富的川西北山区，在灌口陡然进入平原，流沙顿减，泥沙沉淀，河床增高。灌县城外的玉垒山矗立于岷江东岸，它将每年涨水季节奔泻而下的洪水都挡在了西岸，使岷江西岸的大片良田被淹没，而东部干旱的土地却得不到灌溉。宝瓶口就是用来解决这一问题的，它是凿断玉垒山岩开成的一个进水口，具有天然节制闸的作用，宽约二十米，因形如瓶口而得名。这样，西岸就免于水患，而东岸又摆脱了干旱。

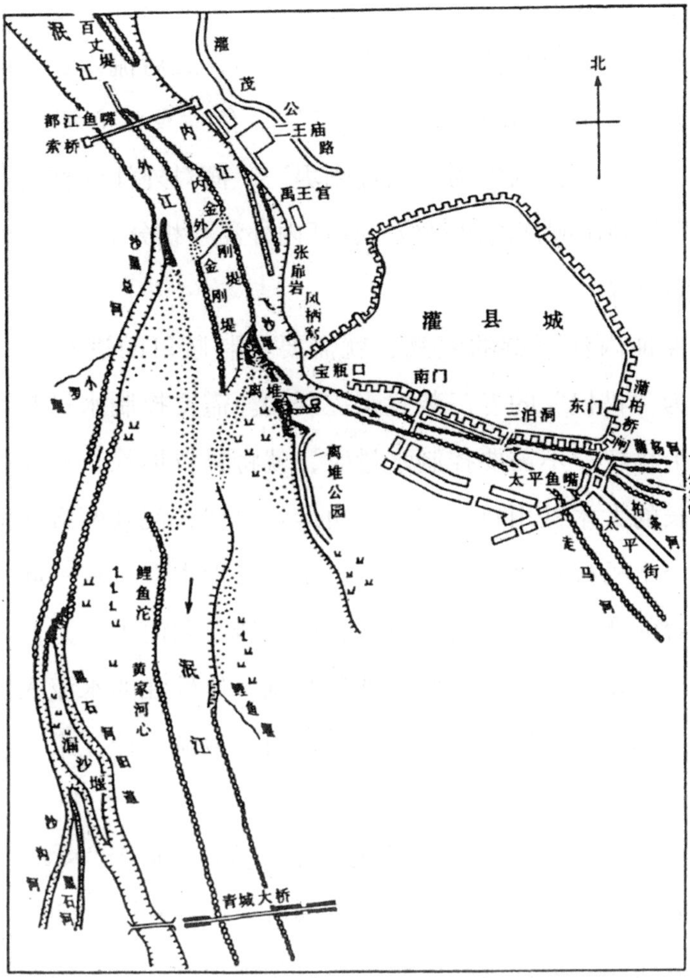

图 7-1　都江堰工程示意图

宝瓶口地势高，流入的水量很少，分洪效果并不理想。飞沙堰就是用来解决这一问题的。它是调节入渠水量的溢洪道，建在离玉垒山不远的江心，平时，水流过此而进入宝瓶口；当洪水超过堰堤时，水就进入主河道。

鱼嘴是用来分流的。它建筑在江中心的卵石沉淀而成的天然浅洲上，由一个个长二三丈、直径二尺多的装满卵石的竹笼筑成。这样，江水就被分成两股：大堰西边的水流过原来的水道，为岷江的本源，称为“外江”；大堰东边的水流经宝瓶口，顺应成都平原西北高、东南低的地势，呈扇形自流灌溉着大片的农田，最后流入长江的另一条支流——沱江，这条水流称为“内江”。鱼嘴及江心洲左右两侧都筑有堤坝，面对内江的称为“内金刚堤”，面对外江的称为“外金刚堤”。两堤均高出岷江的洪水位，保证内外江互相分隔。飞沙堰就筑在内金刚堤的南端。

为了保证内江下游的灌溉，就需要控制瓶口的进水量，而这是由一种称为“杩杈”的专门装置来控制的。需要控制水量时，就在内江江口筑上杩杈；不需要控制水量时，就将杩杈拆除。杩杈就是把三根两丈多长的大木桩用竹索绑成三角形的木架，使其两脚在前、一脚在后。一个个杩杈在水中排成一行，用横梁把木架连在一起，再压上用竹笼装着的卵石，迎面盖上竹席，铺上沙石和泥土。人们还可以用杩杈来清淤，每年霜降时，便在外江截流，让外江的水流入内江，挖掘外江江底的泥沙；第二年立春，再在内江截流，让江水全部流入外江，淘出内江泥沙。

为了保证宝瓶口和下游灌渠畅通，人们还利用“离堆”来清除冲刷到宝瓶口的泥沙卵石。离堆是宝瓶口与岷江正流之间的一座砾岩山丘。宝瓶口小，内江水流流到宝瓶口受到扼制，极易堵塞瓶口和水道，但假借右侧的离堆的顶托作用，形成了一个巨大的回旋流，这个回旋流将内江上游冲刷下来的泥沙卵石甩向飞沙堰，从而保证了瓶口和水道畅通无阻，使得淤积不会发生。

这样，整个工程就呵成一气、自成一体。简单的几件工程的协同作用，使一项水利工程成功地实现了自动分流、溢洪排沙、自流灌溉、便于舟楫四项功能，从而成为我国古代利用系统工程方法设计和建筑水利工程的杰作。这一工程不但实现了抗旱泄洪的功能，而且使成都平原十四个县的数百万亩农田受益，在取得防灾（生态）效益的同时，也取得了巨大的经济效益；同时，由于农业能够持续发展，人民生活有了保障，社会就会安定，这就产生了良好的社会效益。都江堰的建成使得成都平原“水旱从人，不知饥馑，时无荒年，天下谓之‘天府’也”（《华阳国志·蜀志》）。不仅如此，都江堰还为人们提供了宝贵的水利建设经验，到今天仍然具有重大的价值。例如：穿山引水；在地基不坚实的卵石冲积层上，用竹笼法修建出成本低廉而功著的堤堰工程；用简易可行的杩杈，来灵活截流和节制水量；借助水流的回旋力来清淤；等等。按照系统性的原则来修筑水利工程，可以收到事半功倍、一物多用的功效，是抗御自然灾害、保证农业丰产的重要办法。

（3）治水的生态性原则

事物之间存在着一种相生相克的生态关联，治水工作也要遵循这一生态性原则，要根据事物之间的生态关联来进行水利建设。

水利工程是用来抗灾保产的，因此，治水不得与农事相冲突，尤其是不能让水利工程侵夺农田。库区的选择要慎重，应选择在低洼如囊、不宜进行农作的地方建水库，低洼如囊的地方便于蓄水，不宜进行农作的地方不会侵占农田。要利用自然地形特征来治水，在大的低洼地筑堤，在小的低洼地设防，利用地势来节制水流，这样一来可以利用地形而减少工程的人财物耗费，二来可以使水流不得为害庄稼。这就体现了治水上的“因地之宜”原则。另外，树木要依靠土壤而生存，又具有水土保持的作用，因此，堤身上要种植荆棘灌木，这样可以加固堤土；还要在堤上间种柏、杨等高大树木，这样可以防止洪水冲决堤坝。这就体现了治水上的“相生性”原则。而用土来治水则体现了治水上的“相克性”原则，也就是通常所讲的“兵来将挡，水来土掩”的道理。

利用事物之间的生态关联法则来治水，可以起到事半功倍的效果。

总之，人们可以运用工程的方法来治水，使水利工程具有旱涝保收的功能，从而做到了“御旱济时”。但水利工程是一项复杂的系统工程，应从系统性和生态性两个方面入手进行，综合考虑工程的社会、经济和生态效益，在这个问题上千万不能掉以轻心。

2. 虫害的防治和“御旱济时”

虫害是威胁和危害农业生产的又一重要自然灾害，而为害最烈的莫过于蝗灾，遮天蔽日的蝗虫一来，会造就“大叶全空小枝折”的惨景。因此，有效地防治虫害成为保证农业丰收的一个重要问题。

（1）蝗虫滋生的生态规律

蝗虫的滋生有一定的规律，只有在适宜的条件下才会滋生蝗虫。只有从蝗虫滋生的生态学规律入手，从环境整治入手，才能有效地防治蝗灾。[①]农家对蝗灾的发生规律有比较清楚的认识。

1）蝗虫滋生的时间性规律。蝗虫的滋生也是因应了一定的季节节律的。从春秋至元朝，史书中记载蝗灾111次。经过统计发现，蝗虫的生长节律与农作物的生长节律大体一致，春、秋、冬三季蝗灾发生次数较少，夏季发生次数则较多，统计的结果如表7–5所示：

① “故详其所自生与其所自灭，可得殄绝之法矣。”（徐光启：《除蝗疏》）

表7-5　　蝗灾发生的时间统计表

月份	一月	二月	三月	四月	五月	六月	七月	八月	九月	十月	十一月	十二月
次数		2	3	19	20	31	20	12	1			3

由表7-5可见，在五、六、七这三个农作物的生长月份内，最易滋生蝗虫，这也就是蝗灾对农业生产危害最大的原因。蝗初生时如米大;数日旋大如蝇，能跳跃群行，称为“蝻”；又过数日即可群飞，称为“蝗”；又过几日，即下子于地；地下之子，十八日后又成为蝻，蝻过几日又为蝗。这种旺盛的生殖力对农作物危害极大。蝗虫所到之处，口器不停咬合，因此，蝗虫被人们称为“饥虫”。

2）蝗虫滋生的地域性规律。一般来讲，蝗虫易滋生于水泽地区，但通过考察史书上记载的蝗发地点可以发现，南方水泽地区往往很少发生蝗灾。为什么？原来，蝗虫极易在北方的水泽地区生长，北方常干旱少雨，一旦遇有雨水，又泽满为患，过不了几日，水就开始退缩，将水中的芦苇等杂草露出，这就为蝗虫的生长提供了适宜的生态条件。而南方地区的水泽常满，人们又常将岸边的芦苇割下来利用，这就不易发生蝗灾。

对蝗虫滋生的生态规律的研究，为人们有效地防止蝗灾提供了科学依据。

（2）虫害的农业防治法

虫害会造成对农业的危害，但人们可以通过一些必要可行的农业技术措施来防治虫害。农家对劳动人民的实践经验进行了总结，认为以下农业技术措施可以起到防治虫害的作用：

一是深耕。耕地掌握好深度，将阴土掘起，可以将藏在土壤里的虫子暴露于外，这样，虫子就丧失了生存条件，虫害就不会发生。

二是灌田。田间潮湿闷热，极利于害虫的滋生。如果先用水过一遍田间，热气即去；同时辅之其他手段，使田中的灌水均匀，这样，就不易滋生害虫。

三是细耙。一般人只知道深犁为功，而不知细耙为全功。如果耙功不到，土不实，这样根土不沾边，就易发生虫害；而细耙之后，土细，农作物容易扎根，根土相着，就不会滋生害虫。

四是轮作。一块农田久种某类农作物，这类农作物的免疫能力就会下降，易发生虫害；若实行轮作，即可避免虫害。例如，可种棉又可种稻的高地，宜种棉两年，种稻一年，这样，草根腐烂，生气肥厚，就不易发生虫害；如果连种三年，就容易发生虫害。

五是间作。选择适当的农作物进行间作，就可以避免虫害。例如，豆地应间作麻，因为麻能避虫。

可见，事物都具有二重性，害虫与农作物的关系也是这样。运用农业防治法来消灭害虫，可以一举数得，体现出中国式生态农业的特点。

（3）虫害的生态防治法

由于虫害的出现有一定的生态学规律，害虫的生活习性也有一定的环境获得性，因此，人们可以利用事物之间的相生相克的生态关联来防治害虫。这大体上有以下几个方面：

一是根据虫害的生发时间节律，在害虫幼小时进行灭虫，这样，幼虫就不会随着农作物的生长而为非作歹。例如，人们可以在蝗虫产子时就将其子消灭，这样就可防患于未然。

二是根据虫害的生发区域规律，在易发虫害的地方破坏害虫的生存条件，这样，就使害虫难以存活下去。例如，凡在积水的地方，要对水潦所至处清除杂草，收割好，将其晾晒在高处，干燥后还可以用来作薪柴；如太多的话，可以就地烧掉。这样，就会收到一举数得的效果。

三是选择适宜的农作物种植时间。根据农作物的特性，在种植上实行“因地之宜”的原则，可以避免虫害。

四是选种害虫不食的农作物。选择害虫不食的农作物种植，就可以避免或减轻害虫的危害。例如，蝗虫不食芋桑与水中菱芡，以及豆类和麻类，因此，人们就应选种这些农作物。

五是大力植树造林。森林具有多重的生态功能，可以起到调节气温、涵养水分、阻挡风沙、保护农田等多重作用，同时可以起到抵御虫害等自然灾害的作用。例如，蝗虫在树木成行的生态环境中，一般是翔而不下，因此，人们大力植树造林就可以避免蝗虫为害农作物。

另外，我们祖先和农家对运用化学防治法来治理虫害也有一定的认识。相较于化学防治法，运用生态防治法来治理虫害，安全、经济而又极为见效，因此可以说，生态学是一门专为人类谋福利的科学。

如何运用安全、经济、高效的方法来防治虫害，也是现代农业尤为关注的一个问题。现代生态农业的一个重要特点是要求推广病虫害的综合防治技术，要求人们合理使用或尽量不使用农药，以减少农业污染，保证农业生产和人民生活有一个良好的环境。

3. 资源利用与“御旱济时”

自然灾害可以造成农业颗粒无收的局面，使得饥馑发生，对人民生活造成危害。但是，人们可以利用自然资源来弥补食物的短缺，从而实现维持生存、抵御灾害的目的。

农家十分注意自然资源的食用价值。《吕氏春秋》等著作就提出了利用野生自然资源来弥补人们食物不足的建议。[①]而后来的农学家借鉴了医家本草学的经验，对自然资源的食用价值进行了系统研究，如《救荒本草》曾列出414种可供食用的草木野菜。而《农政全书》列出了叶可食的草类129种、根可食的草类24种、籽可食的草类20种、叶及籽均可食的草类12种、根及叶均可食的草类22种、茎可食的草类3种，等等；列出了叶可食的树木41种、籽可食的树木20种、叶及籽均可食的树木7种、花可食的树木5种，等等。这些著述图文并茂，对草木的生物特性有详细记载，图画逼真，极具备荒价值。

同时，农家也很注重化害为利。他们认为，蝗虫可以为害于人，但人又可以将虫害化为虫利，如可以捕来蝗虫食用。他们还介绍了一些制作方法，例如，可以将蝗虫捕来煮食，也可以将蝗虫煮熟晒干。虫干还是馈赠亲朋好友的上等佳品。这样，既灭了蝗，又利了人，可以说是一举数得。

从根本上看，运用生态学的原理指导农业生产，运用生态农业的办法来整治和改善农业生态条件，才是防灾、减灾和救灾的根本。运用社会经济对策，只能治表；而运用生态农业办法，才可能治里。因此，在自然灾害频繁发生的今天，我们要想从根本上抵御自然灾害，增强防灾、减灾和救灾的能力，根本在于要走生态农业和环境保护的路子，而农家的思想则为之提供了一个良好的出发点。

---

① “山林薮泽，有能取疏食田猎禽兽者，野虞教导之”（《吕氏春秋·仲冬纪·仲冬》）。

四、"御旱济时"的价值和意义

灾害意识是农家思想的重要组成部分，"御旱济时"的思想是农家的重农思想、民本主义和生态农学思想的集中体现，农家的上述思想在灾害问题上得到了升华。

1."御旱济时"的科学价值和理论思维意义

由于灾害会对整个社会系统造成冲击，因而灾害意识具有多重的价值和意义。

从科学角度看，农家的灾害意识已初具灾害科学的雏型。灾害科学是在灾害频繁发生、危害程度加大的当代社会历史条件下出现的一门新兴的综合科学。它运用跨学科的手段，对灾害的成因、类型、后果等一系列问题进行综合研究，为人们的防灾、减灾和救灾工作提供科学决策的依据和智力支持。农家的灾害意识大体上具备了这些要点，而且特别注重运用生态学的方法来看待灾害问题，对灾害的生态成因、减灾的生态措施进行了探讨，从而为发展中国的灾害生态学做好了基础性的工作。同时，农家还对害虫出现的生态学规律进行了研究，极具昆虫生态学的意义。都江堰工程则代表着中国古代的水利科学的系统化水平。这些都是我们民族的宝贵财富，我们有义务和责任来弘扬它们。

从理论思维角度看，农家的灾害意识丰富了中国理论思维的内容。

第一，农家的灾害意识具有客观性的特点。农家从自然界本身的运行角度说明灾害的成因，反对“天人感应”说，坚持了灾害问题上的唯物主义路线，尤其是在灭蝗问题上更是如此。在中国古代，一些迂腐的书生和统治者认为蝗虫是神虫，蝗虫为害是“老天爷”对人的谴责，只要修了德，就可以免灾。这种“修德治蝗”的思想在封建社会相当占上风。而农家十分赞赏唐代宰相姚崇提出的以火捕虫的办法，赞同姚崇同“修德治蝗”思想斗争的精神。唐玄宗在位之时，中原地区一度蝗灾严重，一些保守者宣扬“修德治蝗”思想，姚崇则主张以火灭虫，同这些人展开了激烈斗争，最后，科学终于战胜了愚昧。

第二，农家的灾害意识具有系统性的特点。农家从系统关联的角度看待灾害的成因，要求人们采用多种手段救灾，显示出一种系统性的思想，都江堰工程则将这一思想物化，可以说是系统工程的始祖。

第三，农家的灾害意识具有人道性的特点。农家同情民之疾苦，看到了灾害给人民带来的灾难和痛苦，要求统治阶级防患于未然，发展生态农业，整修水利，造福人民；要求统治阶级采用社会经济对策防灾、减灾和救灾，要救民于水火。这些都是其民本主义思想在对待灾害问题上的体现。同时，他们又要求人们在对待灾害问题上要力尽人治。

农家的这些思想，都是其科学性和民主性的精华，有其永久的生命力。

2.“御旱济时”的历史和阶级的局限性

在看到农家灾害意识的价值和意义的同时，我们也要看到它的局限性。这主要包括：第一，农家还没有从根本上认识灾害的成因，只注重从灾害的危害情况出发来认识灾害，这种黑箱方法有其实用价值，但面对大的自然灾害往往会显得手足无措。第二，尽管农家在灾害的成因问题上坚持了唯物主义路线，但他们对用祈雨等迷信的方式来消灾的办法也十分欣赏，希望用“神道设教”的方式来造就人们的灾害意识，这就显示出其灾害意识的愚昧性。第三，农家注重灾害问题，也是从维护统治阶级的长治久安角度出发的，他们不可能从社会制度的根本变革角度寻求减灾的社会经济对策。这些都是我们必须注意的。

只有具备灾害意识的民族，才是成熟的民族；只有成熟的民族，才是有希望的民族。我们中华民族正是这样的民族。农家则在塑造我们民族的忧患意识和灾害意识过程中起过十分重要的作用。我们不但要“先天下之忧而忧，后天下之乐而乐”，而且要像杞人那样忧天，“不识天地心，徒然怨风雨。将论草木患，欲说昆虫苦”（元结：《农臣怨》）。只有这样，中华民族才会真正成为顶天立地的巨人。

参考文献

（一）综合

［1］中国农业科学院南京农学院中国农业遗产研究室．中国农学史（初稿）：上下册．北京：科学出版社，1984.

［2］梁家勉．中国农业科学技术史稿．北京：农业出版社，1989.

［3］石声汉．中国农学遗产要略．北京：农业出版社，1981.

［4］李长年．农业史话．上海：上海科学技术出版社，1981.

［5］西北农学院古农学研究室．中国古代农业科学家小传．西安：陕西科学技术出版社，1984.

［6］郭沫若．中国古代社会研究 // 郭沫若全集（历史编）：第 1 卷．北京：人民出版社，1982.

［7］郭沫若．青铜时代 // 郭沫若全集（历史编）：第 1 卷．北京：人民出版社，1982.

［8］郭沫若．十批判书 // 郭沫若全集（历史编）：第 2 卷．北京：人民出版社，1982.

［9］魁奈．中华帝国的专制制度．谈敏，译．北京：商务印书馆，1992.

［10］刘长林．中国系统思维．北京：中国社会科学出版社，1990.

［11］陈友冰．中国古代管理概论．合肥：安徽人民出版社，1991.

［12］黄顺基，等．自然辩证法发展史．北京：中国人民大学出版社，

1988.
[13] 自然科学史研究所．中国古代科技成就．北京：中国青年出版社，1978.
[14] 许涤新．生态经济学．杭州：浙江人民出版社，1987.
[15] 叶谦吉．生态农业——农业的未来．重庆：重庆出版社，1988.

（二）史料学

[1] 班固．汉书·艺文志．
[2] 王毓瑚．中国农学书录．北京：中华书局，1958.
[3] 王毓瑚．中国农学书录．北京：农业出版社，1964.
[4] 天野元之助．中国古农书考．北京：农业出版社，1992.
[5] 石声汉．中国古代农书评价．北京：农业出版社，1980.
[6] 冯友兰．中国哲学史史料学初稿．上海：上海人民出版社，1962.
[7] 吕思勉．先秦学术概论．北京：中国大百科全书出版社，1985.

（三）农业神话

[1] 袁珂，周明．中国神话资料萃编．成都：四川省社会科学院出版社，1985.
[2] 茅盾．神话研究．天津：百花文艺出版社，1981.

（四）《诗经》

［1］毛亨，传；郑玄，笺；孔颖达，疏．毛诗正义（十三经注疏本）．

［2］夏纬瑛．《诗经》中有关农事章句的解释．北京：农业出版社，1981.

［3］郭沫若．《诗》《书》时代的社会变革与其思想上之反映 // 中国古代社会研究．

［4］郭沫若．由周代农事诗论到周代社会 // 青铜时代．

［5］余冠英．诗经选译．北京：作家出版社，1956.

（五）《禹贡》（《尚书》中一篇）

［1］孔安国，传；孔颖达，疏．尚书正义（十三经注疏本）．

［2］蔡沈，集传．绘图监本书经．上海：上海会文堂粹记书局．

（六）许行（言行载于《孟子》之中）

［1］赵岐，注．孟子注（十三经注疏本）．

［2］朱熹．四书章句集注·孟子集注．

［3］焦循．孟子正义（诸子集成本）．

［4］杨伯峻．孟子译注．北京：中华书局，1964.

［5］冯友兰．战国时之“百家之学”·许行、陈相 // 中国哲学史（两卷本）：上册．北京：中华书局，1961.

［6］赵纪彬．许行思想批判 // 困知录：上册．北京：中华书局，1963.

［7］吕振羽．许行对墨翟政治学说的发展 // 中国政治思想史：上册．北京：人民出版社，1955.

（七）稷下学派（《管子》）

[1] 尹知章．管子注（浙江书局本）．
[2] 戴望．管子校正（诸子集成本）．
[3] 管子（百子全书本）．
[4] 郭沫若，闻一多，许维橘．管子集校 // 郭沫若全集（历史编）：第 5、6、7、8 卷．北京：人民出版社，1984．
[5] 赵守正．管子通解．北京：北京经济学院出版社，1989．
[6] 夏纬瑛．管子地员篇校释．北京：农业出版社，1981．

（八）吕氏门客（《吕氏春秋》）

[1] 司马迁．史记·吕不韦传．
[2] 高诱，注．吕氏春秋（诸子集成本）．
[3] 吕氏春秋（百子全书本）．
[4] 夏纬瑛．吕氏春秋上农等四篇校释．北京：农业出版社，1979．
[5] 郭沫若．吕不韦与秦王政的批判 // 十批判书．北京：人民出版社，1954．
[6] 杜国庠．杂家言之作始者吕不韦和《吕氏春秋》// 杜国庠文集．北京：人民出版社，1962．

（九）先秦其他重农思想

[1] 夏纬瑛．《夏小正》经文校释．北京：农业出版社，1981．
[2] 夏纬瑛．《周礼》书中有关农业条文的解释．北京：农业出版社，1979．

[3] 马宗申．《商君书》论农政四篇注释．北京：农业出版社，1985.

（十）农学家

[1] 氾胜之．氾胜之书．

（1）万国鼎．氾胜之书辑释．北京：农业出版社，1980.

（2）石声汉．氾胜之书选 // 两汉农书选读．北京：农业出版社，1979.

[2] 崔寔．四民月令．

（1）缪启愉．四民月令辑释．北京：农业出版社，1981.

（2）石声汉．四民月令选 // 两汉农书选读．北京：农业出版社，1979.

[3] 贾思勰．齐民要术．

（1）齐民要术（百子全书本）．

（2）石声汉．齐民要术今释．北京：科学出版社，1958.

（3）石声汉．齐民要术选读本．北京：农业出版社，1961.

[4] 陆龟蒙．耒耜经 // 全唐文．

[5] 陈敷．农书．北京：农业出版社，1959.

[6] 王祯．农书（王毓瑚校本）．北京：农业出版社，1981.

[7] 马一龙．农说（丛书集成初编本）．

[8] 徐光启．农政全书．

（1）农政全书．邹树文，等校订．北京：中华书局，1956.

（2）石声汉．农政全书校注．上海：上海古籍出版社，1979.

[9] 蒲松龄．农桑经．李长年，校注．北京：农业出版社，1982.

[10] 杨双山．知本提纲 // 王毓瑚．秦晋农言．北京：中华书局，1957.

（十一）重商学派

[1] 郭沫若．盐铁论读本 // 郭沫若全集（历史编）：第 8 卷．北京：人民出版社，1984.
[2] 谈敏．论农本工商末思想及其历史演变．孔子研究，1988（1）.
[3] 启良．古代中西方抑商问题的比较研究．世界历史，1988（3）.

图书在版编目（CIP）数据

中国农家／张云飞著．—北京：中国人民大学出版社，2019.11
（国学大观丛书／陈志良，徐兆仁主编）
ISBN 978-7-300-26850-7

Ⅰ．①中… Ⅱ．①张… Ⅲ．①农业经济－经济思想史－中国－古代
Ⅳ．①F329.02

中国版本图书馆CIP数据核字（2019）第055510号

国学大观丛书
陈志良　徐兆仁　主编
中国农家
张云飞　著
Zhongguo Nongjia

出版发行	中国人民大学出版社		
社　　址	北京中关村大街31号	**邮政编码**	100080
电　　话	010-62511242（总编室）		010-62511770（质管部）
	010-82501766（邮购部）		010-62514148（门市部）
	010-62515195（发行公司）		010-62515275（盗版举报）
网　　址	http://www.crup.com.cn		
经　　销	新华书店		
印　　刷	涿州市星河印刷有限公司		
规　　格	170mm×240mm　16开本	**版　　次**	2019年11月第1版
印　　张	18	**印　　次**	2019年11月第1次印刷
字　　数	230 000	**定　　价**	38.00元